Windows e Microsoft 365

MISTO
Papel produzido a partir
de fontes responsáveis
FSC® C172712

Dados Internacionais de Catalogação na Publicação (CIP)
(Simone M. P. Vieira – CRB 8ª/4771)

Sabino, Roberto
    Windows e Microsoft 365 / Roberto Sabino. – São Paulo : Editora Senac São Paulo, 2023. (Série Informática)

    ISBN 978-85-396-5027-9 (Impresso/2023)
    e-ISBN 978-85-396-5026-2 (ePub/2023)
    e-ISBN 978-85-396-5024-8 (PDF/2023)

    1. Windows   2. Microsoft 365   3. Sistemas operacionais   4. Pacote Office   5. Windows 10   6. Aplicativos e ferramentas   I. Título.   II. Série.

23-1980g   CDD – 005.4376
                                        BISAC COM051210
                                               COM060010

Índice para catálogo sistemático:

1. Microsoft Windows: Sistemas operacionais   005.4376

Windows e Microsoft 365

Roberto Sabino

Editora Senac São Paulo – São Paulo – 2023

ADMINISTRAÇÃO REGIONAL DO SENAC NO ESTADO DE SÃO PAULO
Presidente do Conselho Regional: Abram Szajman
Diretor do Departamento Regional: Luiz Francisco de A. Salgado
Superintendente Universitário e de Desenvolvimento: Luiz Carlos Dourado

EDITORA SENAC SÃO PAULO
Conselho Editorial: Luiz Francisco de A. Salgado
Luiz Carlos Dourado
Darcio Sayad Maia
Lucila Mara Sbrana Sciotti
Luís Américo Tousi Botelho

Gerente/Publisher: Luís Américo Tousi Botelho
Coordenação Editorial: Ricardo Diana
Prospecção: Dolores Crisci Manzano
Administrativo: Verônica Pirani de Oliveira
Comercial: Aldair Novais Pereira

Edição de Texto: Camila Lins
Preparação de Texto: Ana Mendes
Coordenação de Revisão de Texto: Janaina Lira
Revisão de Texto: Marcelo Nardeli
Coordenação de Arte, Projeto Gráfico e Capa: Antonio Carlos De Angelis
Editoração Eletrônica: Sandra Regina Santana
Coordenação de E-books: Rodolfo Santana
Impressão e Acabamento: Visão Gráfica

Nenhuma parte desta publicação poderá ser reproduzida, guardada pelo sistema "retrieval" ou transmitida de qualquer modo ou por qualquer outro meio, seja este eletrônico, mecânico, de fotocópia, de gravação, ou outros, sem prévia autorização, por escrito, da Editora Senac São Paulo.

Todos os direitos desta edição reservados à
Editora Senac São Paulo
Av. Engenheiro Eusébio Stevaux, 823 – Prédio Editora
Jurubatuba – CEP 04696-000 – São Paulo – SP
Tel. (11) 2187-4450
editora@sp.senac.br
https://www.editorasenacsp.com.br

© Editora Senac São Paulo, 2023

Sumário

Apresentação — 11
    O que é a Série Informática — 13
    Estrutura do livro — 13
    Utilizando o material da Série Informática — 13
    Onde arquivar seus trabalhos — 14

Seção 1 – Windows 10 — 15

Para que serve um sistema operacional — 17
    O que são computadores e para que eles servem — 19
    O que são hardwares e softwares — 19
    O que é um sistema operacional — 19
    A evolução do Windows — 20

Conhecendo o Windows 10 — 21
    Logon no Windows 10 — 23
    Interface do Windows 10 — 23
    Iniciar e *Pesquisar* — 25
    Barra de Tarefas — 29
    Trabalho com várias janelas — 33
    Desligamento correto do Windows 10 — 34
    Exercícios propostos — 35

Principais aplicativos e ferramentas — 37
    Onde estão meus aplicativos antigos, como WordPad? — 39
    Gerenciador de Tarefas — 40
    Configurações do Windows — 41
    Área de transferência: troca de informações entre aplicativos — 43
    Trabalho com arquivos e pastas — 45
    Exercícios propostos — 49

Seção 2 – Word 365 — 51

Primeiros passos — 53
- Introdução ao Word 365 — 55
- Trabalho com documentos: *Novo, Salvar* e *Abrir* — 58

Formatação de documentos — 63
- Formatação de um documento — 65
- Formatação da fonte — 66
- Formatação de parágrafos — 68
- *Pincel de Formatação* — 72
- Marcadores e numeração — 74
- Alteração de um documento — 75
- Uso de tabelas — 76
- Exercícios propostos — 79

Trabalho com elementos gráficos — 81
- Inserção de imagens — 83
- Formatação de imagens — 86
- Uso de imagens em tabelas — 88
- Inserção de formas geométricas — 92
- Uso de ícones — 94
- Inclusão de modelos 3D — 95
- O poder do SmartArt — 97
- Exercícios propostos — 100

Aparência e exibição de documentos — 101
- Modos de visualização — 103
- Configurando a régua e as ferramentas de exibição — 104
- Organização de janelas — 106
- Configuração da impressão — 108
- Revisão do documento — 112
- Alteração do idioma de revisão — 112
- Exercícios propostos — 114

Word on-line (nuvem) — 115
- Utilização de aplicativos e arquivos em nuvem — 117
- Salvamento automático e compartilhamento — 118
- Diferenças entre o on-line e o aplicativo desktop — 120

Seção 3 – Excel 365 — 121

Primeiros passos — 123
- Introdução ao Excel 365 — 125
- Trabalhando com planilhas: *Novo*, *Salvar* e *Abrir* — 127
- *Copiar* e *Colar* — 129

Formatação — 131
- Organização da pasta de trabalho — 133
- Formatação de células — 133
- Exercícios propostos — 140

Cálculos — 143
- Realização de cálculos na planilha — 145
- Trabalhando com porcentagem — 149
- Referência relativa *versus* referência absoluta — 150
- Trabalho com tabela — 152
- Exercícios resolvidos — 158
- Exercícios propostos — 161

Impressão — 163
- Modos de visualização — 165
- Configuração da impressão — 166
- Exercícios propostos — 169

Gráficos — 171
- Inserção de gráficos — 173
- Alteração do tipo de gráfico — 178
- Formatação de gráficos — 179
- Exercícios propostos — 183

Excel on-line (nuvem) — 185

- Utilização de aplicativos e arquivos em nuvem — 187
- Salvamento automático e compartilhamento — 187
- Diferenças entre o on-line e o aplicativo desktop — 187
- Versões do documento — 190

Seção 4 – PowerPoint 365 — 193

Primeiros passos — 195

- Introdução ao PowerPoint 365 — 197
- Modelos de apresentações — 200
- Trabalhando com apresentações: *Novo, Salvar* e *Abrir* — 203
- Apresentação de slides — 203

Inserção de elementos — 205

- Comunicação com slides — 207
- Inserção de tabelas — 207
- Formatação de elementos — 209
- Inclusão de texto para acessibilidade — 215
- Inserção de SmartArt — 216
- Inserção de WordArt — 218
- Exercícios propostos — 220

Efeitos e transições — 221

- Apresentação de slides — 223
- Aplicação de transições — 223
- Aplicação de animação — 225
- Exercícios propostos — 228

Modos de visualização e impressão — 229

- Alternância entre modos de visualização — 231
- Configuração da impressão — 233
- Exercício proposto — 235

PowerPoint on-line (nuvem) — 237

- Utilização de aplicativos e arquivos em nuvem — 239
- Salvamento automático e compartilhamento — 239
- Diferenças entre o on-line e o aplicativo desktop — 240
- Versões do documento — 241

Exercícios propostos: resolução — 245

- Seção 1 ("Windows 10") – Capítulo 2 — 247
- Seção 1 ("Windows 10") – Capítulo 3 — 248
- Seção 2 ("Word 365") – Capítulo 2 — 249
- Seção 2 ("Word 365") – Capítulo 3 — 250
- Seção 2 ("Word 365") – Capítulo 4 — 251
- Seção 3 ("Excel 365") – Capítulo 2 — 253
- Seção 3 ("Excel 365") – Capítulo 3 — 255
- Seção 3 ("Excel 365") – Capítulo 4 — 257
- Seção 3 ("Excel 365") – Capítulo 5 — 259
- Seção 4 ("PowerPoint 365") – Capítulo 2 — 263
- Seção 4 ("PowerPoint 365") – Capítulo 3 — 265
- Seção 4 ("PowerPoint 365") – Capítulo 4 — 266

Sobre o autor — 269

Índice geral — 271

Apresentação

O que é a Série Informática

A Série Informática foi criada para você aprender informática sozinho, sem professor! Com ela, é possível estudar, sem dificuldade, os softwares mais utilizados pelo mercado. O texto de cada volume é complementado por arquivos eletrônicos disponibilizados pela Editora Senac São Paulo.

Para aproveitar o material da Série Informática é necessário ter em mãos o livro, um equipamento que atenda às configurações necessárias e o software a ser estudado.

Neste volume, apresentamos informações básicas para a operação do Windows 10 e dos softwares que compõem o Microsoft 365. O livro é composto de atividades que lhe permitem estudá-los passo a passo. Leia-as com atenção e siga todas as instruções. Se encontrar algum problema durante uma atividade, recomece-a. Isso vai ajudá-lo a esclarecer dúvidas e suplantar dificuldades.

Estrutura do livro

Este livro está dividido em capítulos, que contêm uma série de atividades práticas e informações teóricas sobre o Windows e o Microsoft 365.

Para obter o melhor rendimento possível em seu estudo, evitando dúvidas ou erros, é importante que você:

- leia com atenção todos os itens do livro, pois sempre encontrará informações úteis para a execução das atividades;
- faça apenas o que estiver indicado no item e só execute uma sequência após ter lido toda a instrução do respectivo item.

Utilizando o material da Série Informática

Usar o material da Série Informática é muito simples: inicie sempre pelo Capítulo 1, leia atentamente as instruções e execute, passo a passo, os procedimentos indicados.

Para a execução das atividades dos capítulos, disponibilizamos os arquivos necessários em nosso site. Ao fazer o download, você terá os arquivos originais e os arquivos finalizados para poder comparar ou tirar dúvidas, se necessário.

Para obter e utilizar os arquivos das atividades, siga as instruções:

1. Faça o download do arquivo no endereço:

www.editorasenacsp.com.br/informatica/windows_office365/atividades.zip

2. Após o download, crie uma pasta em sua área de trabalho (ou em local de sua preferência) com o nome *Arquivos livro*.

3. Copie para dentro da pasta criada o arquivo *atividades.zip* baixado.

4. Descompacte-o. Com isso, você terá duas pastas:

- Pasta *Arquivos de trabalho*: contém os arquivos originais para executar as atividades.
- Pasta *Atividades prontas*: contém os arquivos das atividades finalizadas.

ONDE ARQUIVAR SEUS TRABALHOS

Para que você sempre tenha disponíveis em seu computador os arquivos originais, crie uma pasta chamada *Meus Trabalhos* dentro da pasta *Arquivos livro* (ou em local de sua preferência).

Agora que você já sabe como utilizar este material, inicie o estudo do Windows e do Microsoft 365 partindo do Capítulo 1. E não se esqueça: leia com muita atenção e siga corretamente todos os passos, a fim de obter o melhor rendimento possível em seu aprendizado.

Bons estudos!

Seção 1
Windows 10

1

Para que serve um sistema operacional

OBJETIVOS

» Conhecer computadores e suas características

» Compreender os conceitos de hardware e software

» Definir o que é um sistema operacional

» Conhecer a história do Windows 10

Acessamos um sistema operacional sempre que utilizamos um computador, mas nem sempre nos damos conta disso. Com isso em mente, vamos iniciar este estudo definindo claramente alguns conceitos importantes para facilitar nossa compreensão desse tema.

O que são computadores e para que eles servem

Os computadores já estão há tanto tempo em nosso dia a dia que muitas vezes nem percebemos a quantidade de tarefas importantes que realizamos com eles. Para isso, essas máquinas têm um poder de processamento cada vez maior, e nisso estão envolvidos diretamente os elementos:

- **Processador:** é o componente do computador responsável pelos cálculos e pelo processamento dos dados. Os modelos existentes estão cada vez mais evoluídos.
- **Memória:** armazena informações que estão sendo usadas durante o processamento.
- **Disco:** armazena as informações de maneira permanente (quando salvamos uma figura ou uma planilha, por exemplo).

Essa estrutura básica serve para computadores pessoais (PCs) e computadores móveis (notebooks ou laptops), entre outras opções, como os all-in-one. Mas, para que esses e outros componentes de computadores funcionem, é necessário que haja um software controlando-os.

O que são hardwares e softwares

Podemos, de forma simples, dizer que os componentes físicos de um computador formam seu hardware. Por sua vez, todos os programas que são usados para executar tarefas do dia a dia, ou mesmo para controlar o hardware, podem ser classificados como software.

O que é um sistema operacional

Simplificadamente, o software mais básico do computador, aquele que controla todos os seus componentes físicos e a interação entre eles, é o sistema operacional. Sem um sistema operacional, o computador não funciona e, portanto, não é possível fazer nada com ele. Todas as operações básicas são controladas pelo sistema operacional, como:

- ligar/desligar o computador;
- configurar o computador;
- mostrar as imagens no monitor;
- gerenciar o acesso aos arquivos armazenados no computador;
- estabelecer conexão com outros computadores e com a internet;
- gerenciar o uso da bateria.

Quais são os sistemas operacionais mais usados

Com base em números divulgados em julho de 2022 por sites especializados, juntando sistemas operacionais de computadores e de dispositivos móveis, o ranking de uso fica assim:

- 1º – Android (44,66%)

- 2º – Windows (27,92%)
- 3º – iOS (17,85%)
- 4º – macOS (5,37%)
- 5º – Desconhecidos/outros (2,29%)
- 6º – Linux (1,02%)

Vale lembrar que dispositivos móveis, como os smartphones, também possuem um sistema operacional, mas, nesse caso, são sistemas operacionais específicos para esse tipo de aparelho, como o Android. Neste livro, vamos tratar de sistemas operacionais para computadores, mais especificamente do sistema operacional Windows, feito pela empresa Microsoft e que é, conforme indicado na lista apresentada anteriormente, o sistema operacional mais utilizado em computadores pessoais (desktops e notebooks).

Dessa forma, aprender a usar o Windows é fundamental para poder operar a maior parte dos computadores, tanto em casa como nas empresas.

A evolução do Windows

Quando a Microsoft criou o Windows, ele ainda não era um sistema operacional de computadores. Ele foi criado para ser uma interface gráfica, em uma época em que o sistema operacional vigente, o MS-DOS, era uma tela escura com uma linha de comando na qual era necessário escrever qualquer instrução para que o computador a executasse. Nesse cenário, o Windows serviria como uma ajuda para que o usuário menos experiente executasse as tarefas por meio de um recurso visual mais intuitivo.

Com o passar do tempo, o Windows tornou-se o sistema operacional predominante, e cada vez mais incorporou novas funcionalidades. Hoje em dia, podemos considerá-lo um conjunto de um sistema operacional com alguns aplicativos básicos.

Nesta primeira seção do livro, vamos estudar suas funcionalidades e aplicativos básicos principais. Mas não confunda: o Microsoft 365, antigo Office 365, não faz parte do Windows – trata-se de dois produtos independentes. Os aplicativos Word, Excel e PowerPoint – que são parte do Microsoft 365 – até podem vir pré-instalados com fins demonstrativos em um computador novo com Windows, mas normalmente são comprados (ou assinados) à parte.

2
Conhecendo o Windows 10

OBJETIVOS

» Conhecer a interface do Windows 10

» Aprender a configurar os componentes básicos

» Entender a área de trabalho

» Saber como desligar corretamente o computador

No caso do Windows, como um sistema operacional visual, que operamos muitas vezes com um mouse, é muito importante aprender a localizar visualmente seus principais componentes, além de conhecer os recursos mais utilizados no dia a dia.

Logon no Windows 10

Há algum tempo, a chave para usar os produtos on-line da Microsoft é possuir uma conta Microsoft. Por esse motivo, com o intuito de facilitar o acesso, quando compramos um computador novo ou instalamos uma versão "limpa" do Windows, o mais recomendado é informar um e-mail que esteja vinculado a uma conta Microsoft.

No caso de o usuário ainda não possuir uma conta Microsoft, basta ir ao site https://microsoft365.com/ e criá-la gratuitamente. Essa mesma conta Microsoft poderá ser usada para acessar todos os produtos em nuvem (on-line) da empresa, além de servir como usuário principal no sistema operacional Windows. Estabelecer o logon dessa forma facilita o acesso e a integração de todas as informações dos produtos Microsoft.

Quando o computador é ligado, é provável que o sistema operacional suba automaticamente, e será preciso somente informar usuário e senha para começar a usá-lo. Em casos raros, no entanto, pode ser necessário pressionar *Ctrl + Alt + Del*.

Interface do Windows 10

Como usuários de um sistema operacional voltado à produtividade, nossa principal preocupação ao estudar o Windows é aprender a reconhecer os elementos de sua interface e como acessar as funcionalidades de que precisamos em nosso dia a dia.

Área de trabalho

Chamamos de área de trabalho a tela inicial do Windows, na qual trabalharemos a maior parte do tempo:

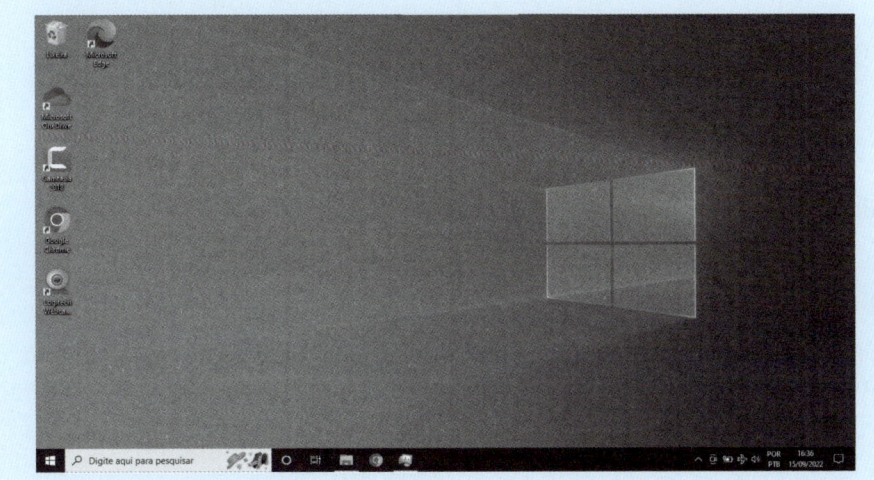

Uma das vantagens do Windows é que, depois de muitas evoluções, ele se tornou mais simples de entender e operar. Vamos dividir a área de trabalho em quatro partes básicas:

- ícones da área de trabalho;
- *Barra de Tarefas*;
- área de notificações;
- *Iniciar* e *Pesquisar*.

Ícones da área de trabalho

Até os usuários mais iniciantes do Windows costumam conhecer os ícones da área de trabalho. Nela é possível colocar os itens mais acessados, como:

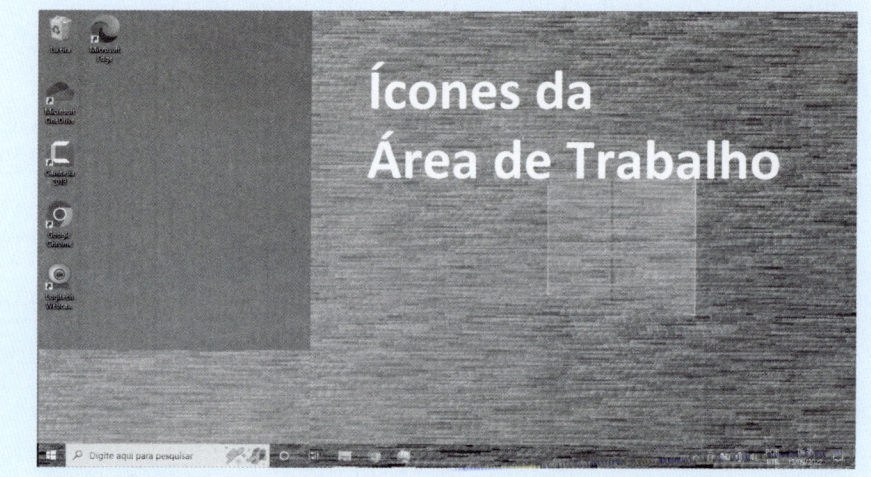

- atalhos para pastas e arquivos;
- documentos;
- aplicativos e atalhos para aplicativos (programas);
- lixeira.

Porém, o que a maioria não sabe é que colocar uma quantidade muito grande de informações na área de trabalho pode gerar lentidão no funcionamento do sistema operacional.

Inclusão de ícones na área de trabalho

Podemos adicionar novos ícones na área de trabalho dando um clique com o botão direito do mouse e, em seguida, clicando em *Novo*. Outra forma de incluí-los é arrastar esses arquivos ou aplicativos para a tela inicial do Windows. Também é possível incluir atalhos ou arquivos diretamente na área de trabalho.

Lembre-se: além de lentidão em todo o sistema operacional, incluir muitos ícones na área de trabalho pode atrapalhar o ritmo de trabalho na hora de procurar seus arquivos. Procure reservar a área de trabalho apenas para o acesso fácil das informações mais consultadas no dia a dia.

INICIAR E PESQUISAR

Desde as mais antigas versões do Windows, a Microsoft tem utilizado o botão *Iniciar* para mostrar ao usuário do sistema onde estão os principais aplicativos e comandos do dia a dia.

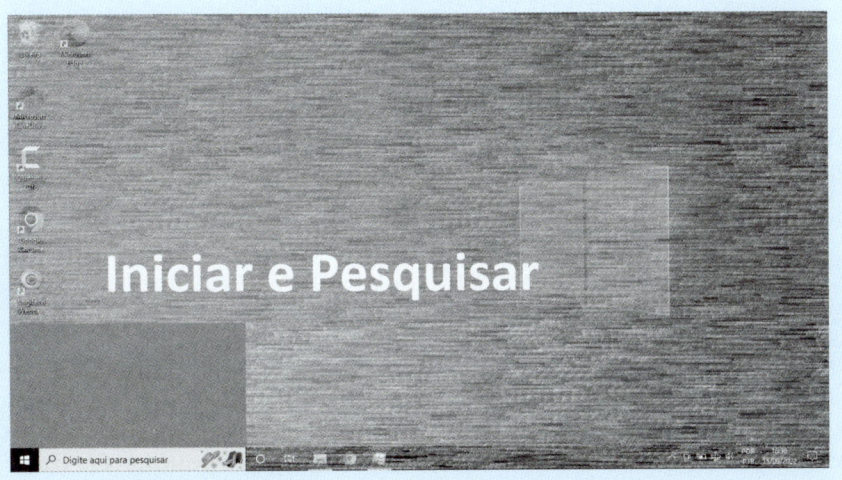

Nessa área, encontramos duas maneiras distintas de acessar nossos aplicativos, de forma semelhante aos atalhos na área de trabalho. Nessas duas opções, estão todos os acessos de que podemos precisar.

 Observe: provavelmente seu teclado possui uma tecla igual ao botão *Iniciar* no canto inferior esquerdo da área de trabalho do Windows. Chamamos essa tecla de "botão *Windows*" ou, simplesmente, "*Iniciar*".

Assim, podemos usar o menu *Iniciar* como nosso ponto de partida para qualquer trabalho que tenhamos que fazer e que não esteja localizado na área de trabalho.

Configuração do menu Iniciar

Assim como na área de trabalho, também é possível mudar as configurações do menu *Iniciar* para facilitar o acesso aos arquivos e aplicativos.

Podemos dividir o menu *Iniciar* em três partes. Da esquerda para a direita, temos:

- opções do menu *Iniciar*;
- lista ordenada de aplicativos;
- área configurável de atalhos.

Na parte mais à direita, podemos alterar os atalhos de aplicativos e a pasta para a disposição que mais facilitar nossa produtividade. A fim de incluir atalhos de aplicativos na área configurável, podemos simplesmente arrastar os itens desejados a partir da lista ordenada de aplicativos e posicioná-los onde desejarmos que fiquem fixos.

Na lista de aplicativos, também localizamos algumas pastas, que são grupos de aplicativos que foram instalados juntos.

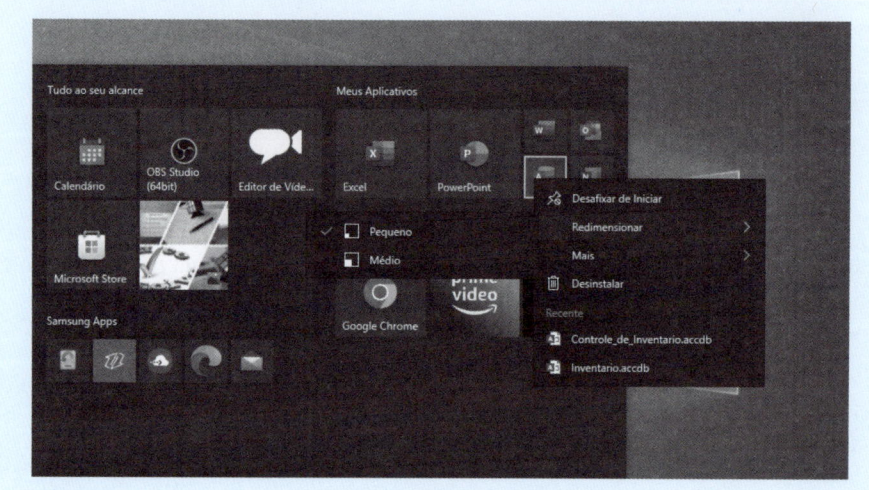

Para finalizar a organização do menu *Iniciar*, podemos redimensionar os ícones dos aplicativos entre os tamanhos: pequeno, médio, largo ou grande, de acordo com nossas necessidades e o espaço livre disponível. Basta clicar com o botão direito do mouse sobre o ícone que deseja alterar.

Caso prefira retirar um aplicativo dessa área, clique com o botão direito do mouse sobre ele e escolha *Desafixar*. Ao selecionar *Desinstalar*, estamos solicitando ao Windows que elimine esse aplicativo, então só devemos fazer isso se não pretendemos mais usá-lo.

Utilização da opção Pesquisar

Além do menu *Iniciar*, temos *Pesquisar*, que é uma funcionalidade multiuso. Podemos pesquisar nela um aplicativo, arquivo ou mesmo termos que desejamos encontrar na internet. O Windows fará, então, a pesquisa priorizando aplicativos; em seguida, arquivos e pastas; e, depois, termos de pesquisa na web. Ele considerará sempre o termo digitado e as correspondências mais relevantes.

No exemplo mostrado a seguir, a pesquisa pelo termo "SENAC" teve como melhor resultado a pasta *Senac Santana*, uma vez que há uma pasta com esse nome nesse computador, sem qualquer aplicativo com esse nome.

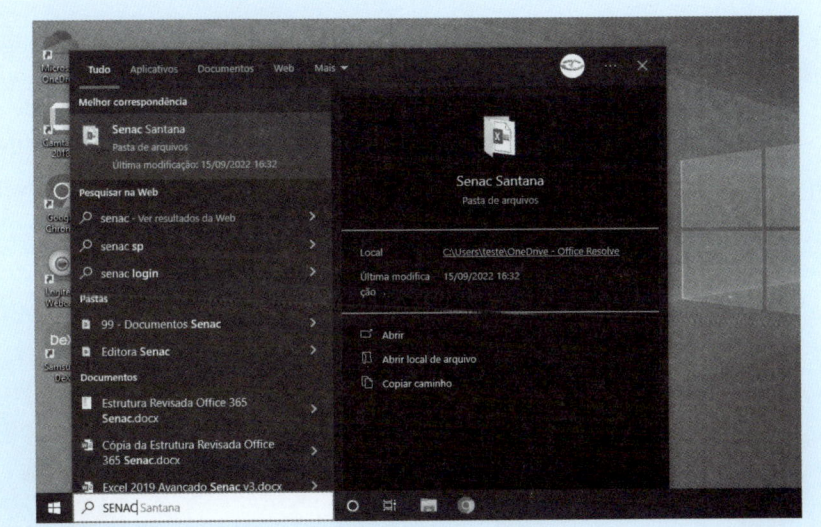

Outras correspondências, portanto, são mostradas por ordem de relevância. Caso não tenha encontrado o que procura, o usuário pode tentar refinar o termo de pesquisa.

Execução de aplicativos

Como já conhecemos alguns caminhos para executar aplicativos (menu *Iniciar*, *Pesquisar*, ícones da área de trabalho), podemos localizar agora o aplicativo Word, que será abordado na Seção 2. Para isso, uma alternativa é digitar "Word" na barra de pesquisa.

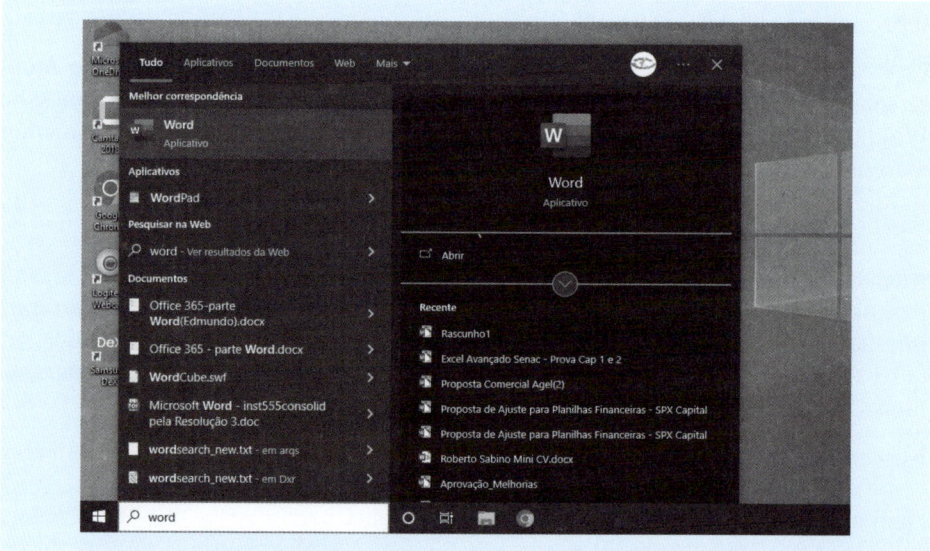

Como existe um aplicativo chamado Word instalado no computador da imagem, a resposta mais relevante da pesquisa sempre será o aplicativo. Basta teclar *Enter* para que o Windows abra o aplicativo (é importante observar que outras opções de resultado são apresentadas, como os arquivos mais recentes utilizados nesse computador).

Um aplicativo em execução será colocado na área de trabalho e ficará disponível para uso.

Na imagem anterior, podemos ver o aplicativo Word em execução e seu ícone na *Barra de Tarefas*. Esse ícone representa, portanto, que um aplicativo está em execução, já que ele não estava anteriormente fixado.

Barra de Tarefas

A *Barra de Tarefas* é uma ferramenta importantíssima no Windows 10. É nela que visualizamos todos os aplicativos em execução, alternamos entre os aplicativos abertos (semelhantemente à funcionalidade das teclas de atalho *Alt + Tab*), além de uma série de funções interessantes. Clicando com o botão direito do mouse na parte livre da barra, podemos acessar suas configurações.

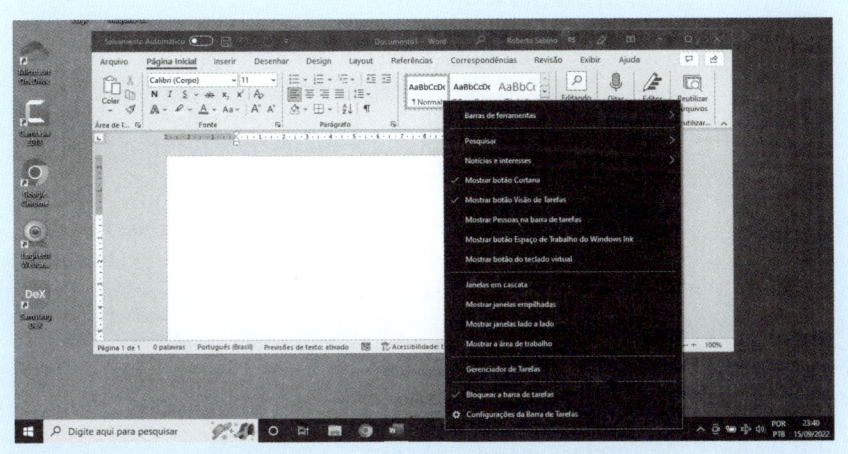

Cada aplicativo em execução será representado pelo próprio ícone na *Barra de Tarefas* para que possamos acessá-lo com facilidade. No caso de desejar manter o ícone do aplicativo na *Barra de Tarefas* mesmo depois que ele for fechado, com a intenção de ter acesso rápido a ele, clique com o botão direito do mouse sobre ele e, em seguida, em *Fixar na barra de tarefas*.

Na imagem anterior, podemos ver o primeiro menu de funções rápidas da *Barra de Tarefas*, que inclui outras opções, como *Pesquisar* ou *Notícias e interesses*. Essas opções são comandos de uso da área de trabalho que podem ser acessados pela barra. Também podemos reorganizar a área de trabalho com opções como: *Janelas em cascata*, *Mostrar janelas lado a lado* ou *Mostrar a área de trabalho*.

Por fim, temos a opção que dá acesso às *Configurações da Barra de Tarefas*.

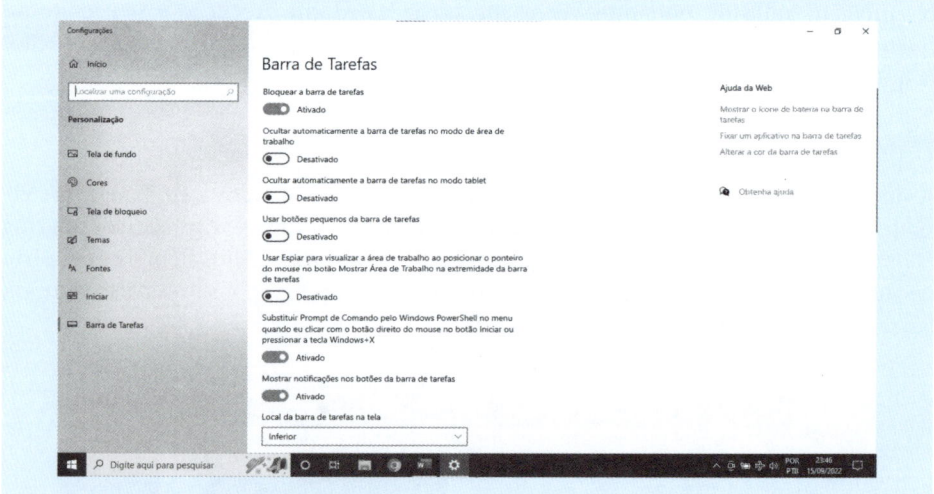

As configurações da *Barra de Tarefas* incluem:

- **Ocultar automaticamente a Barra de Tarefas *no modo de área de trabalho***: essa opção indica ao Windows que a barra deve ficar oculta e só aparecer quando passarmos o mouse pela parte de baixo da tela ou apertarmos o botão *Iniciar* do teclado.

- **Usar botões pequenos da Barra de Tarefas**: permite usar a barra comprometendo um menor espaço da área de trabalho.

- **Local da Barra de Tarefas *na tela***: permite escolher em qual extremidade da tela a barra ficará.

Também é possível configurar o comportamento da barra em dois monitores e o uso da *Área de notificação*.

Uso da Central de ações e da Área de notificação

A extremidade direita da *Barra de Tarefas* possui dois componentes que podem ser configurados para facilitar nosso trabalho: a *Área de notificação*, na qual os aplicativos podem emitir notificações sobre o próprio funcionamento, e a *Central de ações*, para executar algumas ações específicas dos componentes do sistema operacional.

Para configurar as notificações dos aplicativos, acesse as configurações da *Barra de Tarefas* e, em seguida, na seção *Área de notificação*, então escolha: *Selecione os ícones que devem aparecer na barra de tarefas*.

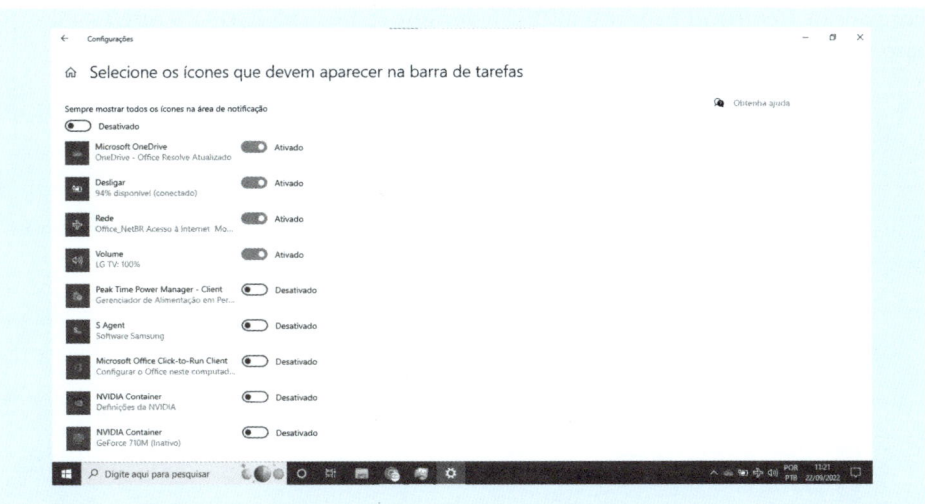

Na tela apresentada, é possível escolher quais aplicativos terão seus ícones mostrados na *Barra de Tarefas* (na *Área de notificação*) e que emitirão alertas sobre o próprio funcionamento ou qualquer problema na execução.

Já a *Central de ações* (que, na verdade, faz parte da *Área de notificação*) pode ser configurada na opção *Ativar ou desativar ícones do sistema*, que vem logo abaixo daquela que usamos no item anterior.

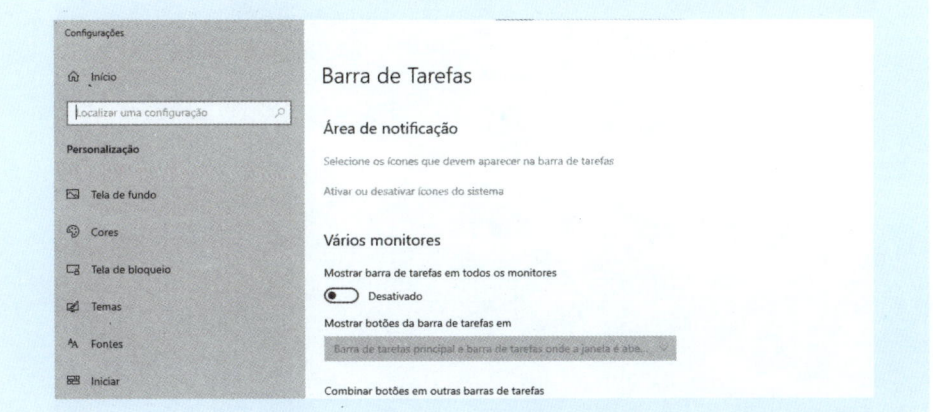

Observe que as duas configurações estão uma abaixo da outra na seção *Área de notificação*, dentro das configurações da *Barra de Tarefas*. Acessando a opção *Ativar ou desativar ícones do sistema*, podemos configurar os componentes do sistema operacional que emitirão notificações, e uma das formas de ver e configurar esses componentes é recorrendo à *Central de ações*. Vejamos a seguir como configurar esses ícones.

Por padrão, *Central de ações* é o último ícone que aparece na *Barra de Tarefas*, mas, no caso de ele não aparecer, basta ativar a opção mostrada na tela:

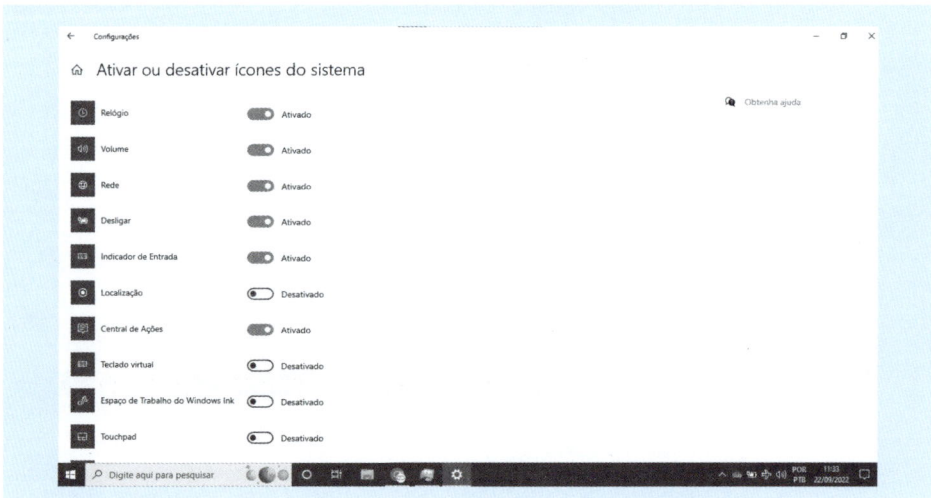

Acessando a central, teremos a possibilidade de acionar diretamente os principais componentes do sistema operacional e ver detalhes das notificações emitidas, como na tela a seguir.

No lado direito da tela, estão, na parte de baixo, as principais configurações e, na parte de cima, o espaço para os detalhes das mensagens de notificação.

Trabalho com várias janelas

Conhecendo os recursos da *Barra de Tarefas*, fica mais fácil gerenciar o trabalho com várias janelas no Windows 10. Vale a pena ressaltar que abrir uma quantidade muito grande de janelas ao mesmo tempo pode prejudicar o desempenho do computador.

No exemplo a seguir, estão abertas janelas do Word, das *Configurações* e os sites *Deezer* e *Office Resolve*:

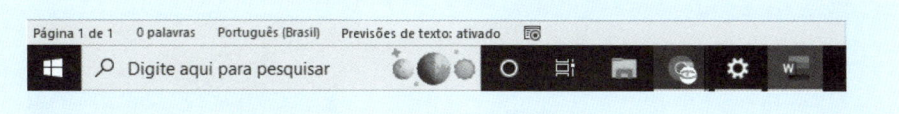

A *Barra de Tarefas* nos auxilia, assim, a alternar rapidamente entre os aplicativos e sites abertos apenas com cliques em seus ícones.

Importante: também é possível alternar entre as janelas abertas usando somente o teclado, pressionando *Alt + Tab*.

Como já mencionamos, além dos ícones, podemos usar outros recursos clicando com o botão direito na *Barra de Tarefas*, por exemplo: *Mostrar janelas empilhadas*, *Mostrar janelas lado a lado* ou, como veremos na imagem a seguir, *Janelas em cascata*.

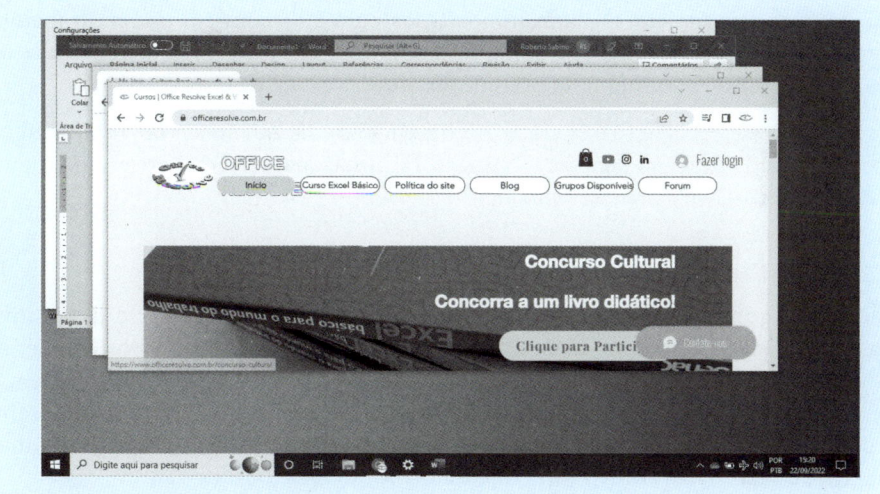

Com o aumento da complexidade do trabalho, podemos buscar outros recursos que nos ajudem a manter a produtividade.

Trabalho com múltiplas áreas de trabalho

Imagine que você está realizando algumas apresentações em seu trabalho sobre determinado tema em horários alternativos e acessando seus aplicativos-padrão no restante do tempo. Você pode separar essas duas atividades em áreas de trabalho distintas para que não precise ficar alternando entre aplicativos a cada mudança de atividade.

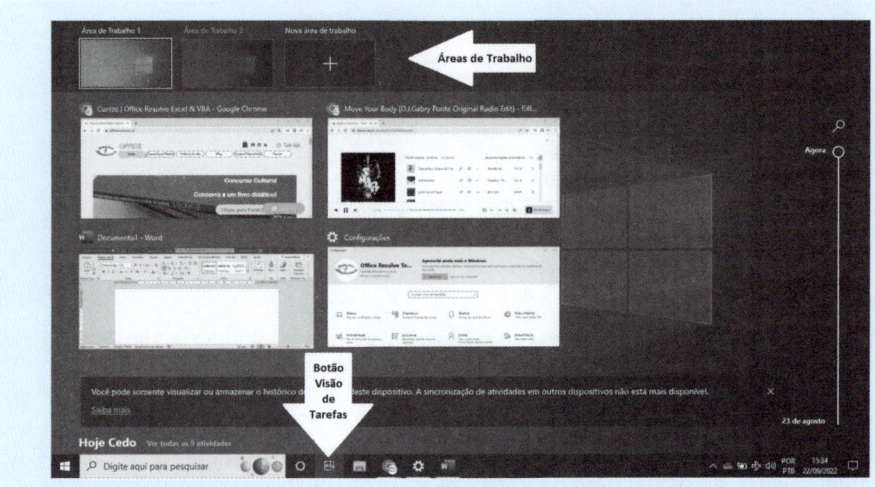

As múltiplas áreas de trabalho são um recurso um pouco mais avançado de produtividade, mas que podem ser bem importantes para situações em que há trabalhos diferentes sendo feitos no mesmo computador. É uma boa saída para quando duas ou mais pessoas usam um computador com um mesmo usuário.

Para acessar esse recurso, basta clicar no botão *Visão de tarefas* na *Barra de Tarefas* (logo à direita da função *Pesquisar*). Na parte de cima, aparecerão as áreas atualmente em uso e a opção *Nova área de trabalho*.

Desligamento correto do Windows 10

Uma dúvida comum aos usuários de computadores é: "Devo desligar o dispositivo toda vez que parar de usá-lo ou devo mantê-lo sempre ligado?". A resposta depende do tipo de computador utilizado e das orientações do fabricante para cada tipo de uso específico (já que essas orientações podem mudar de um caso a outro). Porém, sempre que precisar desligar o computador, é melhor fazer isso pelo sistema operacional, evitando desligar o dispositivo diretamente no botão *Liga/Desliga*.

No menu *Iniciar*, temos a opção *Desligar*, que pode se alternar com *Atualizar e desligar* no caso de haver atualizações pendentes.

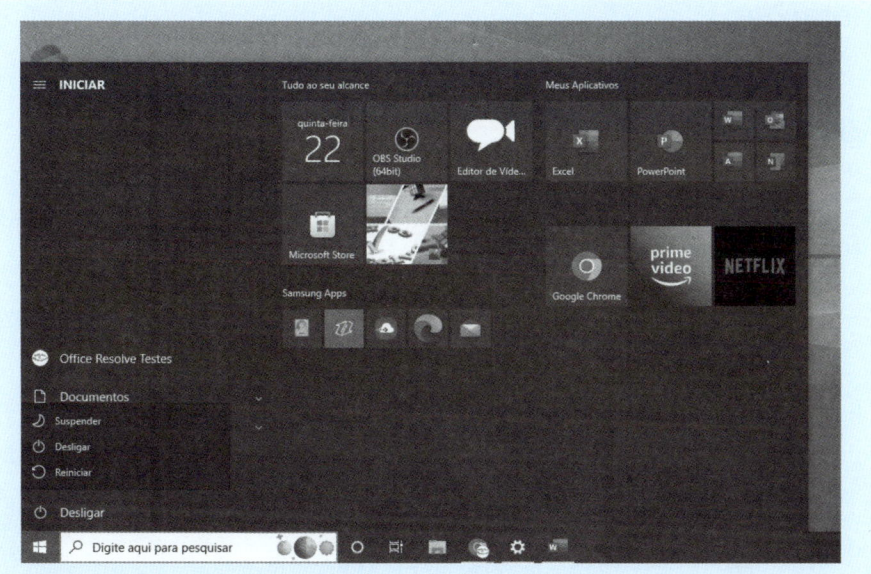

Exercícios propostos

(Resolução no final do livro)

Os exercícios a seguir não necessitam de material de apoio, podendo ser realizados diretamente no computador de aula ou de trabalho.

Exercício 1 – Configuração do menu Iniciar

Coloque os aplicativos Word, Excel e PowerPoint (que usaremos nas próximas seções deste livro) na parte superior direita do menu *Iniciar*.

Exercício 2 – Criação de uma área de trabalho

Configure seu computador para ter duas áreas de trabalho: em uma, deve estar aberto o aplicativo Word; na outra, o aplicativo Excel.

Anotações

3
Principais aplicativos e ferramentas

OBJETIVOS

» Conhecer os aplicativos mais usados

» Entender as alterações nos aplicativos do Windows

» Aprender algumas configurações importantes

» Descobrir como trabalhar com arquivos e pastas

O Windows 10 possui uma quantidade enorme de recursos e configurações que podem ser usados para personalizar cada vez mais as atividades do dia a dia do usuário. Contudo, muitos desses recursos não são necessários ou são um pouco mais complexos para o usuário iniciante. A chave para lidar corretamente com esse sistema operacional é aprender as configurações e recursos mais usados, e depois, aos poucos, aprender aqueles que podem ser importantes para casos específicos.

Onde estão meus aplicativos antigos, como WordPad?

Para os usuários das versões antigas do Windows, a versão 10 trouxe algumas mudanças relevantes, como a troca de alguns aplicativos e recursos que já faziam parte do sistema operacional há bastante tempo. Ainda assim, é possível encontrar muitos desses aplicativos e recursos na versão mais nova.

O WordPad é um processador de textos mais simples que o Word e um bom exemplo disso, já que a Microsoft tem colocado o Word como o processador-padrão de textos para a maioria das instalações de fábrica do Windows 10, desativando o WordPad.

Caso não estejam disponíveis em *Pesquisar*, muitos desses aplicativos ou recursos podem ser encontrados como *Recursos opcionais*. Siga a rota: *Iniciar >> Configurações >> Aplicativos >> Aplicativos e recursos >> Recursos opcionais*.

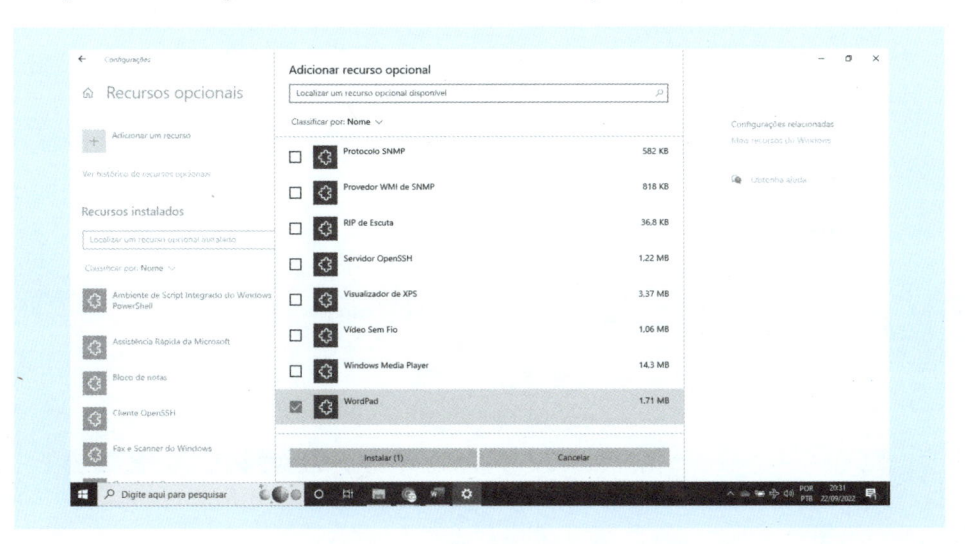

Com a ativação do recurso opcional, é possível utilizar o aplicativo sem problemas, inclusive diretamente pela barra de pesquisa.

Outra forma de encontrar recursos que faziam parte do Windows, mas que agora não estão incluídos, é acessar a loja de aplicativos, como já se faz no caso de um smartphone.

Acesso à loja de aplicativos

A Microsoft Store pode ser acessada pelo menu *Iniciar*, ou mesmo pela função *Pesquisar*, e facilita a busca de aplicativos para complementar o uso do sistema operacional. Podemos ver no exemplo a seguir uma pesquisa pelo Paint na loja. Para usuários das versões anteriores, esse era outro dos aplicativos mais conhecidos. Atualmente, existe o Paint 3D, além de outras tantas opções (incluindo o próprio Paint na versão antiga).

> **Importante:** sempre que possível, dê preferência à instalação de aplicativos disponíveis na Microsoft Store. Assim você mantém a segurança e a integridade do sistema operacional.

Gerenciador de Tarefas

Pouco conhecido dos usuários mais iniciantes, o *Gerenciador de Tarefas*, uma importante ferramenta para diagnosticar problemas no funcionamento do sistema operacional e do computador, pode ser acessado como outros aplicativos ou pelas teclas de atalho *Ctrl + Shift + Esc*.

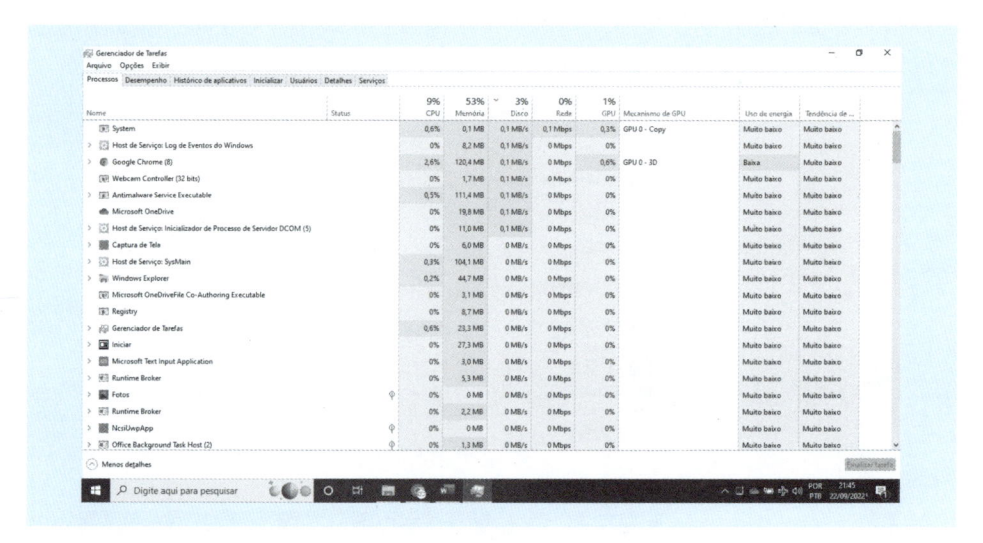

Mesmo para os usuários que conheçam menos de tecnologia, será possível identificar quando um dos seguintes parâmetros estiver "próximo de 100%":

- **CPU:** significa que o processamento do computador está perto ou em seu limite. Isso pode sugerir uma sobrecarga de atividades, muitos aplicativos abertos ou algum aplicativo processando uma quantidade muito grande de dados.

- **Memória:** indica que a quantidade de informações guardadas na memória de trabalho do computador está perto do limite. Pode ser resultado de muitos documentos abertos ou de um aplicativo que está carregando uma quantidade de dados muito grande.

- **Disco:** indica que o acesso aos arquivos guardados no computador está perto da velocidade-limite. Pode significar uma atualização do sistema em curso ou que algum aplicativo está manipulando muitos arquivos e pastas.

Utilizando Copiar e Colar

No grupo *Área de Transferência*, encontramos comandos que nos auxiliam a copiar e colar (da mesma forma que vimos na Seção 1), porém com algumas opções a mais.

Para testar essas funcionalidades, vamos escrever: *Word é um editor de textos da empresa Microsoft que pertence aos aplicativos de escritório*. Em seguida, com o mouse ou o teclado, vamos selecionar esse texto e pressionar *Ctrl + C* (copiar). O próximo passo é ir para a linha de baixo (clicando no fim da frase e pressionando *Enter*).

Agora, no grupo de comandos *Área de Transferência*, basta clicar na seta para baixo que há no botão *Colar* e, depois, nas opções de colagem, em *Imagem*, isto é, colar como imagem.

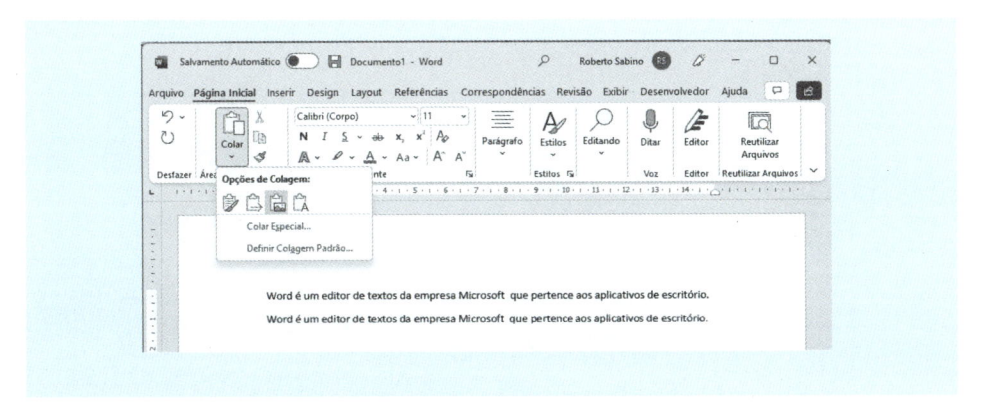

Temos, então, duas vezes a mesma informação, mas na primeira linha há um texto; e na segunda linha, uma imagem. Caso cliquemos na linha de baixo, toda a imagem será selecionada automaticamente e poderemos ajustar seu tamanho, clicando e arrastando com o mouse a partir dos pontos que aparecem em volta dela.

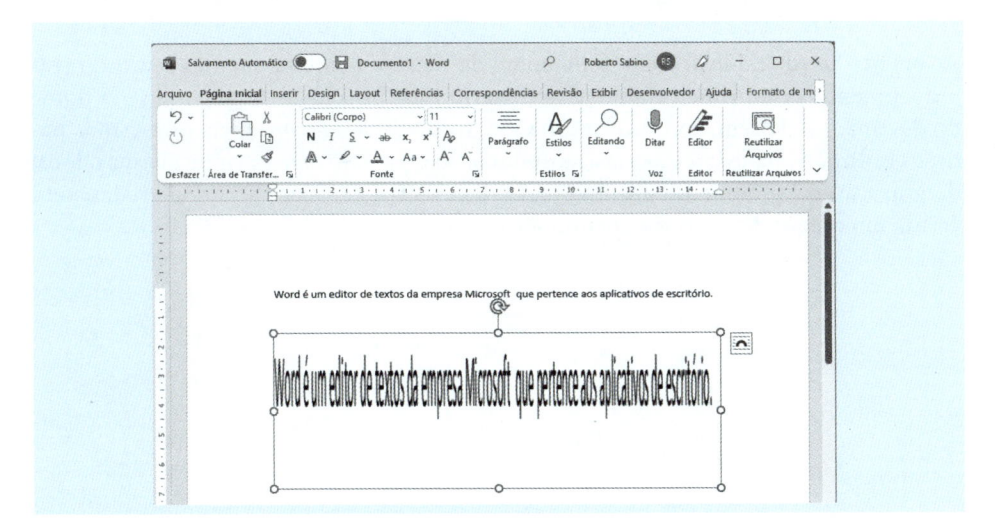

Nesse exercício, utilizamos a mesma *Área de Transferência* do Windows, porém com as funcionalidades do aplicativo Word.

Trabalho com documentos: *Novo*, *Salvar* e *Abrir*

Todos os aplicativos da Microsoft possuem os comandos básicos de manipulação de arquivos. Quando estamos escrevendo um documento no Microsoft Word, assim que possível, devemos salvá-lo para não correr o risco de perdê-lo. Salvar nada mais é do que colocar os documentos como um arquivo no disco do computador, em um dispositivo de armazenamento ou na nuvem (veremos o salvamento em nuvem mais adiante).

Agora, utilizaremos a guia *Arquivo* para salvar nosso documento:

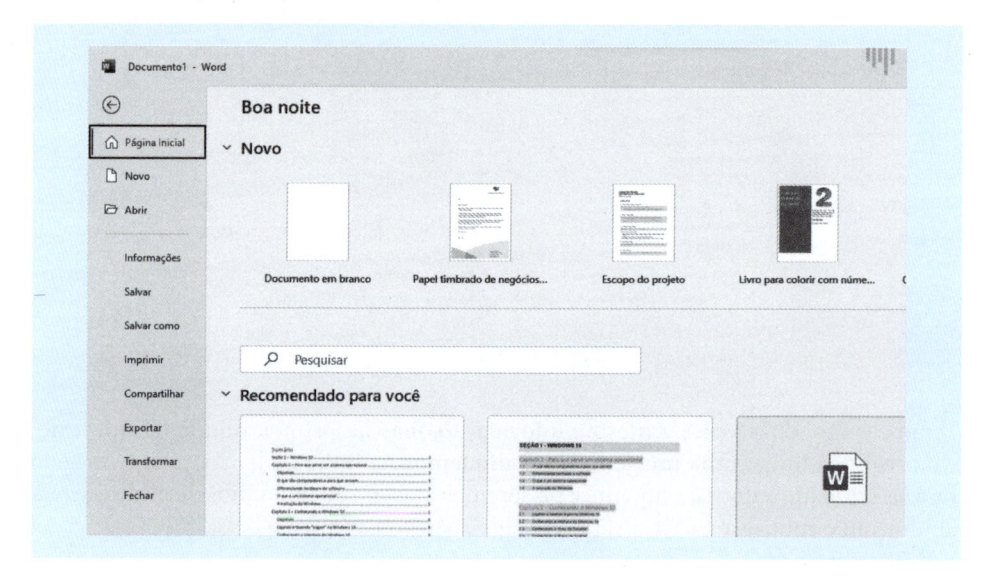

As opções *Salvar* e *Salvar como* funcionam da mesma maneira quando vamos gravar o documento pela primeira vez – é necessário indicar o local de gravação e o nome do documento. Porém, após salvar uma vez, o comando *Salvar* repete os mesmos padrões utilizados na primeira gravação, enquanto o *Salvar como* permite alterar o local de gravação ou o nome do arquivo (e, caso essas informações sejam alteradas, será criada uma segunda cópia do documento).

Vamos clicar em *Salvar como* para criar a primeira versão do nosso documento.

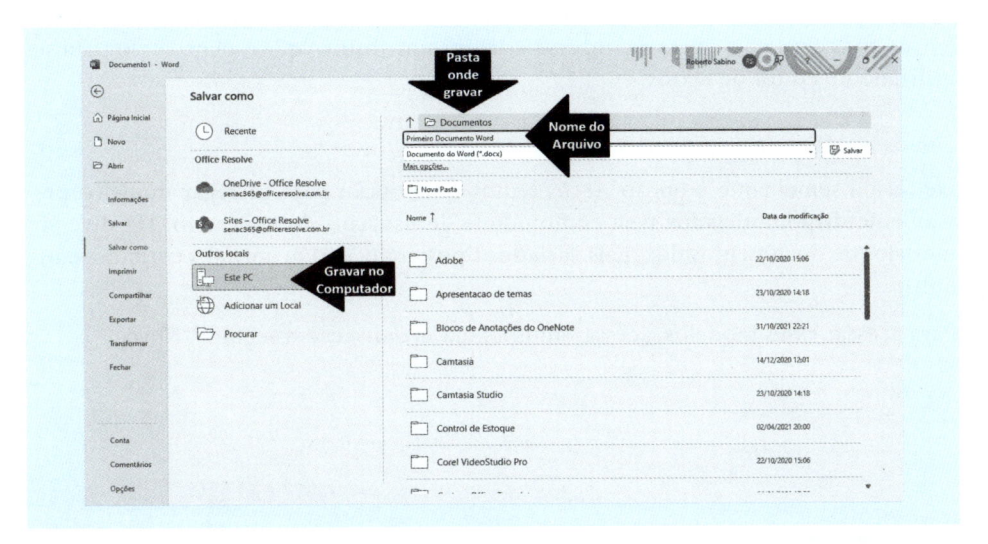

Assim como vimos na Seção 1, ao selecionarmos *Este PC* (ou seja, para gravar o arquivo no computador que estivermos usando), os aplicativos de escritório adotam por padrão a pasta *Documentos*.

Definimos, então, o nome do arquivo (em nosso exemplo: *Primeiro Documento Word*), e podemos clicar em *Salvar*.

Pronto! Nosso documento está gravado. A cada alteração que fizermos (ou de tempos em tempos), é bom clicar em *Salvar* para que as mudanças feitas no arquivo sejam gravadas.

Agora o documento apresenta o nome salvo na janela do aplicativo, como mostra a figura a seguir:

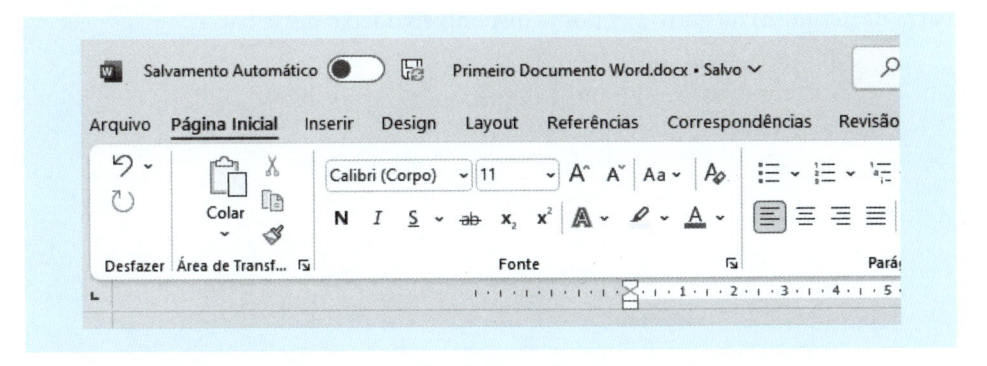

Caso estejamos lidando com arquivos em nuvem, o *Salvamento Automático* pode ser bastante útil para evitar perdas de atualizações no documento. Ao lado dessa opção, temos o ícone *Salvar*, que podemos usar como uma opção rápida de gravação.

Os documentos salvos poderão ser recuperados posteriormente com a opção *Abrir* (que também está na guia *Arquivo*). Essa opção funciona de maneira semelhante ao *Salvar*, mas executa a operação inversa: carrega um arquivo que está no disco para ser utilizado no editor de textos.

Uso de modelos de documentos

De forma semelhante à opção *Abrir*, temos uma opção para carregar modelos previamente disponibilizados pela comunidade de usuários do aplicativo. Há diversos modelos de documentos dos mais variados tipos: livro, cartão, jornal, currículo, entre outros.

Para acessar esses modelos, acessaremos a guia *Arquivo* e, em seguida, *Novo*.

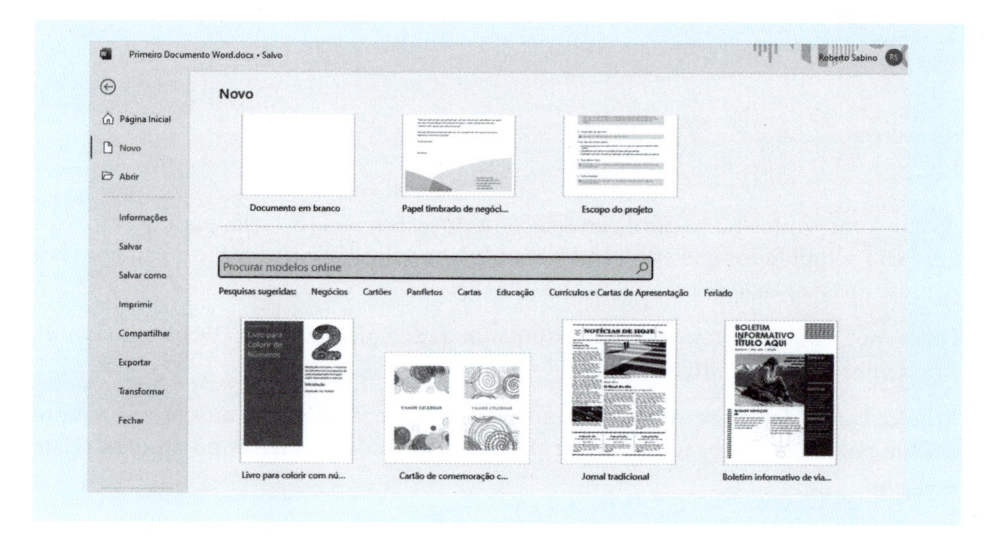

É possível escolher entre os modelos apresentados em *Procurar modelos online* (na barra de pesquisa) ou entre os tipos já disponíveis abaixo dessa barra.

Vamos escolher um modelo de currículo e analisá-lo.

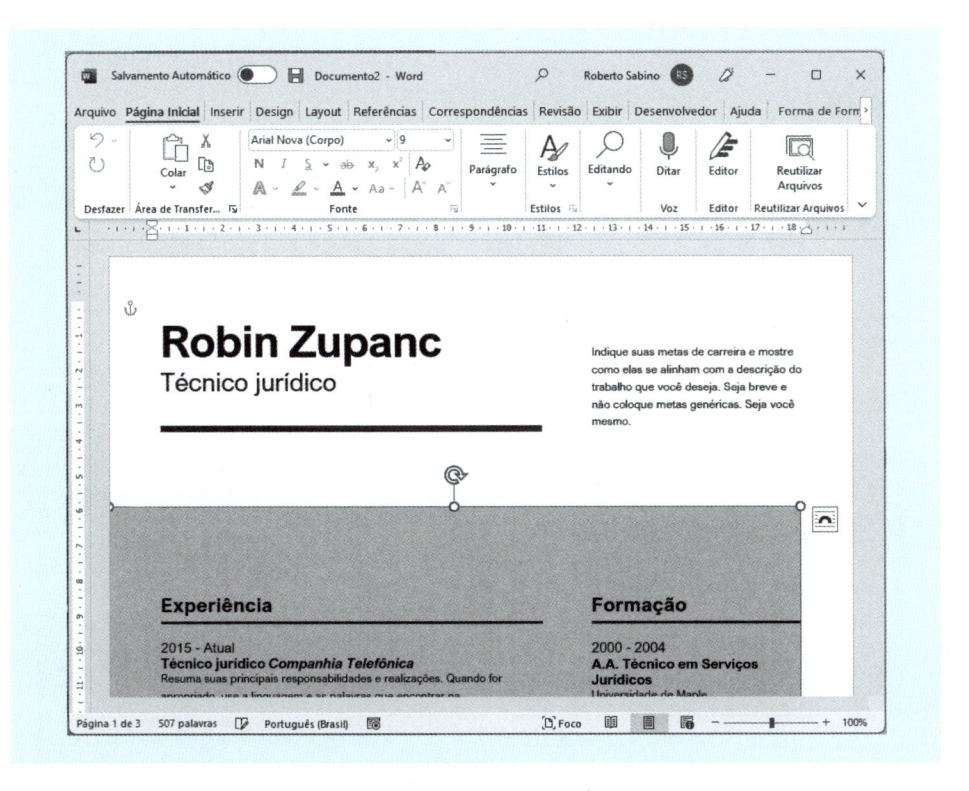

Observe que o modelo é um documento já preenchido com informações fictícias para serem alteradas pelo usuário.

Anotações

2

Formatação de documentos

OBJETIVOS

» Entender os principais formatos de um documento

» Conhecer as ferramentas de formatação do Word

» Aprender a usar tabelas nos documentos

» Visualizar o uso de espaçamentos e recuos

Para acompanhar os exemplos didáticos do capítulo, use o documento: "Word – Capítulo 2 – Formatação do texto".

Agora que já temos um conhecimento básico de como trabalhar com o Word, podemos começar a entender um pouco melhor como editar um texto nesse aplicativo. O primeiro passo é dominar o conceito de formatação e as principais ferramentas que podemos usar.

Formatação de um documento

Neste capítulo, vamos formatar um texto que está no conjunto de materiais deste livro. É um documento simples que vai nos ajudar a entender como os formatos podem mudar o entendimento de um texto. Para iniciar, siga o passo a passo:

1. Abra o aplicativo Word.
2. Na tela inicial, selecione *Abrir*.
3. Localize onde foram baixados os materiais do livro.
4. Selecione o documento: "Word – Capítulo 2 – Formatação do texto".

> **Note:** cada aplicativo do Microsoft 365 adota uma "extensão" específica no nome do arquivo para definir o seu tipo. Os documentos do Word são do tipo ".docx".

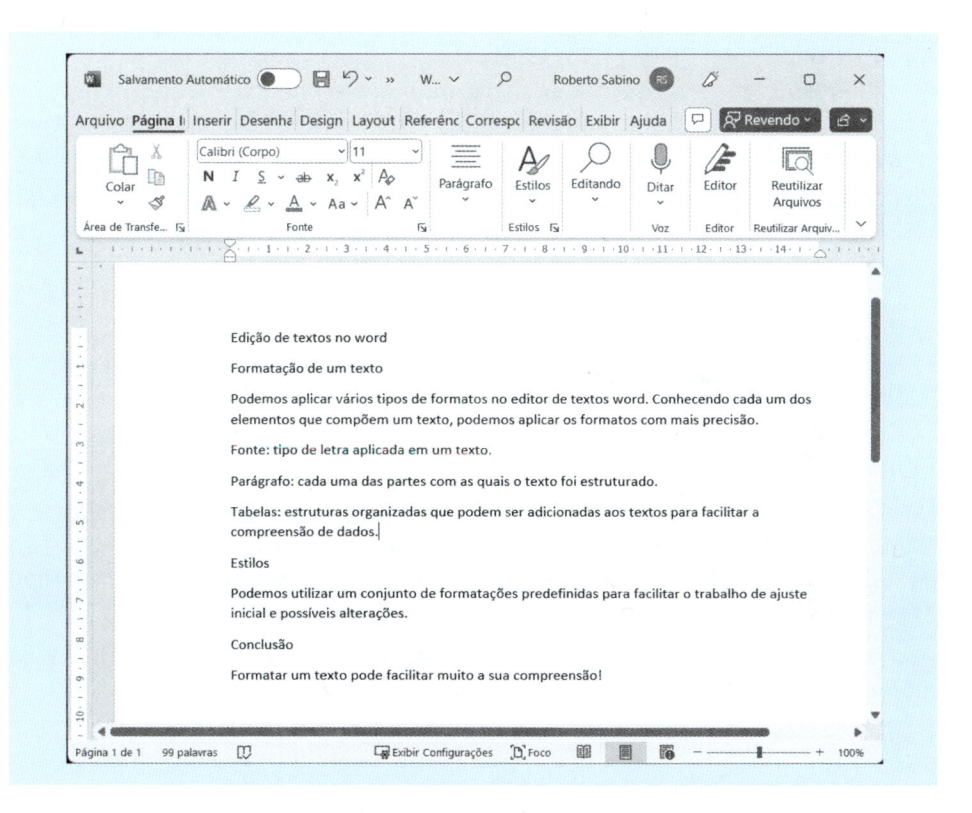

Seleção de texto e aplicação de formatos

Antes de executar as formatações, vamos observar algumas regras que podem auxiliar muito na hora de aplicar formatos.

A maneira mais eficaz de controlar bem a aplicação de formatos é, nessa hora, manter corretamente a seleção do texto. Há várias formas de selecionar um texto, mas algumas podem garantir um melhor resultado:

- **Clique do mouse e arrastar o cursor sobre o texto:** essa é uma das formas mais comuns, porém pode deixar partes do texto de fora da seleção ou mover acidentalmente alguns trechos. Cuidado ao executar esse tipo de seleção. Ele funciona bem para um fragmento pequeno do documento.

- **Setas no teclado + *Shift*:** é uma forma muito adotada por pessoas que tendem a utilizar mais o teclado que o mouse. Ela ajuda na precisão da seleção, mas pode ser um pouco mais demorada e trabalhosa para aqueles que não estão acostumados. Pressionando a tecla *Ctrl*, é possível avançar palavra por palavra, em vez de letra por letra.

- ***Shift* + *Home* ou *Shift* + *End*:** permite avançar até o começo ou até o final de uma linha, selecionando tudo desde o ponto em que estava o cursor.

- ***Ctrl* + *Shift* + *Home* ou *Ctrl* + *Shift* + *End*:** permite selecionar desde o ponto atual até o início ou o final do documento.

- **Clique do mouse à esquerda da margem:** permite selecionar a linha inteira até a marca de parágrafo (garantindo que os formatos de parágrafo também sejam aplicados).

- **Clique do mouse à esquerda arrastando para cima ou para baixo:** permite selecionar duas ou mais linhas, conforme o mouse passa por essa linha.

- **Clique duplo do mouse à esquerda da margem:** permite a seleção de um parágrafo inteiro.

- **Clique triplo do mouse à esquerda da margem:** permite a seleção de toda a seção do documento.

Formatação da fonte

Nos editores de textos, o tipo de letra utilizado é chamado de **fonte**. Repare que o texto que acabamos de carregar tem todas as fontes de mesmo tamanho e cor. Isso pode dificultar para o leitor a identificação de possíveis títulos e subtítulos, ou mesmo de palavras-chave.

Para facilitar a visualização, vamos colocar os títulos em destaque. Começaremos pelo título principal do texto: "Edição de textos no Word".

1. Selecione o título inteiro.
2. Na guia *Página Inicial*, altere o tipo da fonte para *Arial Black*.
3. Aumente a fonte para tamanho 14.
4. Troque a cor da fonte para qualquer tonalidade de azul.

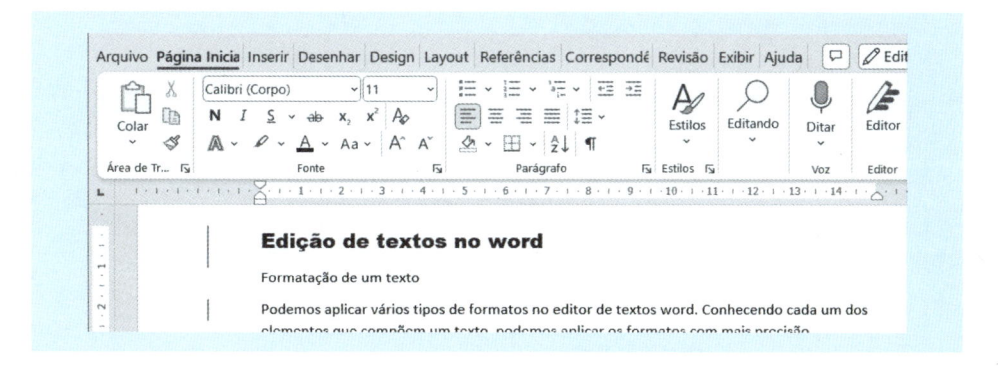

Agora, vamos colocar em destaque os títulos internos do texto.

1. Utilizando a seleção de linha inteira e mantendo a tecla *Ctrl* pressionada, faça uma seleção de múltiplas linhas.
2. Selecione os títulos: "Formatando um texto", "Estilos" e "Conclusão".

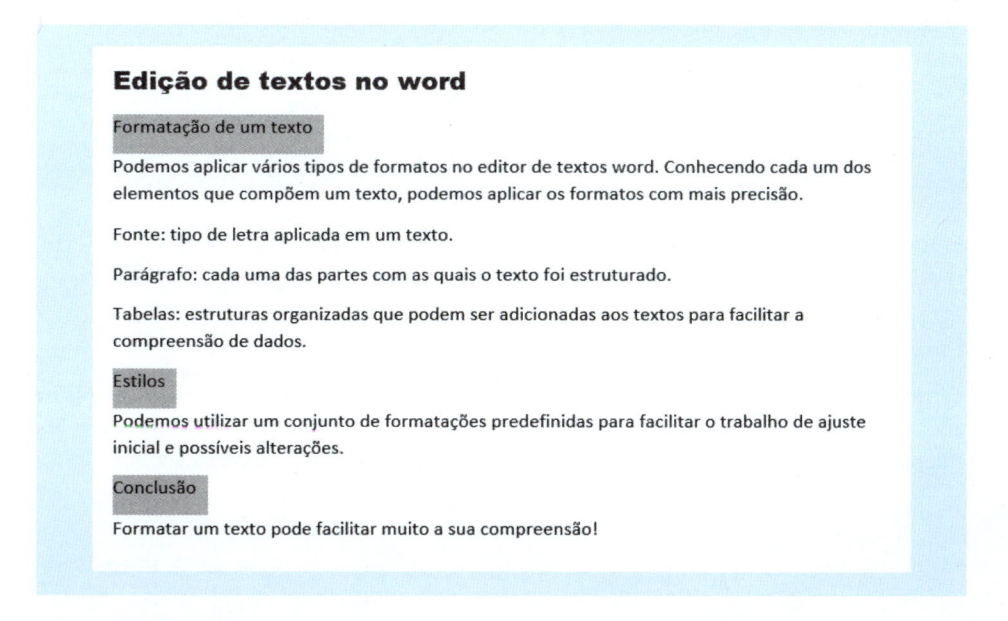

3. Selecione a fonte *Arial*.
4. Coloque a fonte em tamanho 12.
5. Altere a cor para o mesmo tom de azul utilizado no título principal.

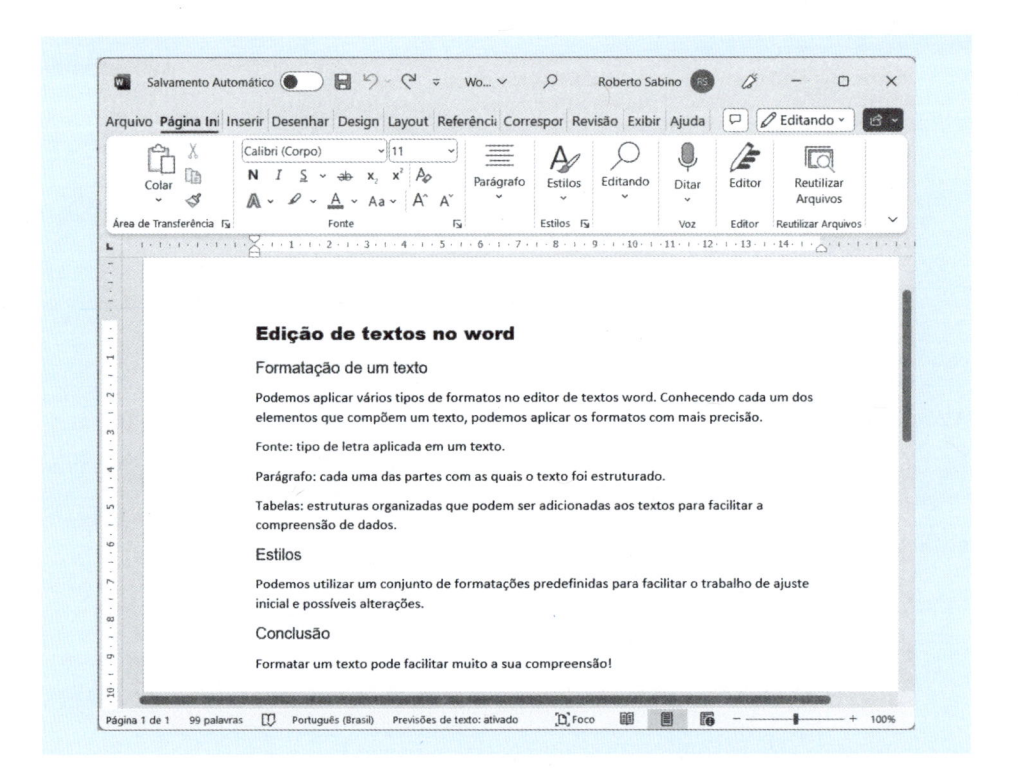

Embora esses procedimentos tenham facilitado um pouco a compreensão do texto, vamos analisar alguns formatos de parágrafo que podem nos ajudar ainda mais.

FORMATAÇÃO DE PARÁGRAFOS

Temos disponíveis no Word tipos diferentes de formatação que podemos aplicar aos parágrafos. Vamos aplicar alguns desses formatos, passo a passo. Na guia *Página Inicial*, encontramos os tipos de formatos mais utilizados no grupo *Parágrafo*.

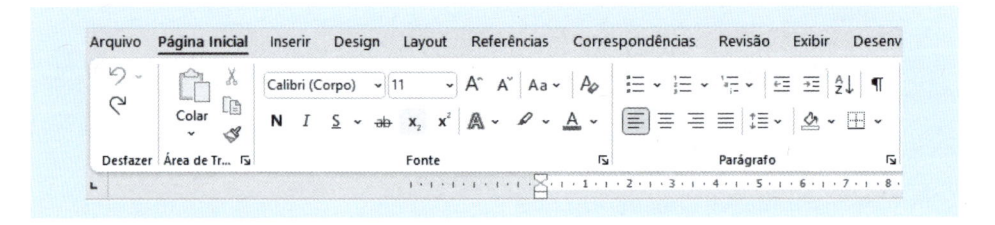

Alterando o alinhamento

Podemos optar por quatro tipos básicos de alinhamento para o texto: à esquerda, centralizado, à direita, justificado. Justificado é um tipo de alinhamento que manterá as margens esquerda e direita do texto alinhadas, com espaços maiores e menores entre as palavras para chegar a esse resultado.

Agora, deixaremos o título principal centralizado.

1. Posicione o cursor do mouse na linha do título principal.
2. No grupo *Parágrafo*, escolha a opção de texto centralizado.

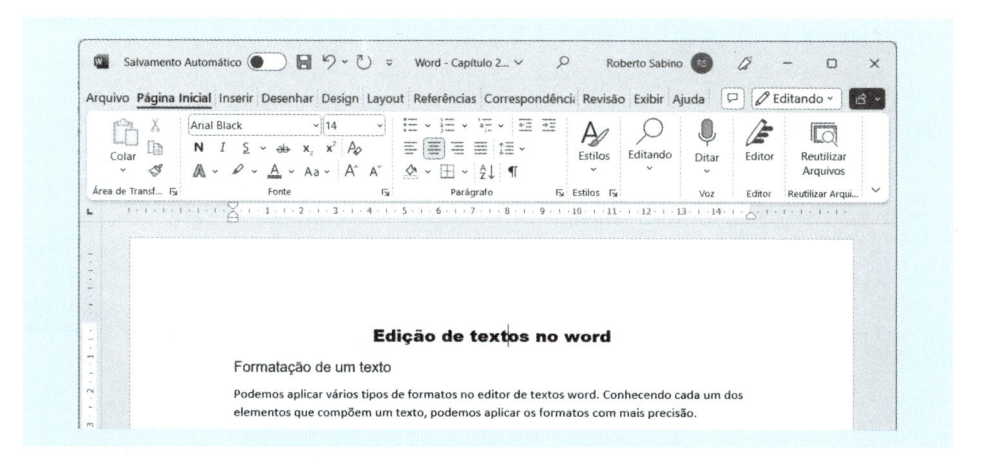

Ainda que já tenha sido aplicado um destaque diferente para esse título, a percepção de que se trata de um título fica muito mais evidente assim.

Estipulando recuos

Além de alterar o alinhamento do texto em relação ao documento, podemos também estabelecer recuos, que deixarão o texto em destaque ou incluirão um espaço no começo de cada parágrafo. É possível aplicar um recuo com o comando da *Faixa de Opções* ou com a tecla *Tab*.

1. Utilizando a seleção de linha inteira e mantendo a tecla *Ctrl* pressionada, faça uma seleção de múltiplas linhas.
2. Selecione os títulos: "Formatando um texto", "Estilos" e "Conclusão".
3. Pressione *Tab* ou clique em *Aumentar recuo*.

> **Edição de textos no word**
>
> **Formatação de um texto**
>
> Podemos aplicar vários tipos de formatos no editor de textos word. Conhecendo cada um dos elementos que compõem um texto, podemos aplicar os formatos com mais precisão.
>
> Fonte: tipo de letra aplicada em um texto.
>
> Parágrafo: cada uma das partes com as quais o texto foi estruturado.
>
> Tabelas: estruturas organizadas que podem ser adicionadas aos textos para facilitar a compreensão de dados.
>
> **Estilos**
>
> Podemos utilizar um conjunto de formatações predefinidas para facilitar o trabalho de ajuste inicial e possíveis alterações.
>
> **Conclusão**
>
> Formatar um texto pode facilitar muito a sua compreensão!

Aos poucos, é possível entender o texto com mais facilidade.

Alterando os espaçamentos

Outra configuração importante para os destaques de títulos ou parágrafos é o espaçamento entre linhas. O texto do nosso exemplo está com cada linha muito próxima da seguinte. Se aumentarmos, portanto, o espaçamento entre a linha do final de cada parágrafo e o próximo trecho de texto, teremos uma melhor divisão das informações.

1. Utilizando a seleção de linha inteira e mantendo a tecla *Ctrl* pressionada, faça uma seleção de múltiplas linhas.
2. Selecione os títulos: "Formatando um texto", "Estilos" e "Conclusão".
3. No grupo *Parágrafo*, encontre a seção *Espaçamento*.
4. Em *Espaçamento entre linhas*, selecione a opção *Múltiplos*.
5. Ainda na seção *Espaçamento*, clique na opção *Antes* e escolha *36 pt*.
6. Já na opção *Depois*, escolha *8 pt*.
7. Clique em *OK*.

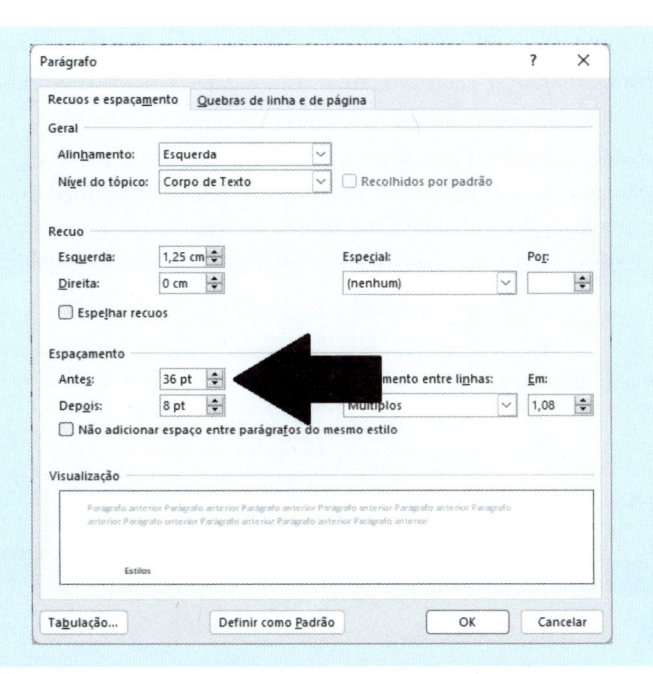

Com essa configuração, os títulos ficarão mais espaçados, e o texto terá uma melhor estrutura, facilitando a compreensão.

Edição de textos no word

Formatação de um texto

Podemos aplicar vários tipos de formatos no editor de textos word. Conhecendo cada um dos elementos que compõem um texto, podemos aplicar os formatos com mais precisão.

Fonte: tipo de letra aplicada em um texto.

Parágrafo: cada uma das partes com as quais o texto foi estruturado.

Tabelas: estruturas organizadas que podem ser adicionadas aos textos para facilitar a compreensão de dados.

Estilos

Podemos utilizar um conjunto de formatações predefinidas para facilitar o trabalho de ajuste inicial e possíveis alterações.

Conclusão

Formatar um texto pode facilitar muito a sua compreensão!

Utilizando a régua para a formatação

Outra maneira de formatar rapidamente um parágrafo é utilizar a régua que aparece na parte superior do documento.

É comum que o parágrafo da parte descritiva do texto tenha um recuo maior na primeira linha em relação ao restante. Para obter esse efeito, na caixa de diálogo que acessamos no item anterior, poderíamos proceder da seguinte forma: *Recuo >> Especial >> Primeira linha*. Porém, também podemos fazer essa configuração diretamente pela régua.

> **Dica:** caso seu documento não exiba uma régua na parte superior do editor, acesse a guia *Exibir* e clique na opção *Régua* para acioná-la.

1. Posicione o cursor do mouse no primeiro parágrafo do texto (antes de "Podemos aplicar vários tipos de formatos...").
2. Acessando a régua, desloque o indicador da primeira linha para *1,25 cm* (como na figura a seguir).

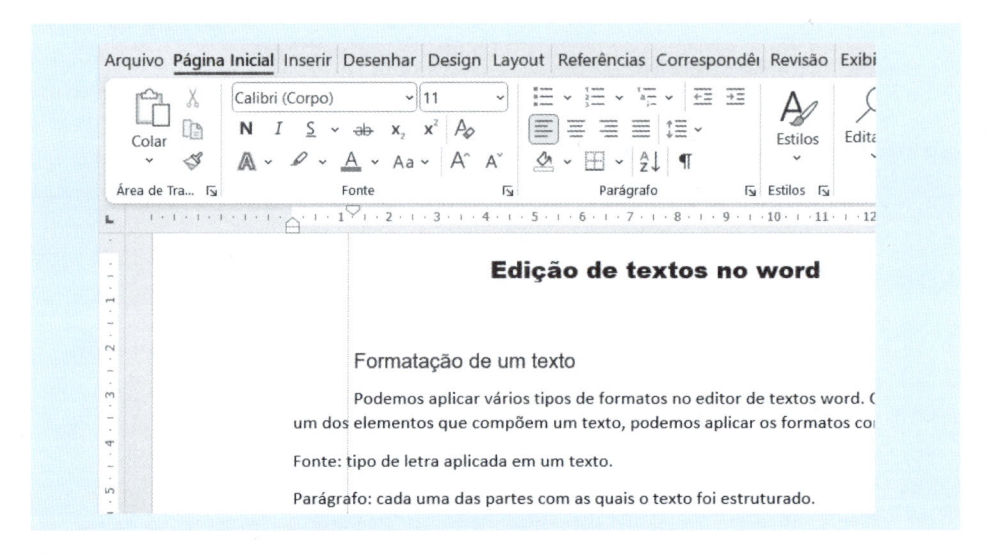

Essa configuração foi aplicada apenas no parágrafo inicial. Para o documento inteiro, poderíamos selecionar os demais parágrafos no momento de incluir o recuo, ou usar o *Pincel de Formatação*.

Pincel de Formatação

Uma forma de copiar e colar somente a formatação (sem carregar junto o conteúdo de texto) é utilizar o *Pincel de Formatação*, que está localizado na guia *Página Inicial*, no grupo *Área de Transferência*. Essa mesma funcionalidade pode ser acessada pelas teclas de atalho: *Ctrl + Shift + C* e *Ctrl + Shift + V*.

Vamos usar essa funcionalidade para reproduzir a formatação do primeiro parágrafo também nos dois últimos.

1. Selecione o parágrafo formatado, incluindo sua marca final (último caractere do parágrafo que não é visto, a menos que seja acionado o botão com o símbolo "¶").

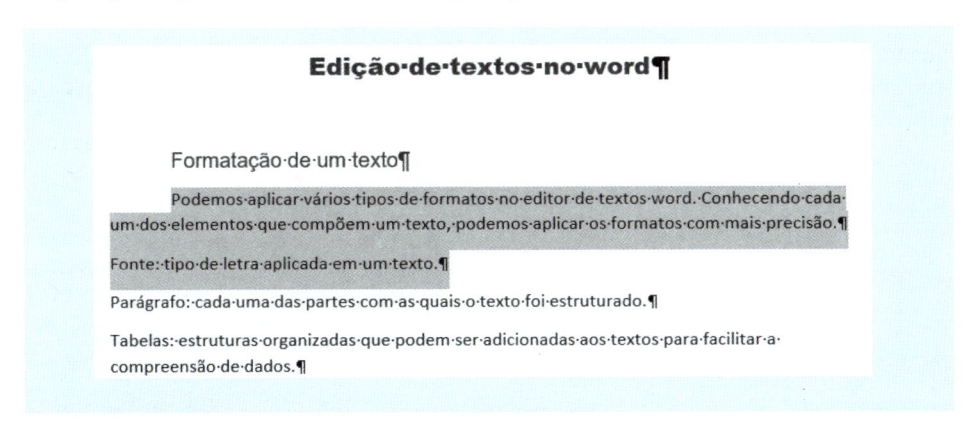

2. Pressione o botão *Ferramenta de Formatação*.

3. Em seguida, selecione o parágrafo abaixo do título "Estilos" (incluindo a marca final de parágrafo).

4. Por fim, repita a operação no parágrafo abaixo do título "Conclusão".

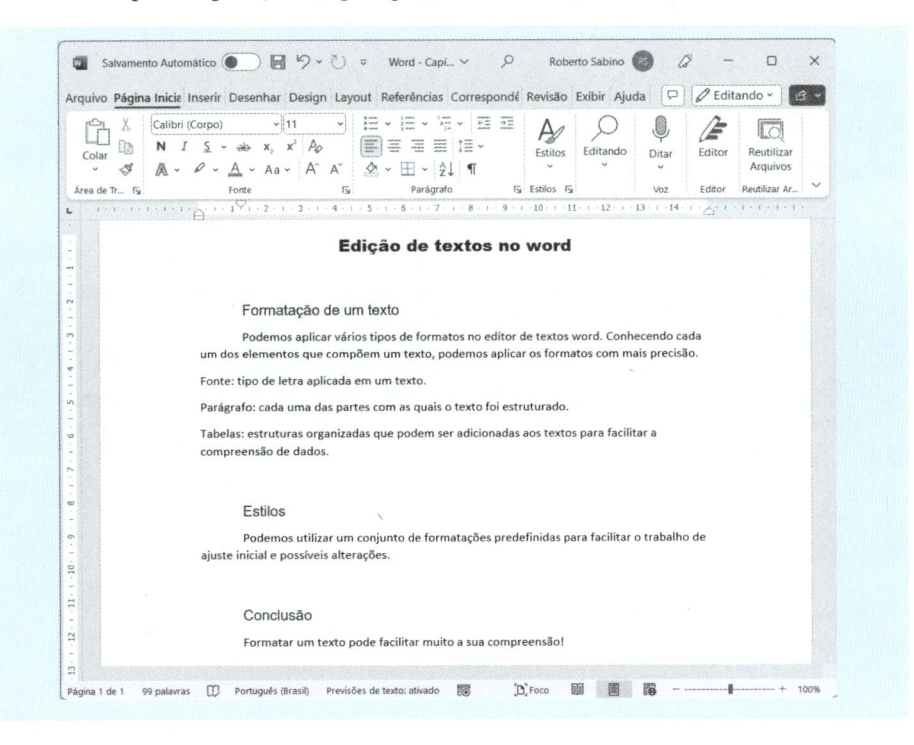

Com essa configuração, já temos um texto bem mais fácil de visualizar e, por consequência, mais fácil de ser compreendido. Porém, ainda podemos ajustar a numeração de itens para deixar alguns tópicos com mais destaque.

Marcadores e numeração

Quando um texto possui uma lista de itens, temos duas opções que costumam ajudar: criar marcadores ou adicionar numeração. O procedimento para criar marcadores e numeração é o mesmo: selecionar e aplicar o formato.

Aplicando numeração em nosso texto, temos:

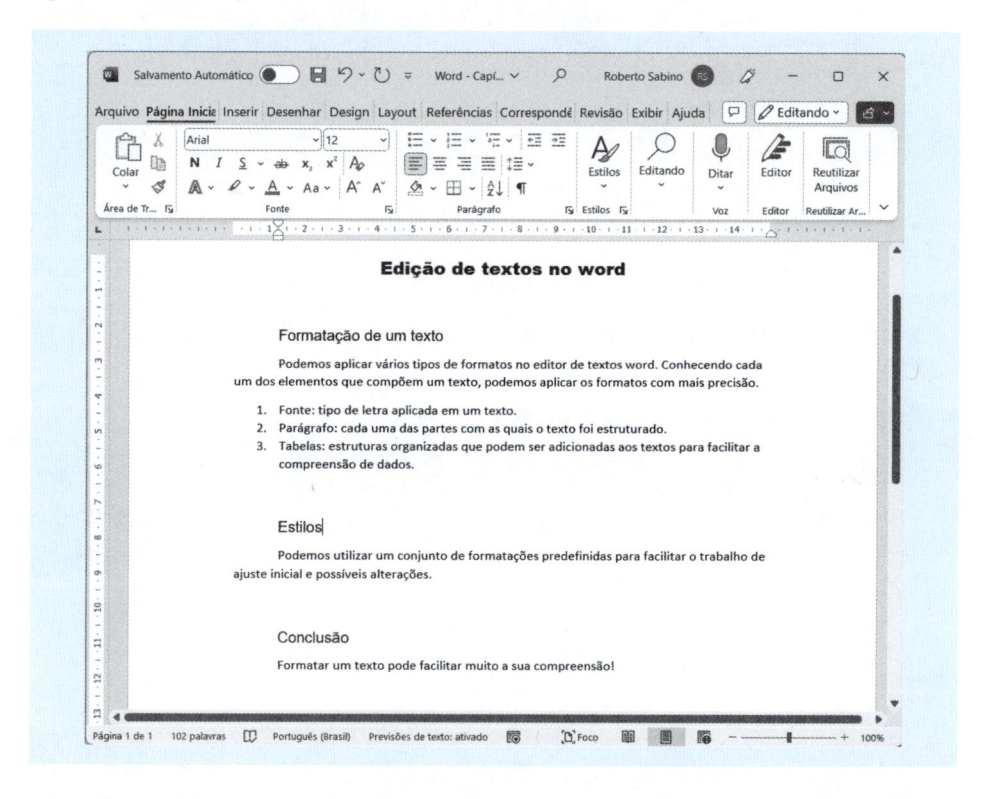

Se fizermos agora uma comparação do nosso texto atual com o texto inicial, podemos perceber claramente a diferença de aparência e como o entendimento ficou mais fácil na nova versão.

1. Na guia *Inserir*, selecione *Tabela*.
2. Um seletor de estrutura abrirá para facilitar a escolha do número de linhas e colunas.
3. Apenas arraste o mouse sobre o seletor e escolha a quantidade de linhas e colunas desejada.

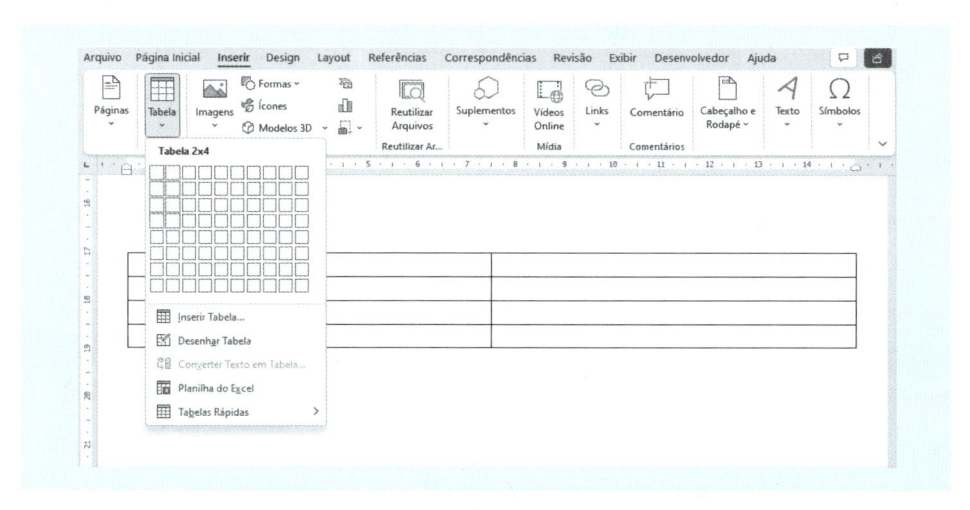

4. Neste exemplo, escolhemos a *Tabela 2×4* (2 colunas × 4 linhas).
5. Dê um clique sobre o seletor para criar a tabela no documento.

As colunas e as linhas deverão ser preenchidas com os dados que tínhamos em nossa enumeração, com o acréscimo dos rótulos: *Tipo de Formato* e *O que é?*.

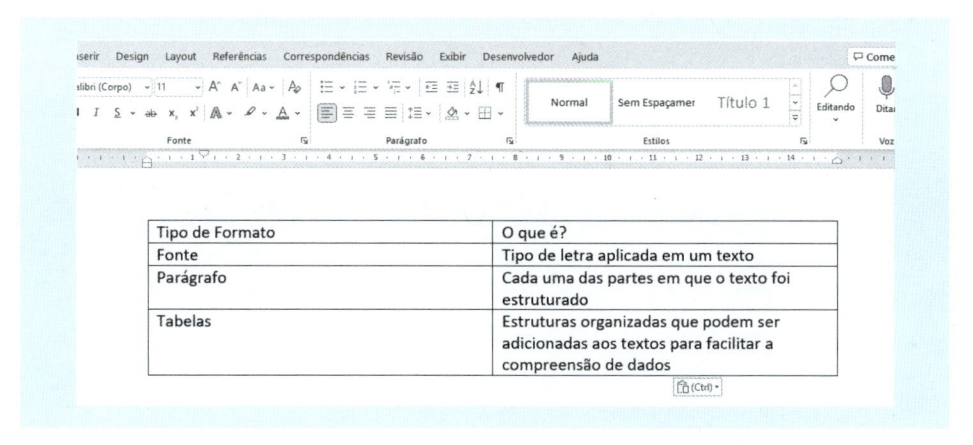

Tipo de Formato	O que é?
Fonte	Tipo de letra aplicada em um texto
Parágrafo	Cada uma das partes em que o texto foi estruturado
Tabelas	Estruturas organizadas que podem ser adicionadas aos textos para facilitar a compreensão de dados

Formatando tabelas

Antes de usar os recursos de *Design da Tabela*, vamos ajustar o tamanho das colunas. Para isso, basta posicionar o mouse sobre a borda interna da coluna e arrastá-la até o tamanho desejado. Em nosso caso, vamos aumentar o espaço da segunda coluna:

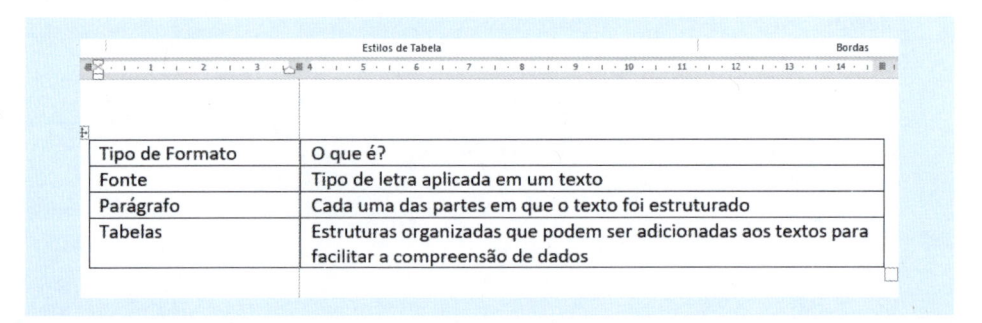

Tipo de Formato	O que é?
Fonte	Tipo de letra aplicada em um texto
Parágrafo	Cada uma das partes em que o texto foi estruturado
Tabelas	Estruturas organizadas que podem ser adicionadas aos textos para facilitar a compreensão de dados

Após o ajuste, podemos usar as opções de *Design da Tabela* para encontrar uma configuração que esteja de acordo com aquilo de que precisamos. Neste caso, seguiremos estes passos:

1. Clique sobre alguma parte da tabela.
2. Observe que aparecerá uma guia chamada *Design da Tabela*.
3. Nessa guia, localize o grupo de comandos *Estilos de Tabela*.
4. Agora, escolha o estilo que pareça mais adequado ao documento.
5. Neste exemplo, usamos: *Tabela de Lista 6 Colorida – Ênfase 5*.

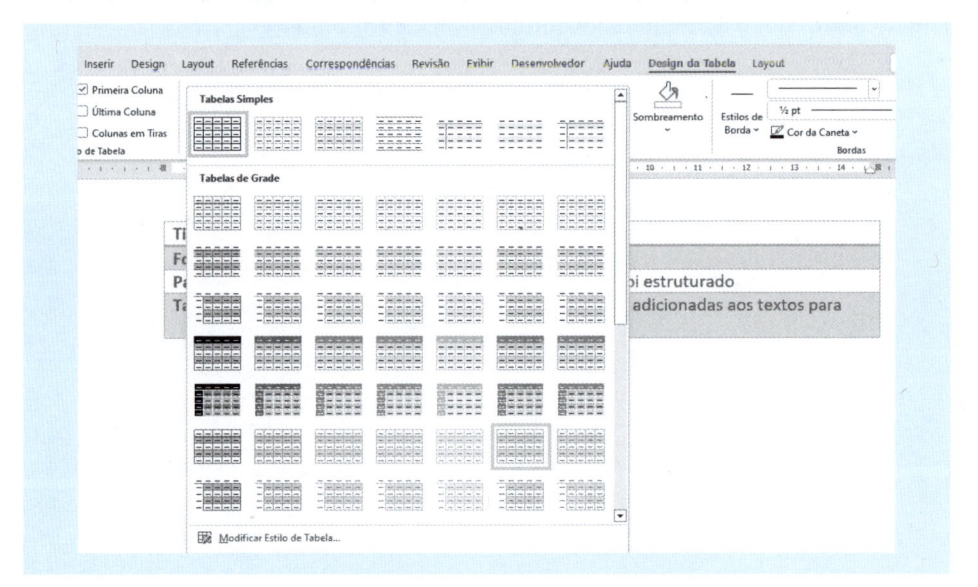

Com os *Estilos de Tabela*, é possível alterar diversos formatos de uma única vez, garantindo que a estética do documento seja mantida.

Ao final, nosso documento está pronto e com aparência semelhante à da figura a seguir.

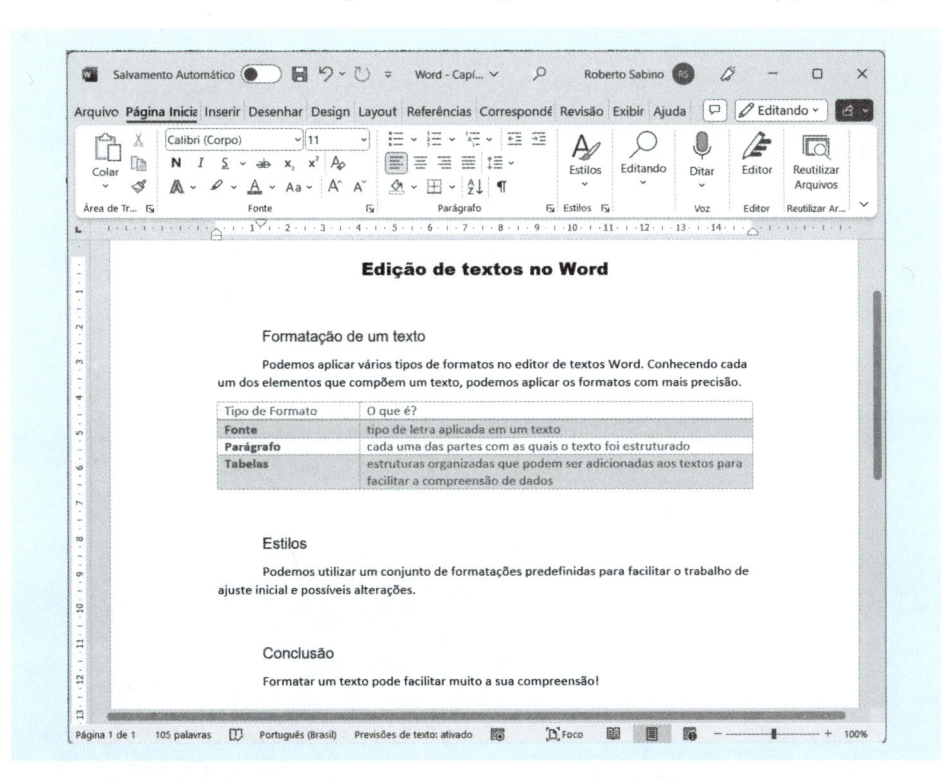

Exercícios propostos

(Resolução no final do livro)

Para resolver os exercícios propostos, abra o documento: "Word – Capítulo 2 – Exercício proposto" (note que há dois documentos com nomes semelhantes: o que você deve abrir e outro com o título "Word – Capítulo 2 – Exercício proposto – **Resolvido**").

Exercício 1 – Formatação do texto com numeração

Recorrendo ao documento do exercício proposto (que tem estrutura idêntica ao utilizado neste capítulo, porém com conteúdo referente ao Excel), refaça os passos do capítulo, aplicando a numeração para os itens "Célula", "Intervalo" e "Pasta de Trabalho".

Exercício 2 – Utilização de tabela

Agora, troque a numeração no texto editado no exercício 1 por uma tabela, assim como fizemos na explicação do capítulo.

Anotações

3
Trabalho com elementos gráficos

OBJETIVOS

» Reconhecer o que são os elementos gráficos

» Aprender a inserir elementos no texto

» Visualizar os *Modelos 3D*

» Conhecer e utilizar o *SmartArt*

Para acompanhar os exemplos didáticos do capítulo, use o documento: "Word – Capítulo 3 – Inserção de elementos".

Neste capítulo, aprenderemos a enriquecer nossos documentos inserindo elementos gráficos como: imagens, ícones, modelos 3D e SmartArt.

Inserção de imagens

Assim como utilizamos formatos, numerações e tabelas para que o texto fique mais organizado e fácil de entender, também podemos adicionar elementos gráficos, como imagens, como uma forma de aprimorar a compreensão da mensagem.

Este livro que estamos usando agora foi originalmente escrito no Word. E, considerando o conteúdo apresentado, é possível observar como as imagens são fundamentais ao entendimento dos processos explicados.

Para exercitar a inserção de imagens e de outros elementos gráficos, vamos estruturar um texto que, ao final, ficará assim (com duas páginas):

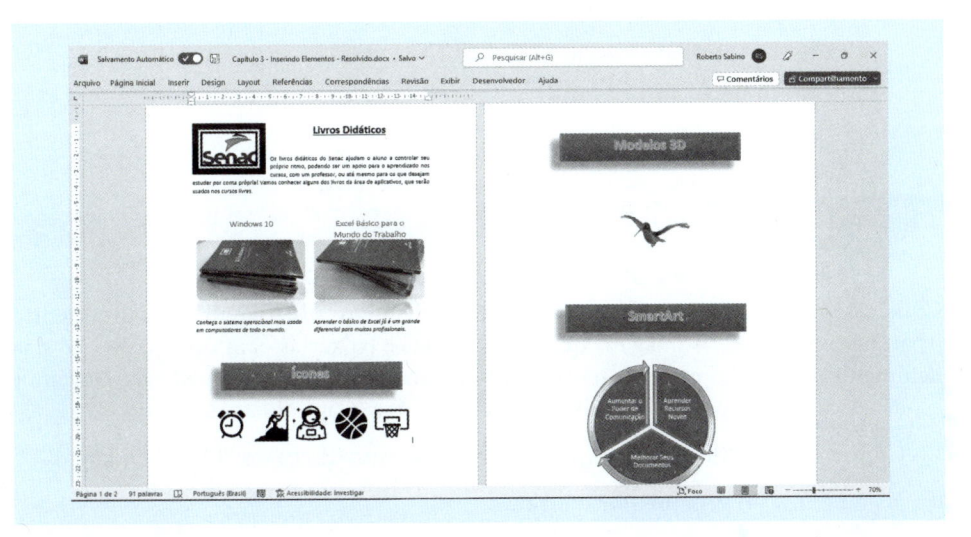

Caso já queira ver o documento final antes de começar a fazer o exercício, nos arquivos do livro, abra: "Word – Capítulo 3 – Inserção de elementos – Resolvido". Contudo, para realizar o trabalho, abra o documento sem a resolução e siga o passo a passo.

Começaremos apenas com textos e um título. Primeiro precisaremos localizar, entre os arquivos do livro, as imagens que serão usadas e baixá-las para uma pasta que seja facilmente acessível. Em nosso passo a passo, vamos usar a pasta *Downloads*. Devemos achar três imagens, todas com o nome iniciando por "Capítulo 3 – Imagem –".

1. Com o documento aberto, posicione o cursor antes do título "Livros Didáticos".
2. Na guia *Inserir*, procure por *Imagens*.
3. Em seguida, escolha *Este Dispositivo...*
4. Localize a imagem "Capítulo 3 – Imagem – Logo Senac.png".

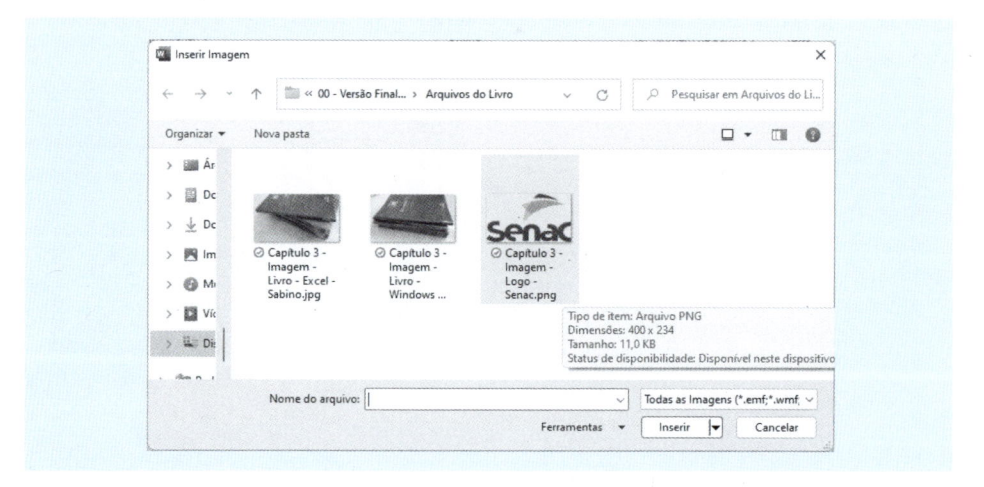

5. Clique em *Inserir*.

Inserir uma imagem é uma atividade muito simples, mas, algumas vezes, a imagem é muito grande ou incompatível com o texto, como em nosso exemplo.

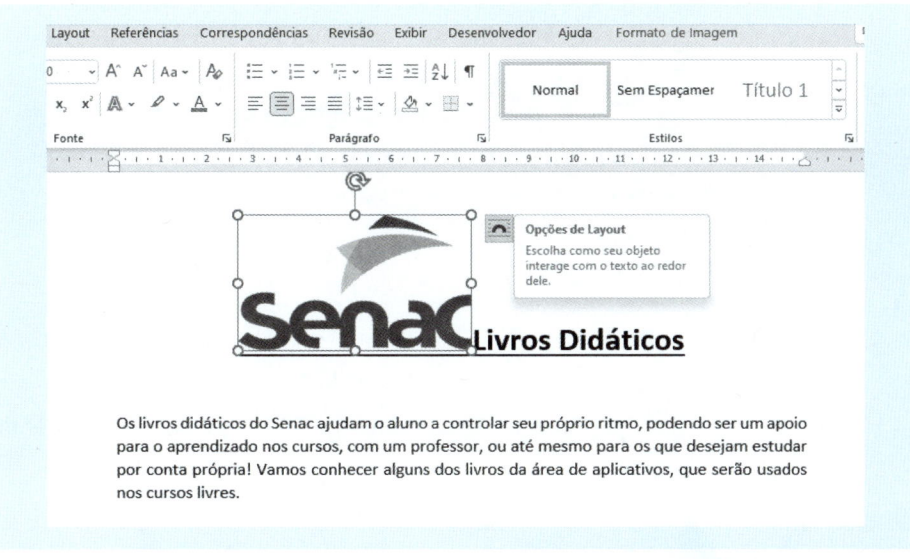

Nesses casos, precisamos recorrer à formatação da imagem, da mesma forma que fizemos com o texto no capítulo anterior.

Formatação de imagens

Dificilmente uma figura estará do tamanho certo para a usarmos; porém, clicando sobre ela uma vez e utilizando os pontos que ficam em destaque na borda, podemos redimensioná-la com facilidade.

Em nosso exemplo, vamos diminuir a imagem até que ela caiba discretamente no canto esquerdo de nosso texto.

> **Observe:** mesmo diminuindo a imagem, ela continua alinhada com o título, movendo-se junto ao texto da mesma linha e afastando as linhas que estão embaixo. Isso ocorre por conta da *Opção de Layout*.

Vamos alterar o layout da imagem para que possamos posicionar algumas linhas do texto à direita.

1. Clique sobre a imagem.
2. Observe à direita da imagem o botão *Opções de Layout*.

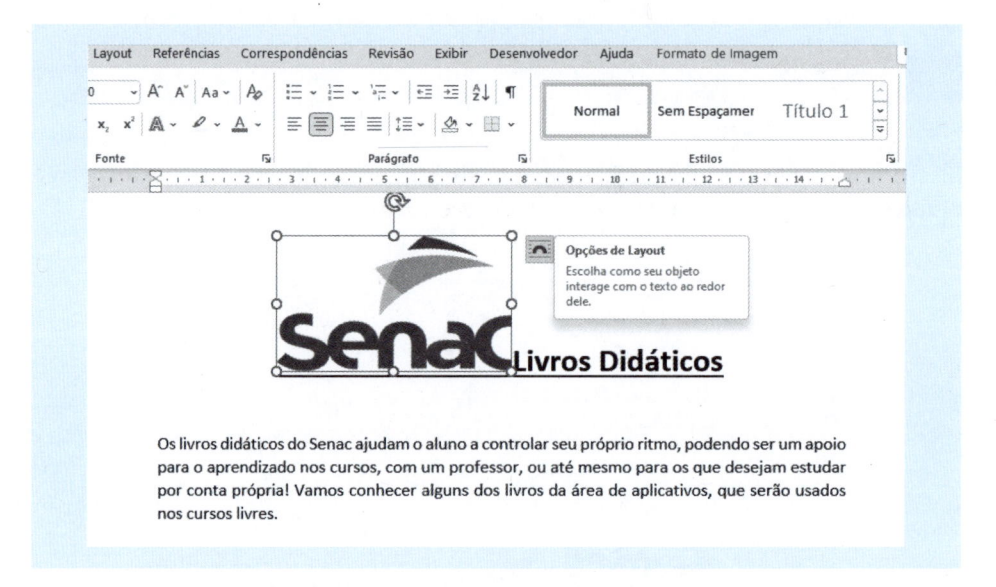

3. Clique no botão *Opções de Layout* e escolha *Quadrado*.
4. O texto deve aparecer bagunçado, com uma parte à direita e outra à esquerda da imagem.

5. Clique na imagem e arraste-a até o canto esquerdo da página para que o texto fique todo à direita dela.

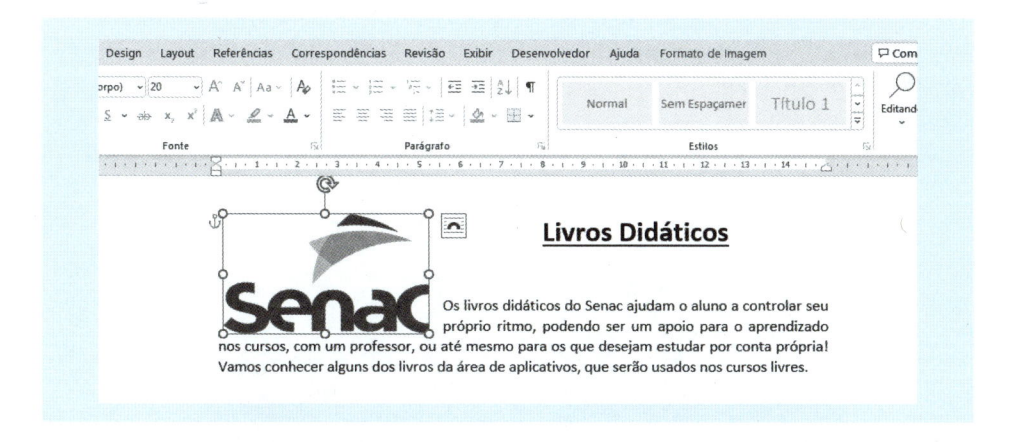

Estilos de imagem

Depois de redimensionar e posicionar adequadamente a imagem, podemos utilizar outras ferramentas com o intuito de criar o melhor formato para nossas necessidades. Ao clicar sobre a imagem, aparecerá uma nova guia, chamada *Formato de Imagem*.

Recorrendo a essa nova guia, podemos alterar a imagem com *Estilos de Imagem*. Cada estilo, assim como no caso das tabelas, é uma forma rápida de alterar o aspecto da imagem, sem ser preciso pensar em cada característica.

Em nosso exemplo, basta clicar sobre a imagem e escolher o estilo *Quadrado Duplo, Preto*.

Essa configuração finaliza a primeira parte de nosso texto!

Uso de imagens em tabelas

Na próxima parte do documento, vamos colocar duas imagens lado a lado para mostrar os livros didáticos. Essa tarefa pode ser cumprida de diferentes maneiras, mas uma das mais simples é usar uma tabela. Depois de criada a tabela, inserimos as imagens na célula correspondente.

Nosso objetivo é chegar a esta aparência:

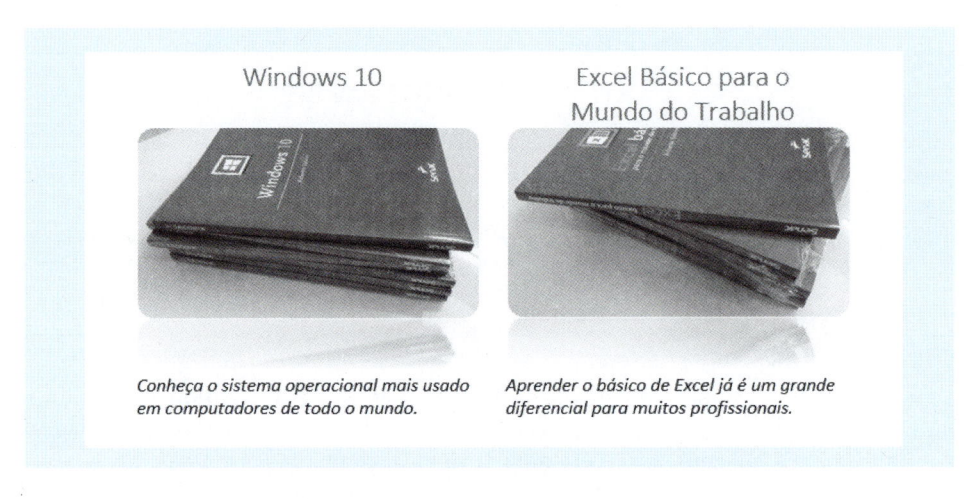

Windows 10	Excel Básico para o Mundo do Trabalho
Conheça o sistema operacional mais usado em computadores de todo o mundo.	Aprender o básico de Excel já é um grande diferencial para muitos profissionais.

Iniciaremos com a criação de uma tabela com duas colunas e três linhas *(Tabela 2×3)*. Para isso, utilizaremos a mesma sequência do capítulo anterior:

1. Crie uma linha após o primeiro parágrafo, imediatamente antes do título "Windows 10".
2. Na guia *Inserir*, clique em *Tabela*.
3. Escolha criar uma *Tabela 2×3*.
4. Recorte do texto o título "Windows 10" (*Ctrl + X*).
5. Cole o conteúdo recortado na primeira célula da tabela (*Ctrl + V*).
6. Em seguida, repita a operação com o título "Excel Básico para o Mundo do Trabalho" e cole-o na célula ao lado da célula do título anterior.
7. Na sequência, recorte e cole as descrições nas respectivas células da linha 3.
8. Sua tabela deve ficar assim:

Windows 10	Excel Básico para o Mundo do Trabalho
Conheça o sistema operacional mais usado em computadores de todo o mundo.	Aprender o básico de Excel já é um grande diferencial para muitos profissionais.

9. Agora, vamos inserir as imagens na linha do meio da tabela. Posicione o cursor na célula vazia da coluna "Windows 10".
10. Na guia *Inserir*, escolha *Imagem*.
11. Em seguida, clique em *Este Dispositivo...*
12. Escolha a imagem "Capítulo 3 – Imagem – Livro – Windows – Sabino".
13. Clique no botão *Inserir*.

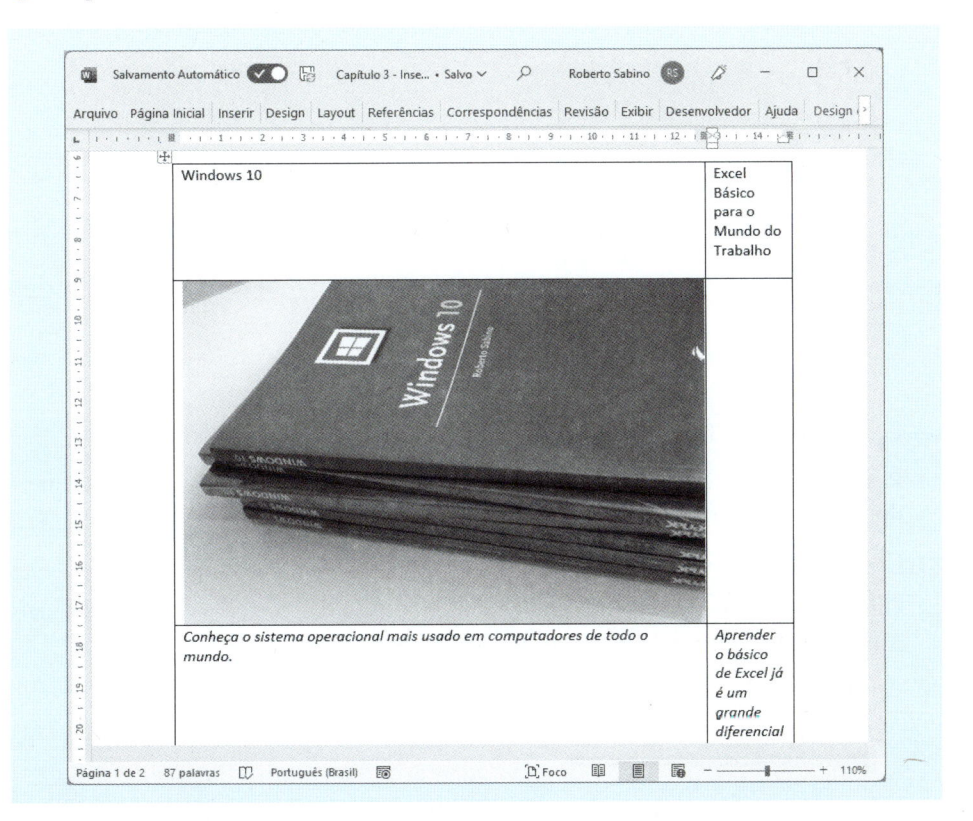

Atenção: mais uma vez a imagem está muito maior que o desejado, fazendo com que a tabela fique totalmente desconfigurada. Para ajustá-la, basta diminuir o tamanho da imagem até que a célula fique do tamanho correto novamente.

14. Redimensione a imagem até que as duas colunas voltem a ter a mesma largura. Prefira redimensionar pelos vértices do canto da imagem, para que seja mantida a proporção.
15. Após ajustar a figura do livro do Windows, é hora de inserir a figura do Excel.

16. Posicione o cursor na célula vazia da segunda coluna.

17. Siga os mesmos passos e insira a imagem "Capítulo 3 – Imagem – Livro – Excel – Sabino".

18. Mais uma vez, é preciso redimensionar a imagem.

19. Até agora, a tabela deve estar assim:

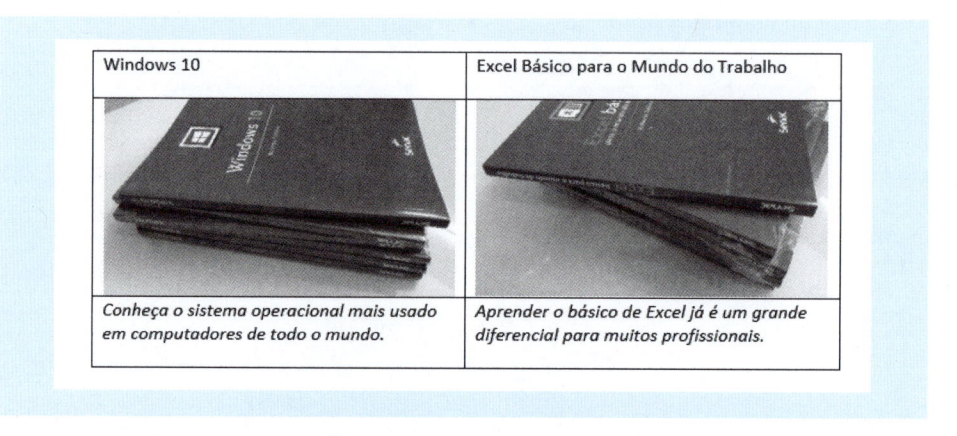

Windows 10	Excel Básico para o Mundo do Trabalho
Conheça o sistema operacional mais usado em computadores de todo o mundo.	Aprender o básico de Excel já é um grande diferencial para muitos profissionais.

20. Para manter a aparência do texto mais limpa, remova as bordas da tabela.

21. Passe o mouse lentamente sobre a tabela e observe que, no canto superior esquerdo, aparece um botão com um sinal de soma, +.

22. Clique nesse botão para selecionar a tabela inteira.

23. Observe que aparece uma barra de ferramentas de contexto, com os formatos mais utilizados de tabela.

24. Aproveite essa barra para escolher a opção *Sem borda*.

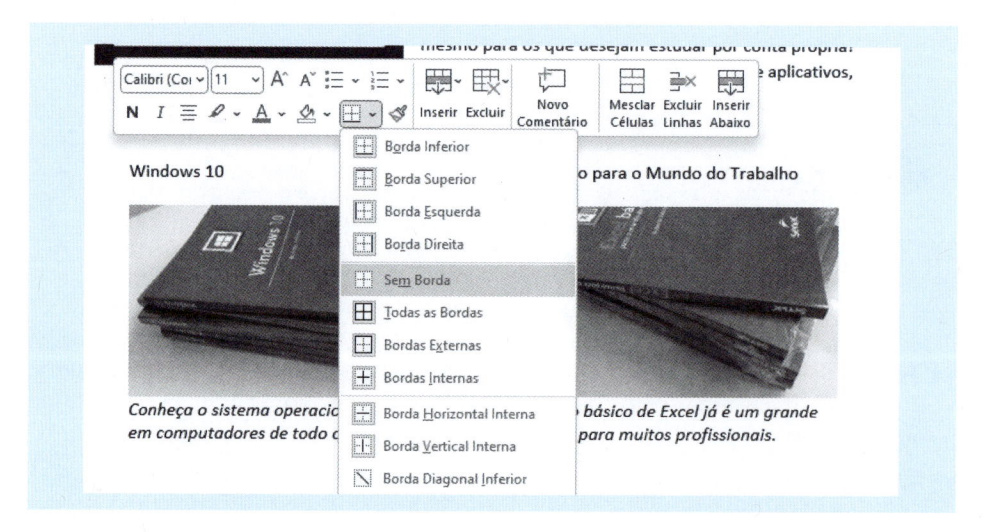

25. A próxima etapa é utilizar um dos *Estilos de Imagem* para melhorar o aspecto das figuras dos livros.
26. Clique sobre a imagem do livro do Windows e, depois, na guia *Formato de Imagem*.
27. No grupo *Estilos de Imagem*, escolha: *Retângulo Arredondado Refletido*.
28. Repita a operação para a imagem do livro do Excel.

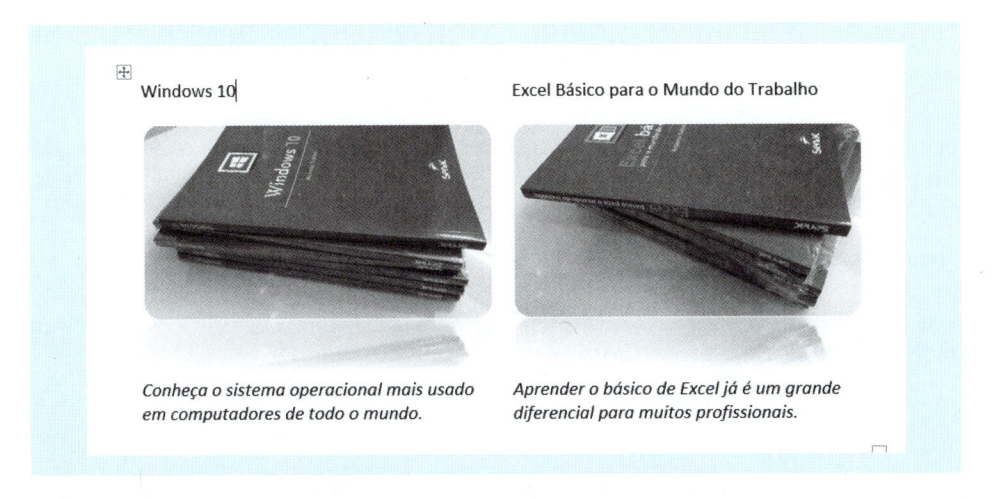

29. Para finalizar, ajuste os títulos.
30. Primeiro, selecione o título "Windows 10".
31. Na guia *Página Inicial*, no grupo *Estilos*, escolha *Título 1*.
32. Agora, centralize o texto.
33. Repita o procedimento para o título "Excel Básico para o Mundo do Trabalho".

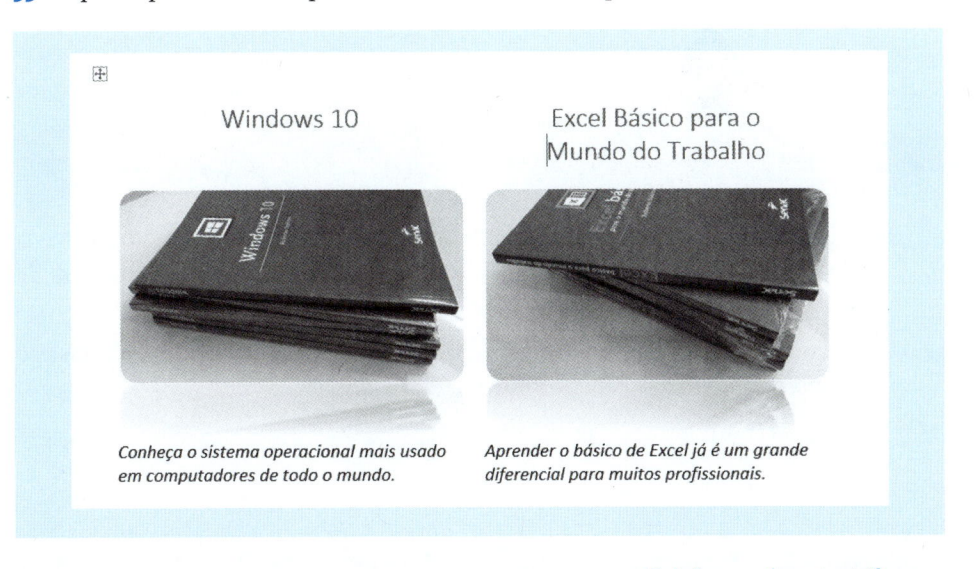

Inserção de formas geométricas

As formas geométricas são coringas que podemos usar em alguns pontos de nossos documentos para facilitar a compreensão do conteúdo ou deixá-lo mais profissional.

> **Importante:** não devemos exagerar nos recursos gráficos nos textos para que não fiquem muito cansativos. A medida certa depende do tipo de público que vai consumir esses conteúdos. É fundamental atentar-se para aprender, com o tempo, qual é o nível adequado de recursos para cada situação.

Em nosso exemplo, usaremos um retângulo para estabelecer um título mais destacado e separar cada parte do nosso documento. Quando utilizamos formas geométricas, devemos nos atentar para as *Opções de Layout*, assim como fizemos para as imagens.

Vamos criar a seção "Ícones":

1. Posicione o cursor logo após a tabela criada.
2. Na guia *Inserir*, no grupo *Ilustrações*, clique em *Formas*.
3. Escolha *Retângulo: Cantos Arredondados*.

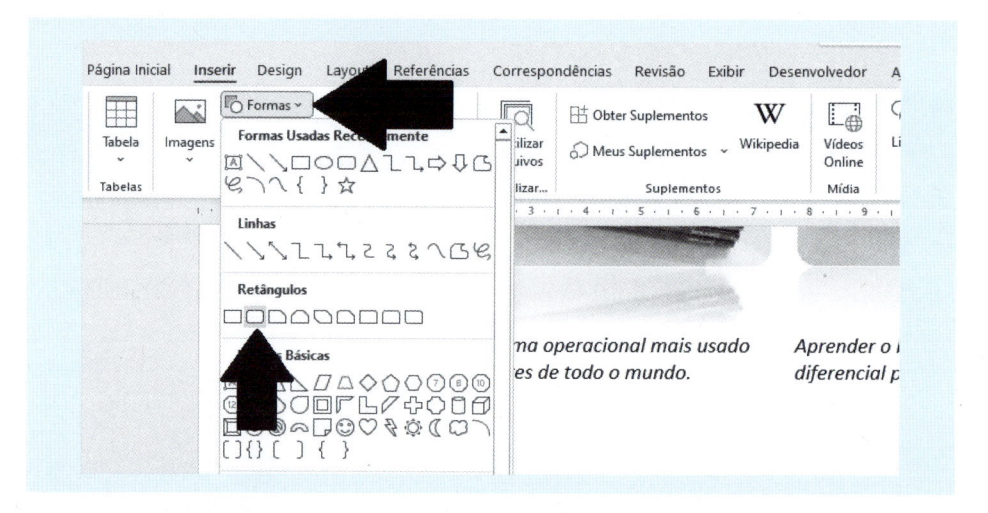

4. Após escolher a forma que será criada, será necessário desenhá-la; estabeleça-a logo após a tabela com as imagens dos livros (certifique-se de desenhá-la fora da tabela).
5. Clique com o botão esquerdo do mouse no ponto inicial do desenho e arraste-o até obter o retângulo desejado, como na figura a seguir:

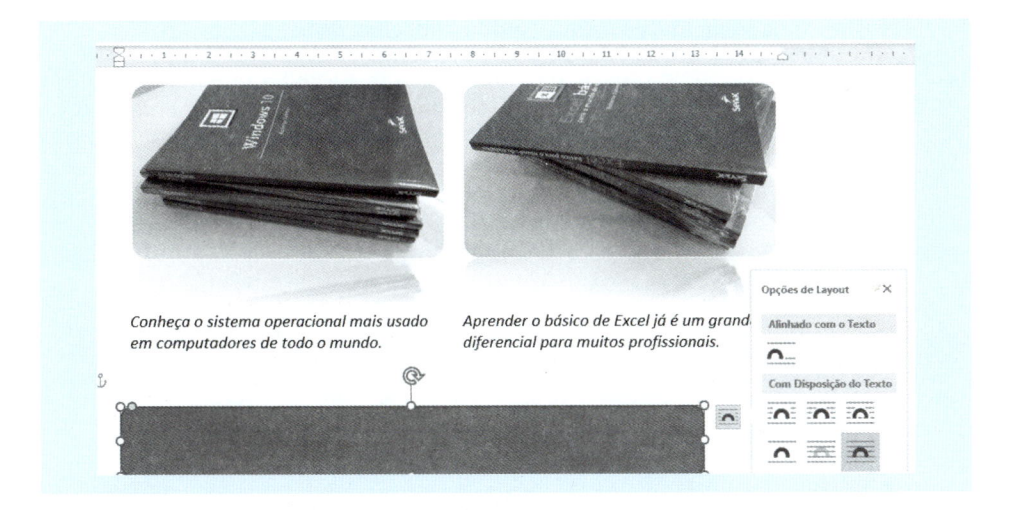

> **Atenção:** assim como no caso das imagens no item anterior, as formas também possuem um botão *Opções de Layout* que funciona da mesma maneira.

6. No botão *Opções de Layout*, escolha *Superior e Inferior*.
7. Em seguida, clique na forma e na guia *Forma de Formato*.
8. No grupo *Organizar*, clique no botão *Alinhar*.
9. Escolha *Alinhar à página*.
10. Clique novamente em *Alinhar* e escolha *Centralizar*.
11. Na sequência, ainda com a forma selecionada, escreva *Ícones*.

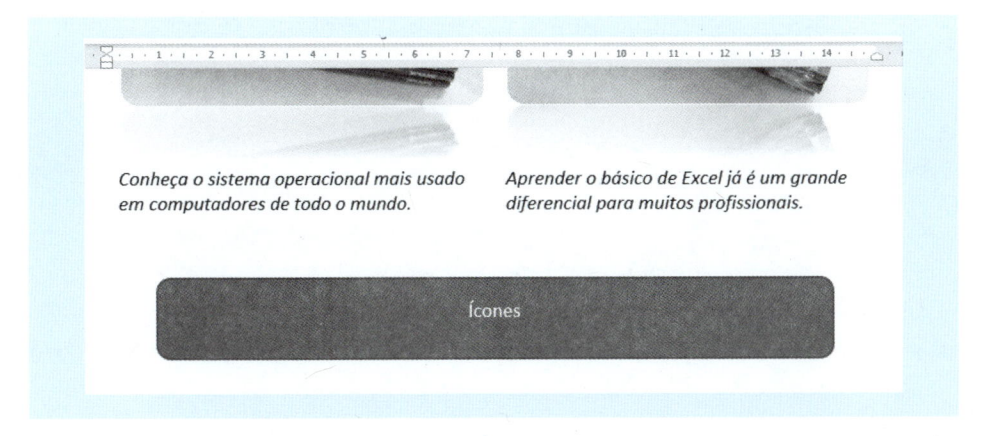

12. Para um ar mais moderno, na guia *Forma de Formato*, no grupo *Estilos de Forma*, clique em *Efeitos de Forma*.

13. Depois, escolha *Predefinição* e, em seguida, *Predefinição 5*.
14. Por fim, ajuste o estilo da fonte: na guia *Forma de Formato*, no grupo *Estilos de WordArt*, selecione *Estilos Rápidos* e, então, a fonte com o preenchimento azul.

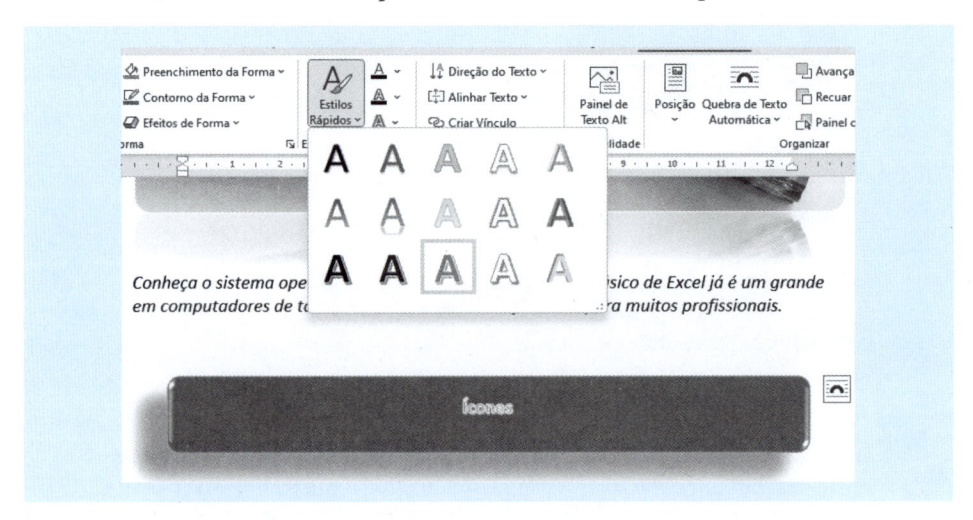

15. Para que o título "Ícones" tenha mais destaque, na guia *Página Inicial*, aumente o tamanho da fonte para *26*.

Uso de ícones

Para preencher a seção do item anterior com texto, vamos inserir alguns ícones logo após o título recém-criado.

1. Posicione o cursor logo depois do retângulo que serve de título.
2. Na guia *Inserir*, clique em *Ícones*.
3. Na caixa de pesquisa que se abrir, digite *Hora*.

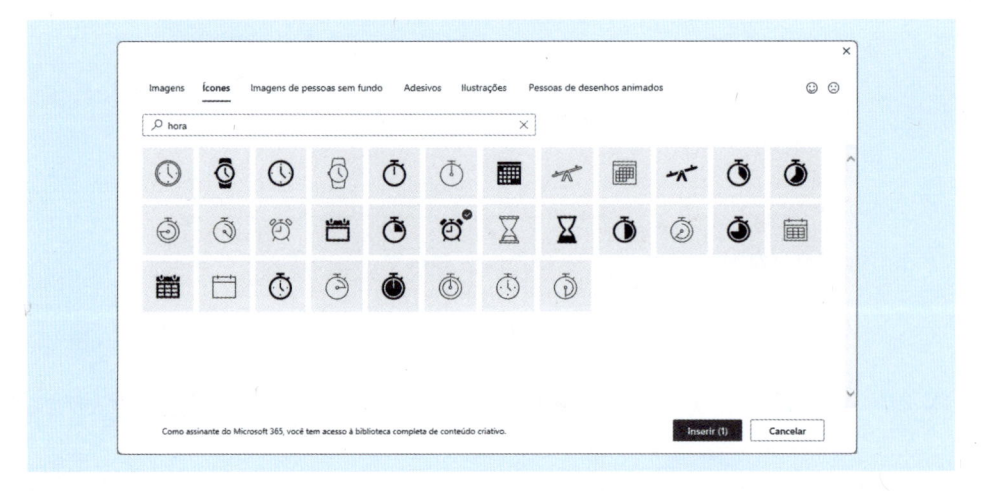

> **Observação:** a caixa de texto para pesquisa permite colocar palavras-chave que vão filtrar os ícones a serem exibidos para seleção. Ao achar um ícone que corresponda ao que deseja, clique sobre ele e depois em *Inserir*.

4. Selecione o despertador e, em seguida, *Inserir*.
5. Repita a operação para inserir os ícones da imagem a seguir:

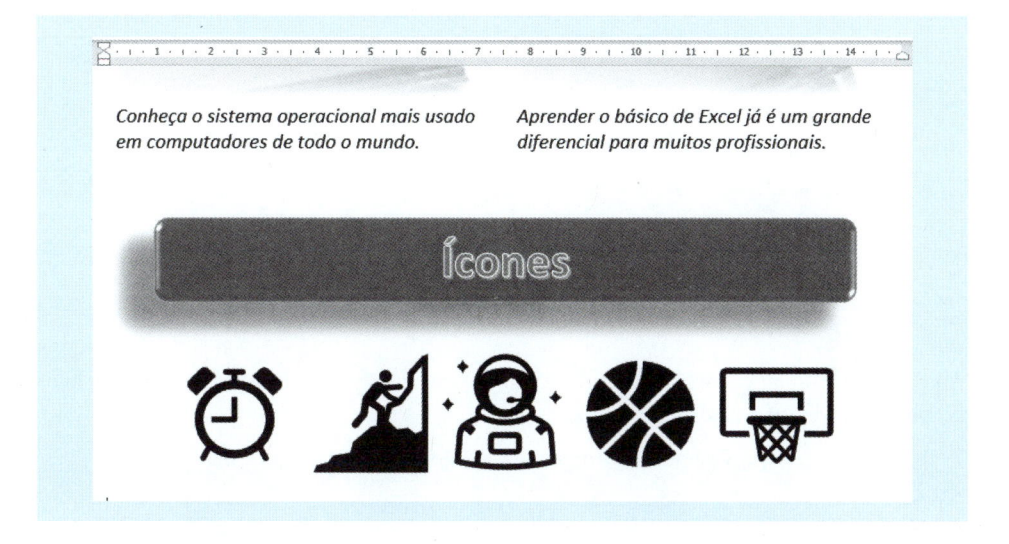

6. Para finalizar, clique sobre um dos ícones e, depois, em *Centralizar* (todos os ícones serão centralizados).

Inclusão de modelos 3D

Um modelo 3D pode dar um realce muito interessante ao documento, até porque existem modelos que são animados.

Para iniciar essa parte do documento, a primeira ação é criar uma quebra de página, com o intuito de que esse trecho do documento comece na página seguinte.

> **Dica:** quando quiser criar uma nova página no documento, você pode usar o atalho *Ctrl + Enter*.

Depois de estabelecer a quebra de página, é preciso criar um título semelhante ao dado para os ícones, mas agora para os modelos 3D. Isso pode ser feito com a repetição dos passos seguidos para o título anterior, ou com o uso de *Copiar* e *Colar* (*Ctrl + C* e *Ctrl + V*).

Com a criação do título, seu documento deve ficar assim:

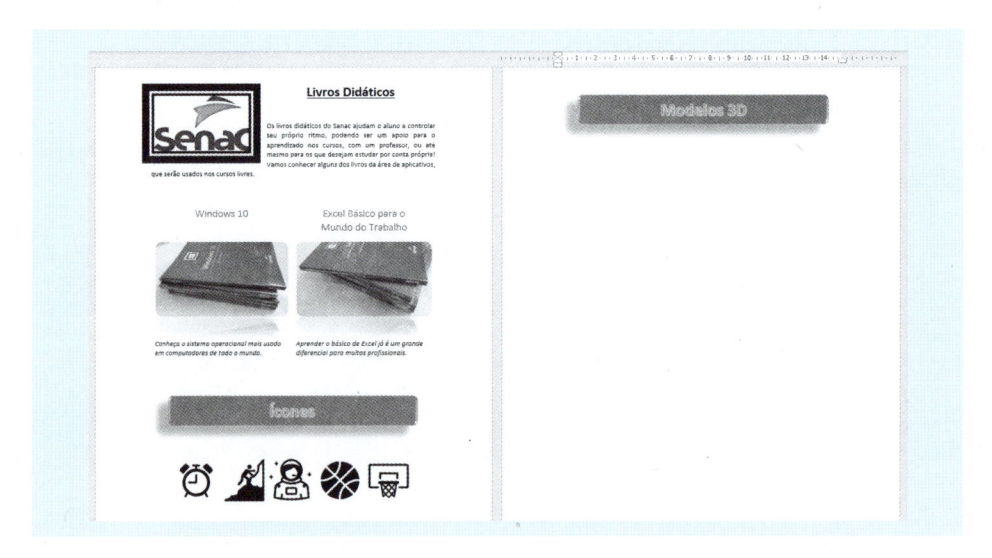

Abaixo do título, será inserido um modelo 3D animado. Para isso, o cursor deve ficar no parágrafo após o título e:

1. Na guia *Inserir*, no grupo *Ilustrações*, escolha a opção *Modelos 3D Online*.

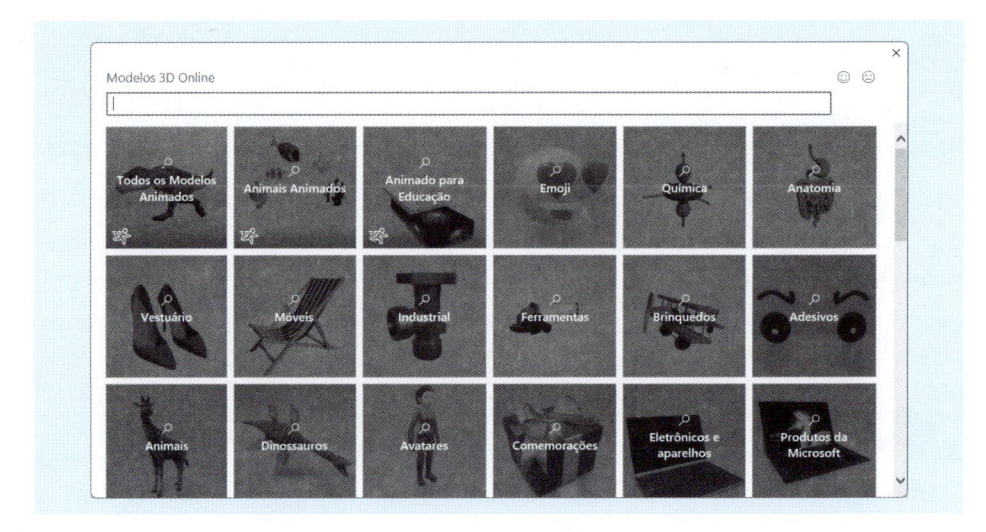

2. De forma semelhante ao que foi visto na inserção dos ícones, há uma tela de seleção de modelos.

3. Escolha *Todos os Modelos Animados*.

4. Selecione qualquer um dos modelos e, em seguida, clique em *Inserir*.

5. Diferentemente das imagens, o modelo 3D pode demorar um pouco para carregar.

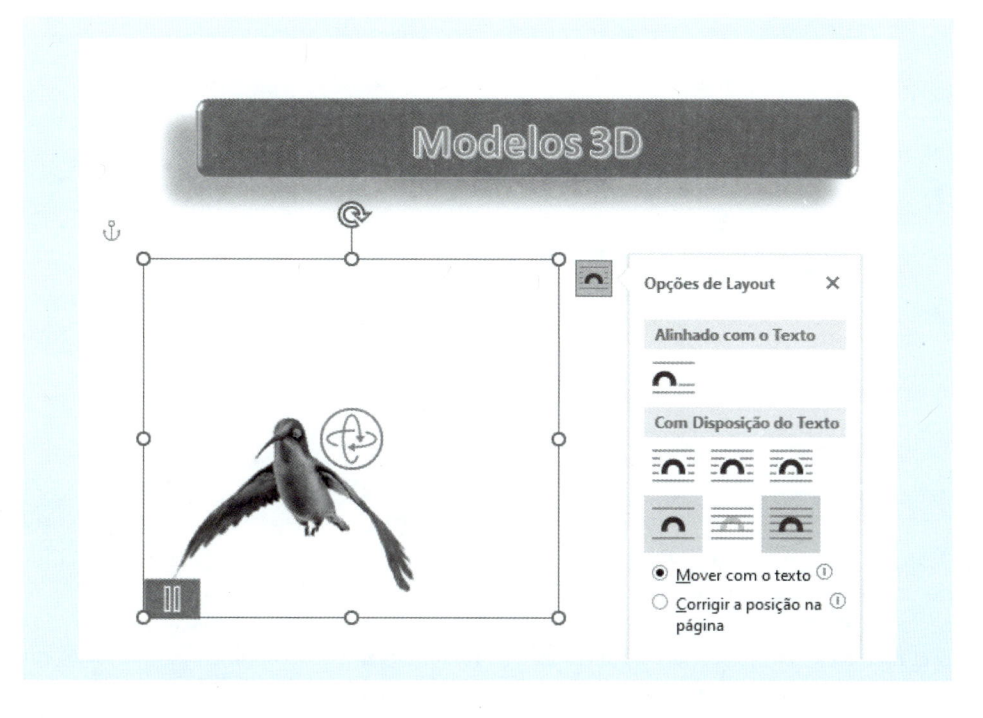

6. Ajuste a *Opção de Layout* para *Superior e Inferior,* como nos itens anteriores.
7. E, para finalizar, utilize a guia *Modelo 3D* para centralizar (como feito anteriormente).

O PODER DO SMARTART

O documento será finalizado com uma das opções mais versáteis desses elementos gráficos. O SmartArt pode assumir diferentes formatos para mostrar listas, processos e sequências, entre outros tipos de conteúdo.

Para iniciar esse trecho, mais uma vez será criado um título: "SmartArt".

> **Dica:** para uma boa experiência de leitura e compreensão, procure manter os títulos padronizados. Além de facilitar para o leitor, também ajudará na elaboração do documento com menos esforço.

Com o título pronto, o documento deve estar desta forma:

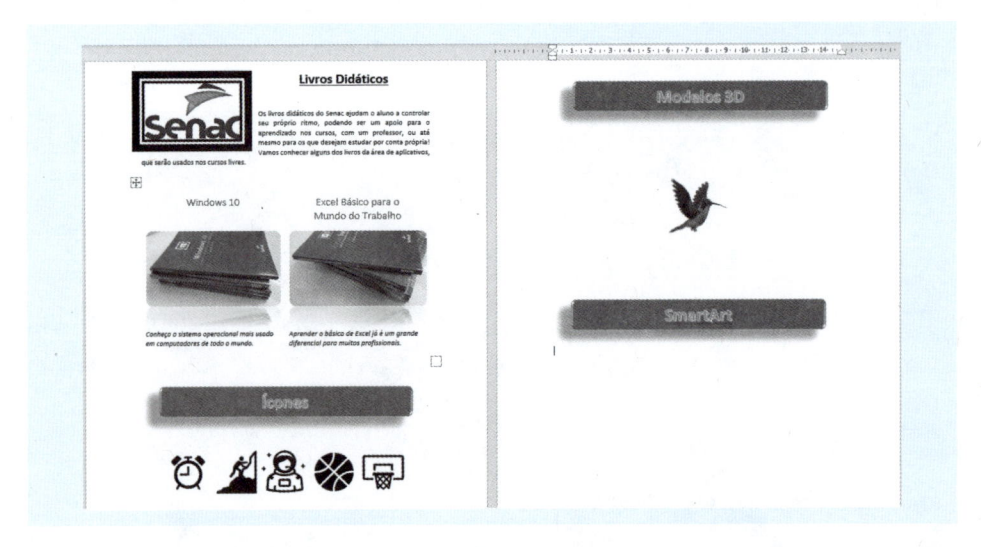

Agora, vamos inserir um SmartArt para demonstrar mais algumas das possibilidades de usar elementos gráficos no texto. Um SmartArt é um texto (ou alguns trechos de texto) estruturado de maneira visual (como se fosse uma imagem). Isso é prático porque facilita a compreensão do usuário em relação a um texto comum e a criação do elemento pelo editor do documento.

Com isso em mente, basta seguir os passos:

1. Para facilitar, posicione o cursor do mouse no ponto do documento em que pretende inserir o SmartArt.
2. Na guia *Inserir*, escolha *SmartArt*.
3. Existem diversos tipos de SmartArt, para exibir diferentes tipos de informações.

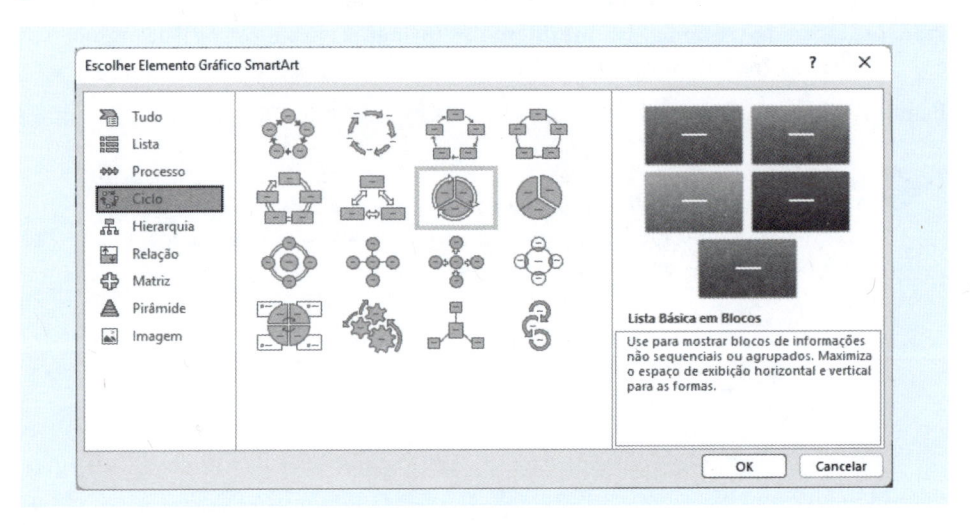

4. Vamos escolher *Ciclo* e, em seguida, *Ciclo Segmentado*.
5. Após inserir o elemento, é preciso preenchê-lo com os textos.

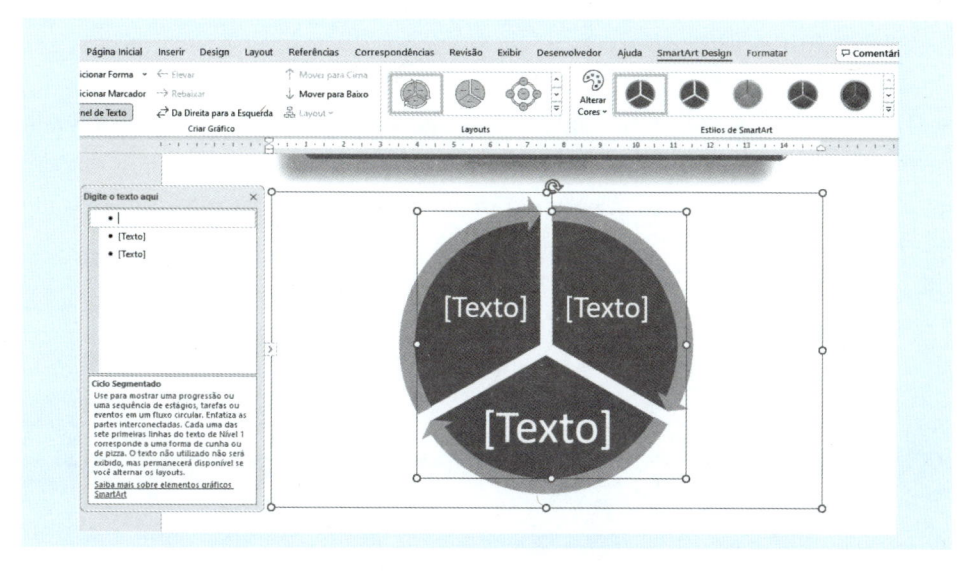

6. Para criar os textos, preencha a estrutura de tópicos que aparece à esquerda do elemento gráfico.
7. O desenho do elemento automaticamente se ajusta ao criar tópicos.

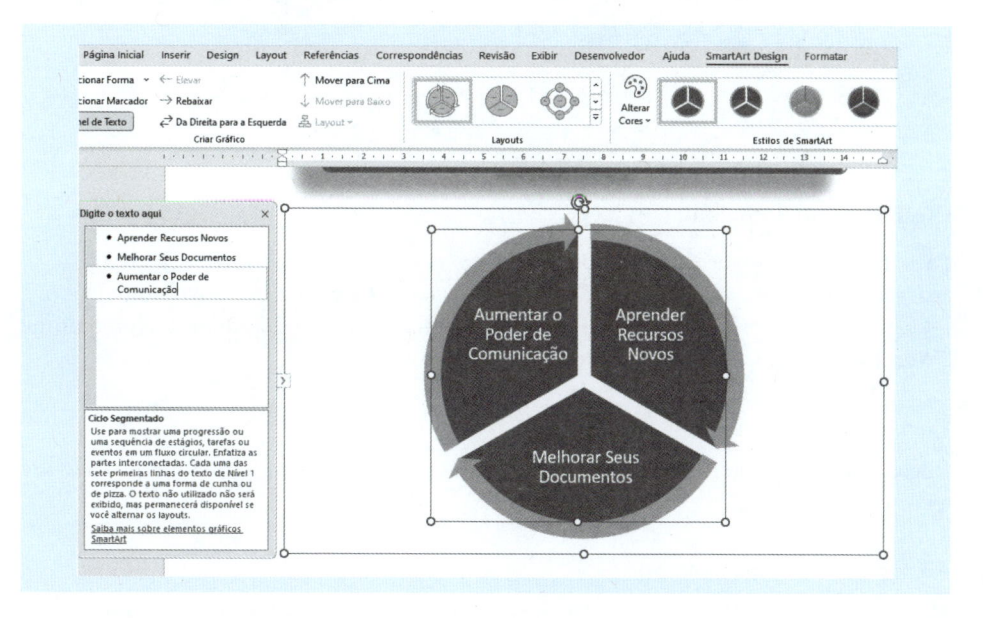

Trabalho com elementos gráficos – 99

> **Note:** cada tipo de SmartArt é diferente e terá um formato específico e um limite próprio de texto a ser inserido. É possível fazer alterações diretamente no elemento gráfico do SmartArt, mas é preciso cuidado para não danificar o formato original.

8. Depois de acertar os textos, altere a aparência gráfica do elemento, recorrendo novamente aos estilos.
9. Na guia *SmartArt Design*, no grupo *Estilos de SmartArt*, aplique o estilo *Desenho Animado* do item *3D*.

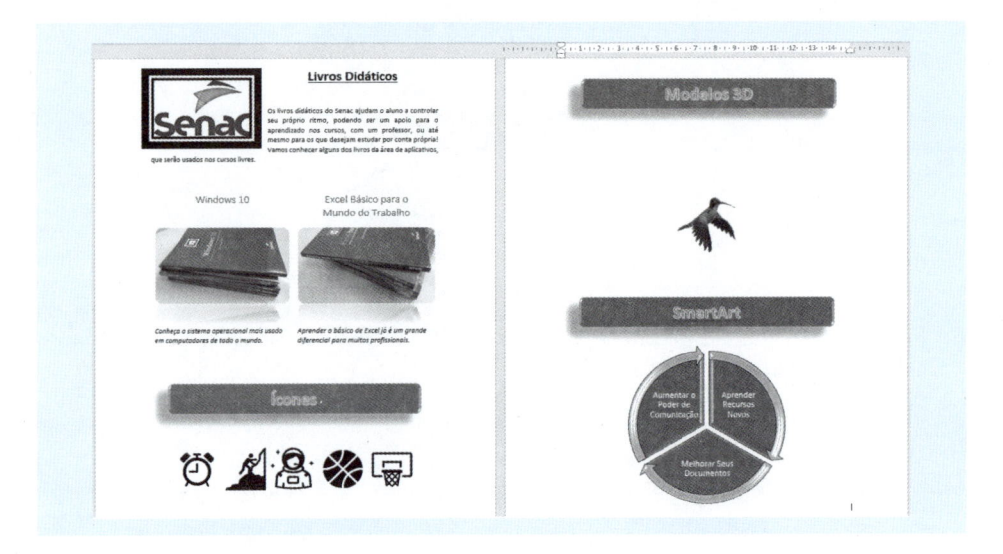

Exercícios propostos

(Resolução no final do livro)

Para resolver os exercícios propostos, abra o documento "Word – Capítulo 3 – Inserção de elementos" e crie uma cópia dele, salvando-o com um novo nome: "Word – Capítulo 3 – Exercício proposto" (note que já há um outro documento com o nome "Word – Capítulo 3 – Exercício Proposto – **Resolvido**").

Exercício 1 – Troca de cor

Recorrendo à seção criada para incluir os ícones (que já estão no documento), troque a cor deles para azul.

Exercício 2 – Criação de item

Na seção do SmartArt, crie um tópico com a descrição "Usar elementos gráficos".

4
Aparência e exibição de documentos

OBJETIVOS

» Compreender as diferentes formas de exibição de documentos

» Aprender a configurar a régua e as ferramentas de exibição

» Entender o funcionamento das janelas de documentos

» Conhecer os conceitos de revisão e idiomas

Para acompanhar os exemplos didáticos do capítulo, use o documento: "Word – Capítulo 4 – Aprendendo sobre aparência e visualização".

Neste capítulo, aprenderemos a utilizar recursos que nos possibilitam visualizar e melhorar a organização de nossos documentos.

Modos de visualização

Os aplicativos do Microsoft 365 possuem diferentes modos de visualização, porque existem diferentes demandas ao se editar um texto ou uma planilha. No caso do Word, o principal modo de edição é o modo layout de impressão. Esse modo nos mostra exatamente como o texto ficaria caso precisássemos imprimi-lo.

Podemos observar que esse modo de exibição ajuda muito na visualização de elementos gráficos dentro do texto. Analisaremos um pouco melhor esse modo quando abordarmos a utilização do zoom.

Modo de Leitura

O modo de leitura tende a equivaler a uma forma facilitada de ler o texto eletronicamente, embora possa causar alguma confusão em relação a elementos gráficos. Para conhecer o modo de exibição de leitura:

1. Abra o documento: "Word – Capítulo 4 – Aprendendo sobre aparência e visualização".
2. Na guia *Exibir*, no grupo *Modos de Exibição*, clique em *Modo de Leitura*.

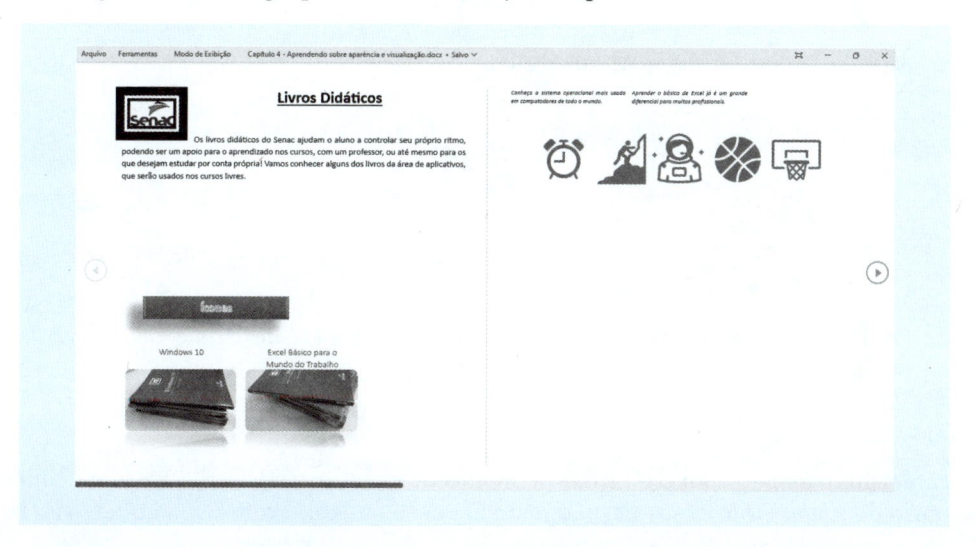

Atenção: no caso do exemplo trabalhado, o modo de leitura otimizou o monitor, mostrando duas páginas ao mesmo tempo; entretanto, ele deixou a organização do texto um pouco confusa ao realocar os elementos gráficos. Em documentos que têm apenas textos, esse tipo de problema não costuma acontecer.

3. Para sair do modo de leitura, clique em *Modo de Exibição* (no título da janela, na parte superior esquerda).

4. Em seguida, clique em *Editar Documento*.

5. Uma opção é escolher o modo desejado na *Barra de Status* (na parte inferior direita da janela).

Layout da Web

O modo *Layout da Web* reorganiza o texto como uma página da web e pode mostrar tabelas maiores ou facilitar a leitura de textos com muitas imagens. Para acessar esse modo, basta clicar na guia *Exibir* e, depois, em *Layout da Web*.

Outros modos de exibição

É interessante explorar os demais modos de exibição em *Exibir*, mas o modo mais usado tende a ser, como já dito, o layout de impressão.

CONFIGURANDO A RÉGUA E AS FERRAMENTAS DE EXIBIÇÃO

Já vimos que é possível usar a régua para configurar os recuos de parágrafo, porém a régua pode, em algum momento, não estar disponível para utilização. Caso isso aconteça:

1. Na guia *Exibir*, no grupo *Mostrar*, clique em *Régua*.

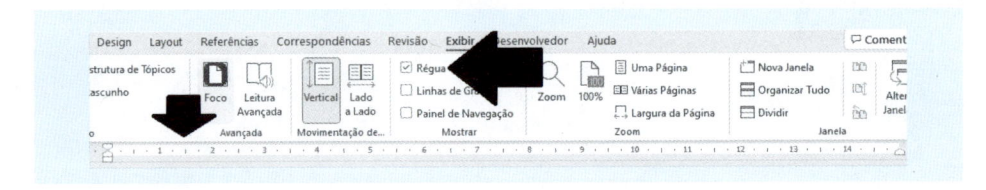

2. Recorra ao mesmo grupo *Mostrar* para exibir *Linhas de Grade* ou *Painel de Navegação*.

Alteração do zoom

Um efeito parecido com o da troca de modos de exibição pode ser conseguido com o uso do *Zoom* e/ou *Várias Páginas*. Para alterar o tamanho com o qual o texto está sendo mostrado no layout de impressão:

1. Na guia *Exibir*, no grupo *Zoom*, clique em *Zoom*.

2. Uma opção é fazer a alteração pelo controle de zoom da *Barra de Status* (canto inferior direito).

3. Altere para 50%.

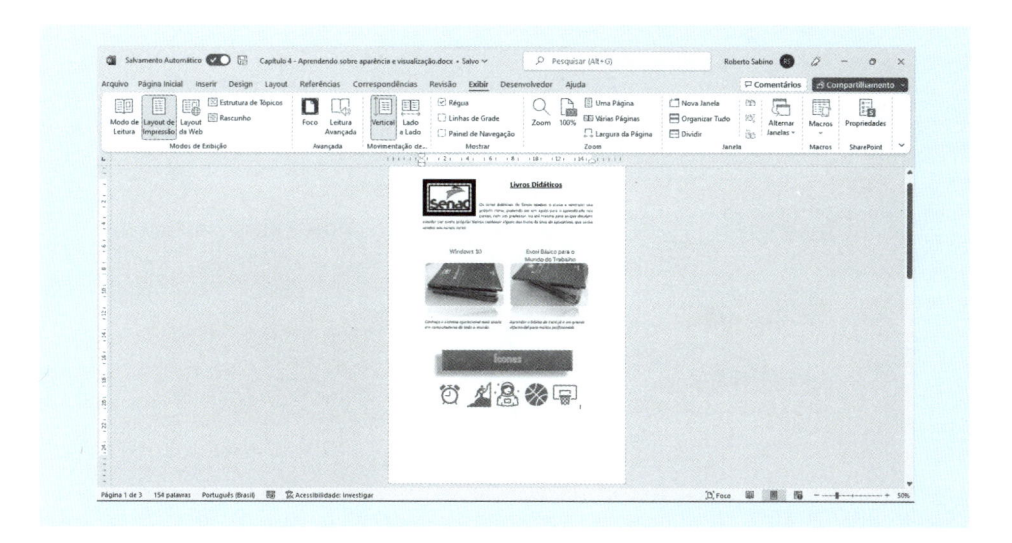

4. Agora, na guia *Exibir*, no grupo *Zoom*, clique em *Largura da Página*.

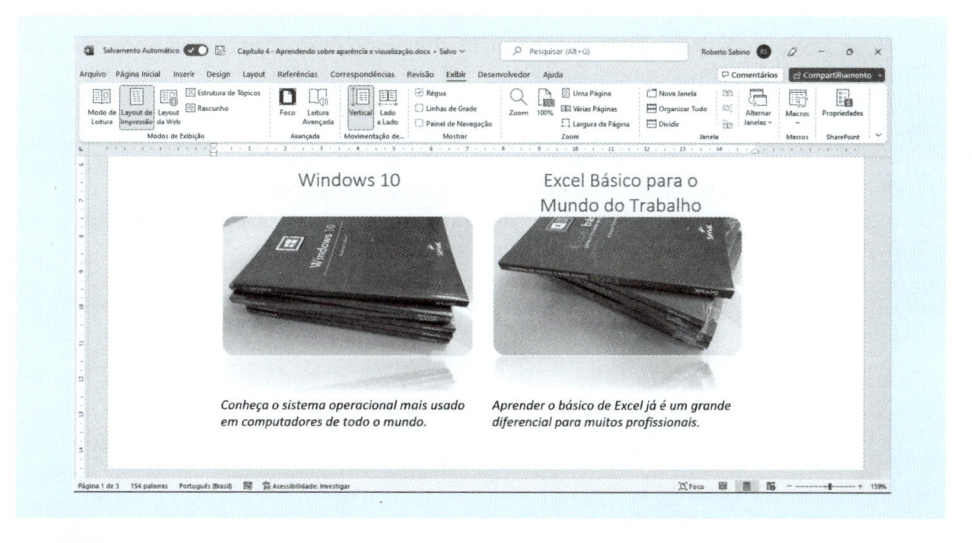

> **Observe:** há várias formas de exibir o documento para que seja mais fácil editar, ler ou revisar.

5. E, finalmente, para ver mais de uma página ao mesmo tempo, selecione a guia *Exibir* e, depois, *Várias Páginas*.

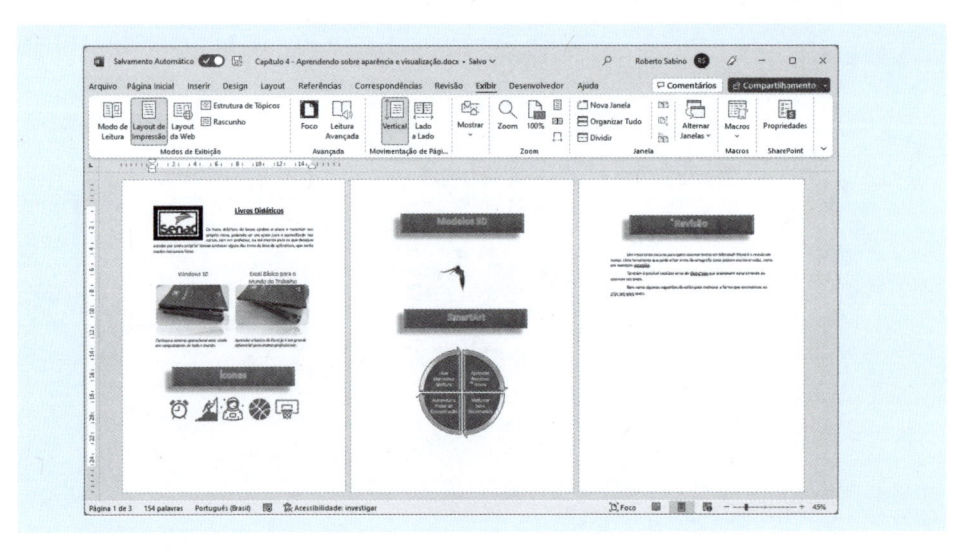

Organização de janelas

É possível trabalhar com mais de uma janela aberta do Word, para documentos diferentes ou até para um mesmo documento.

Janelas diferentes, documentos diferentes

Quando abrimos mais de um documento do Word ao mesmo tempo, podemos ter dificuldade em visualizá-los, repetindo diversos *Alt + Tab*. Para esses casos, é possível organizar automaticamente as janelas:

1. Abra um novo documento qualquer do Word, mantendo aberto o documento do Capítulo 4 no qual está trabalhando.
2. Na guia *Exibir*, no grupo *Janela*, clique em *Organizar Tudo*.

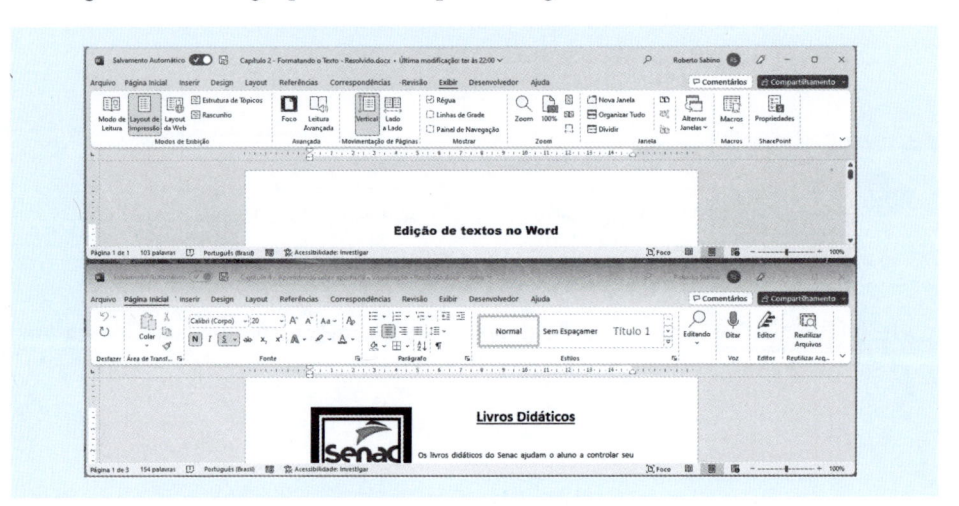

3. Observe que, independentemente de haver janelas de outros aplicativos abertas, o Word organizará as janelas de documentos para que seja mais fácil visualizá-las.

Janelas diferentes, mesmo documento

Ao trabalhar com um documento, principalmente se ele for extenso e complexo, é possível recorrer a mais de uma visualização. Há duas formas principais de fazer isso: dividir a janela ou abrir novas janelas.

Para dividir a janela:

1. Feche o segundo documento aberto no exercício anterior e mantenha apenas o documento do Capítulo 4.
2. Maximize a janela do documento aberto.
3. Na guia *Exibir*, no grupo *Janela*, clique em *Dividir*.

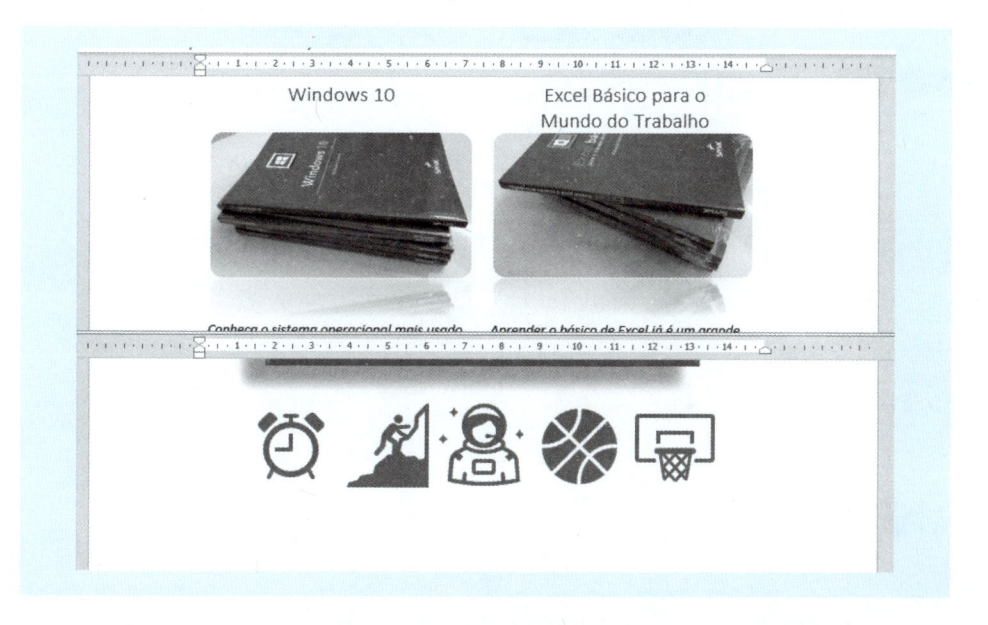

4. Para voltar a ter uma janela não dividida, clique em *Remover Divisão*.

Para abrir uma nova janela (do mesmo documento):

1. Na guia *Exibir*, no grupo *Janela*, clique em *Nova Janela*.
2. Para visualizar as duas janelas ao mesmo tempo, recorra a *Organizar Tudo*.

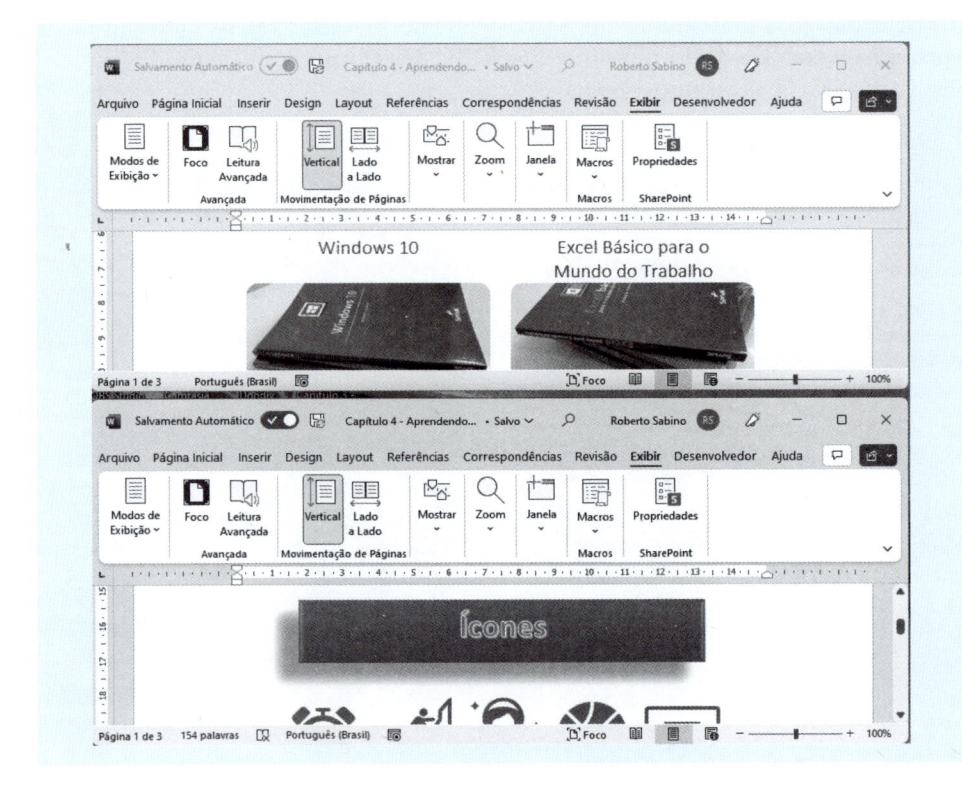

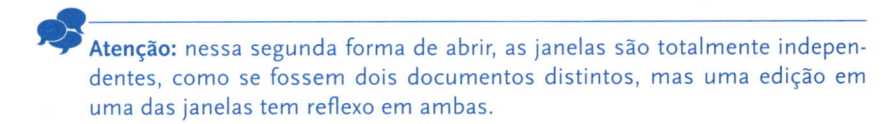

> **Atenção:** nessa segunda forma de abrir, as janelas são totalmente independentes, como se fossem dois documentos distintos, mas uma edição em uma das janelas tem reflexo em ambas.

3. Para fechar uma das janelas abertas, simplesmente clique na janela como se fosse encerrar o documento.

CONFIGURAÇÃO DA IMPRESSÃO

No caso de precisar imprimir um documento, embora estejamos adotando o modo layout de impressão, pode ser necessário fazer alguns pequenos ajustes para obter um melhor resultado.

> **Importante:** imprimir uma quantidade excessiva de documentos pode ser nocivo ao meio ambiente. Procure fazer impressões apenas quando for realmente necessário.

Para configurar os detalhes da impressão:

1. Na guia *Arquivo*, escolha *Imprimir* (essa opção apenas abrirá as configurações, sem iniciar, de fato, a impressão).

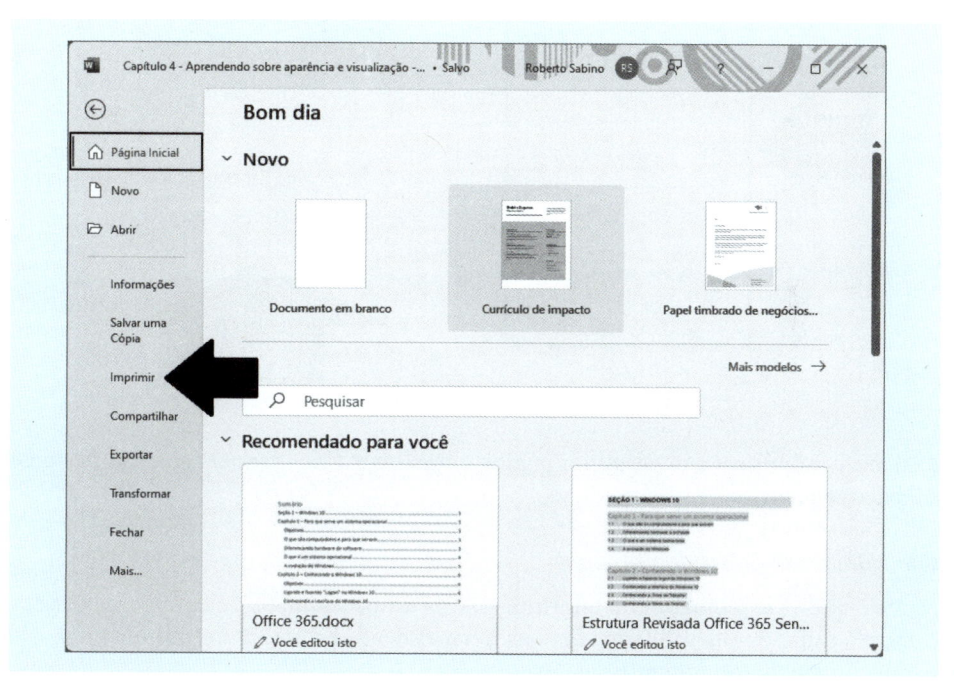

2. As configurações para a impressão se dividem em: *Configurações da Impressora* e *Configurações da Página*.

3. Do lado direito, é possível acompanhar uma visualização de como o documento será impresso.

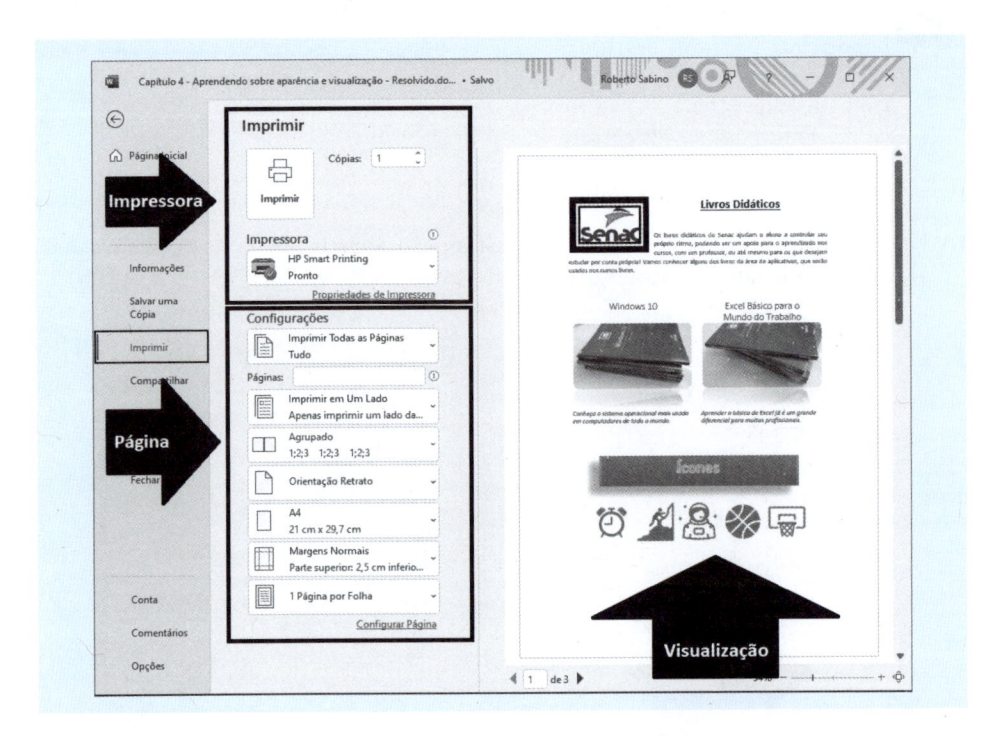

4. Para configurar os detalhes da página, clique em *Configurar Página* na parte de baixo da janela.

Configuração de cabeçalho e rodapé

Muitas vezes, no momento de imprimir, aparece a necessidade de configurar o cabeçalho e o rodapé. Alguns elementos são, normalmente, incluídos neles: numeração de página, nome do documento, data, etc.

Para editar cabeçalho e rodapé, a forma mais fácil é clicar duas vezes sobre a área acima da margem do texto (na parte superior do documento) ou na parte abaixo da margem inferior (na parte inferior do documento).

Ao fazer esse clique duplo, aparecerá a guia *Cabeçalho e Rodapé*, com várias facilidades para essa edição.

1. Clique duas vezes acima da margem superior do documento.

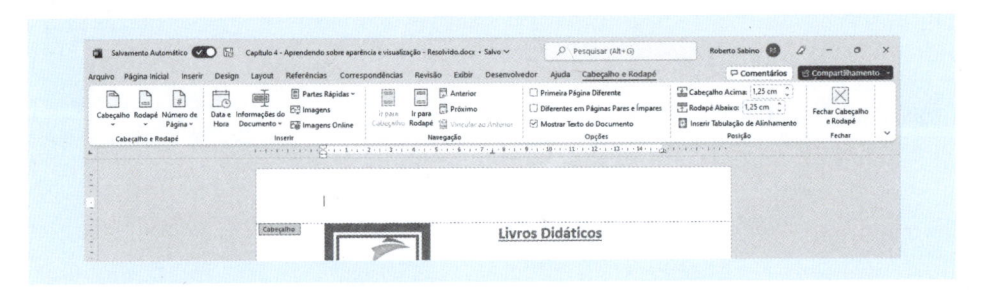

2. Na guia *Cabeçalho e Rodapé*, no grupo *Inserir*, escolha *Informações do Documento* e, em seguida, *Autor*.

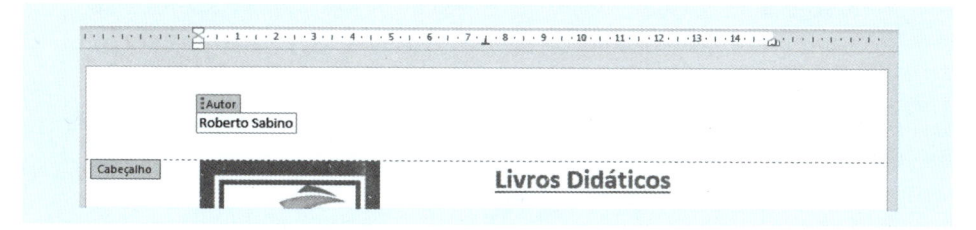

3. Para inserir o número da página no rodapé, clique em *Número de Página*.
4. Em seguida, escolha *Fim da Página*.
5. Clique em *Com Formas* e *Círculo*.

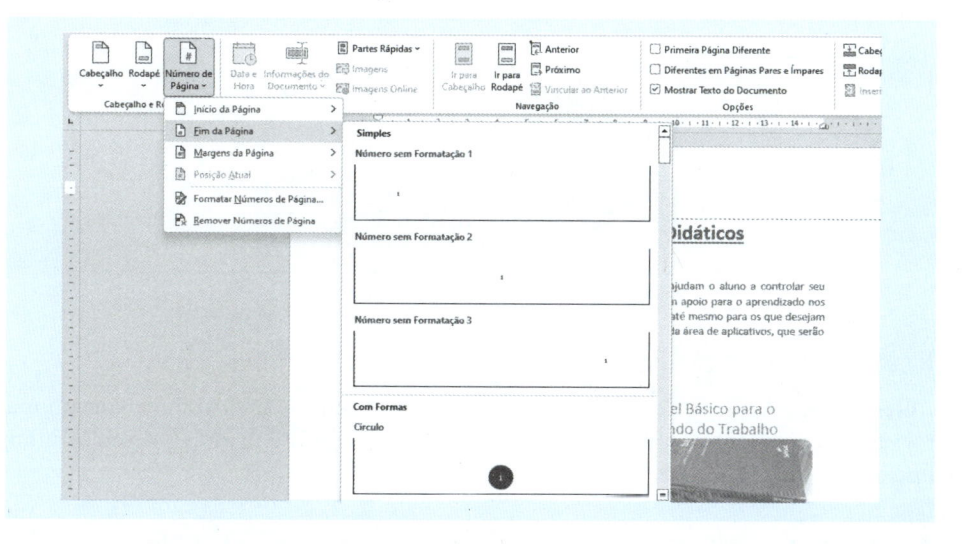

Para voltar ao documento, clique no botão *Fechar Cabeçalho e Rodapé* ou clique duas vezes sobre alguma área dentro das margens do documento.

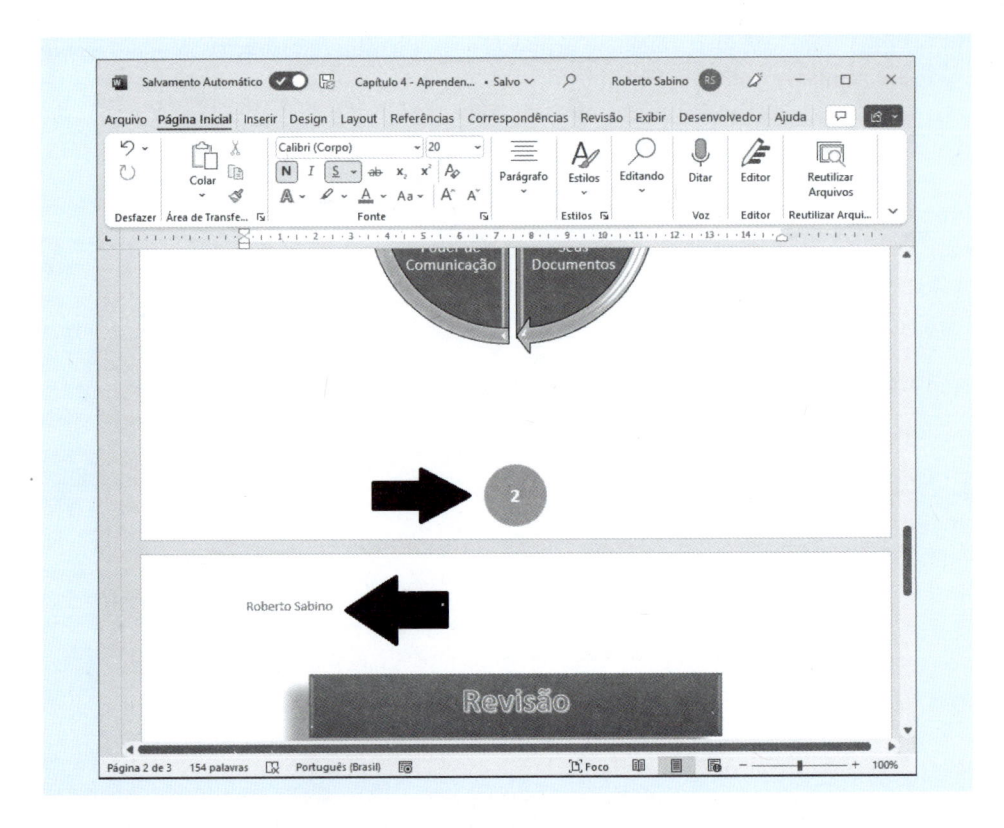

Revisão do documento

Antes de entregar a versão final de um documento, é sempre importante realizar uma revisão para encontrar possíveis erros. Faremos a revisão em dois passos: *Ajustar Idioma* e *Revisar Documento*.

Alteração do idioma de revisão

Caso sejam adotados diferentes idiomas durante o trabalho com documentos, pode ser necessário ajustar esse item antes de revisar um texto.

1. Na guia *Revisão*, escolha *Idioma*.
2. Em seguida, na opção *Idioma*, selecione *Definir Idioma de Revisão de Texto*.

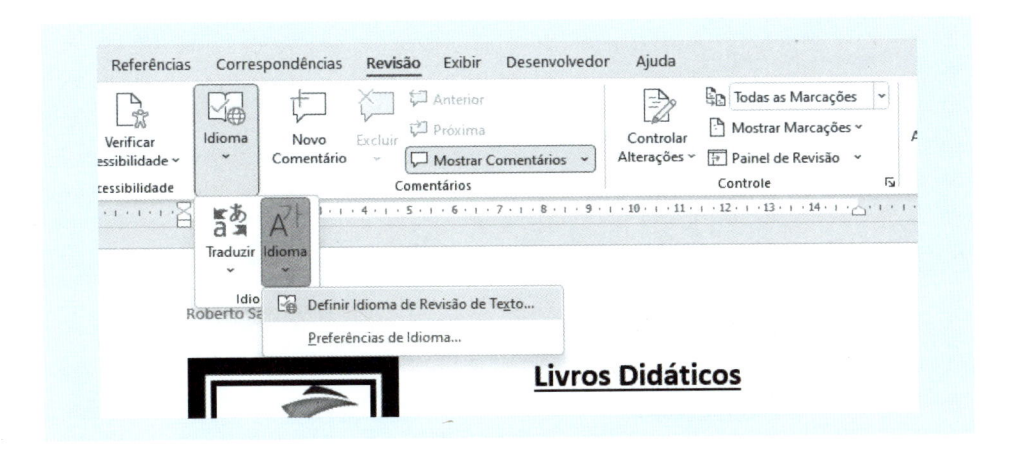

Anteção: alterar o idioma de revisão de texto é diferente de alterar a preferência de idioma. No caso de mudar essa preferência, todos os comandos do Word também serão alterados para o novo idioma, enquanto a revisão trata apenas do texto escrito no documento.

Revisão do editor

Com o intuito de efetivamente revisar o documento, é possível escolher quais tipos de revisão se pretende fazer: de gramática, ortografia ou estilo. Uma alternativa é executar uma revisão completa usando a opção *Editor*.

Para executar a revisão do editor:

1. Na guia *Revisão*, no grupo *Revisão de Texto*, escolha *Editor*.
2. No lado direito do documento, abrirá um painel de revisão com o nome *Editor*.
3. Esse painel apresentará uma pontuação e sugestões de itens que podem ser alterados.

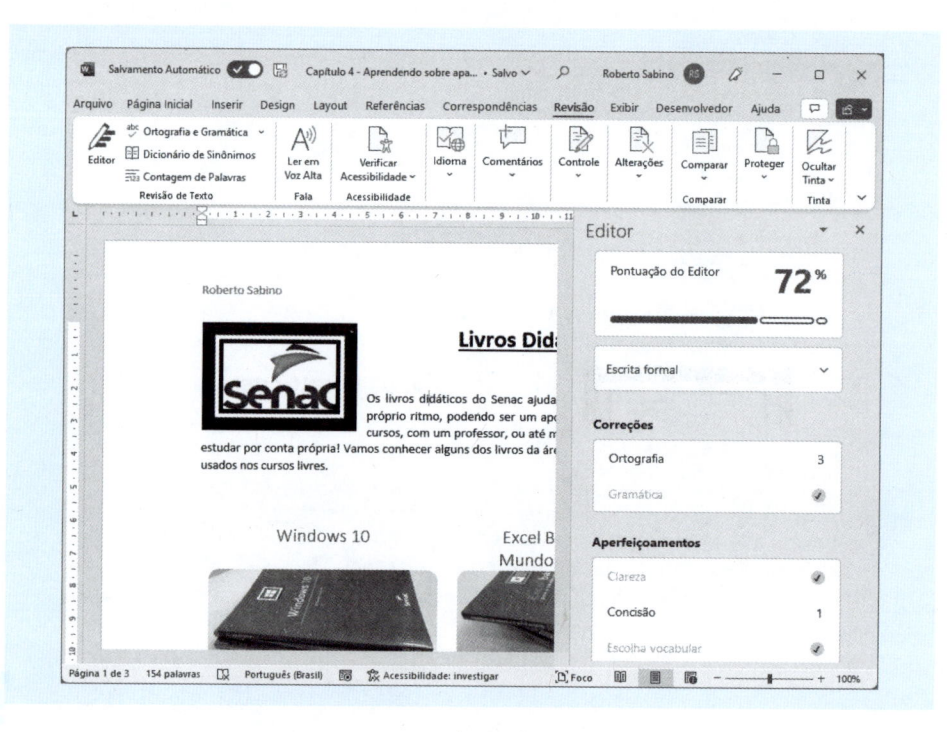

Exercícios propostos

(Resolução no final do livro)

Para resolver os exercícios propostos, utilize o documento com o qual trabalhamos neste capítulo, "Word – Capítulo 4 – Aprendendo sobre aparência e visualização" (na hora de salvá-lo, note que já há outro documento com o nome "Word – Capítulo 4 – Aprendendo sobre aparência e visualização – **Resolvido**").

Exercício 1 – *Escrita formal* versus *escrita casual*

Utilizando a revisão do editor, observe se há diferença na pontuação para os tipos de escrita formal e casual.

Exercício 2 – *Correção da ortografia*

Corrija os itens apontados na revisão de ortografia, no item *Correções*, e observe a pontuação.

Exercício 3 – *Aperfeiçoamento do texto*

Ajuste o texto segundo as sugestões em *Aperfeiçoamentos* e verifique se há mudança na pontuação.

5
Word on-line (nuvem)

OBJETIVOS

» Conhecer o conceito de aplicativos em nuvem

» Visualizar as diferenças entre o Word desktop e o Word on-line

» Aprender a editar documentos em nuvem

» Conhecer as vantagens do trabalho em nuvem

Para acompanhar os exemplos didáticos do capítulo, use o documento: "Word – Capítulo 5 – Documentos em nuvem".

Neste capítulo, conheceremos um dos conceitos mais importantes do Microsoft 365, que é a possibilidade de usar aplicativos e arquivos em nuvem.

Utilização de aplicativos e arquivos em nuvem

É importante entendermos que, na maioria das vezes, fala-se em usar aplicativos ou arquivos em nuvem como sinônimo de "on-line". Como vimos na Seção 1, da mesma forma que há um disco em nosso computador, existem também mecanismos para salvar nossos arquivos na modalidade on-line. Os dois serviços de gravação de arquivos on-line mais conhecidos entre os usuários de computador são o Google Drive e o OneDrive (da Microsoft), embora existam outros, como Dropbox, iCloud e Amazon Cloud Drive.

OneDrive com Microsoft 365

Vale a pena lembrar que o OneDrive faz parte dos aplicativos do Microsoft 365, junto com outros aplicativos necessários para construir todas as soluções integradas ao dia a dia corporativo.

Word on-line versus documento on-line

Para reforçar o entendimento do trabalho on-line, colocar arquivos nessa modalidade é basicamente usar o OneDrive. Porém, além disso, também temos uma versão on-line do próprio Word, que pode ser acessada em: https://microsoft365.com/.

Para acessar o Word on-line, é preciso utilizar um endereço de e-mail que esteja vinculado a uma conta Microsoft. Caso você não disponha dessa conta, basta clicar na opção *Inscreva-se para obter a versão gratuita do Microsoft 365*.

É importante entender que, se já possuímos uma assinatura do Microsoft 365, devemos acessá-la com o e-mail dessa conta para ter à disposição as funcionalidades exclusivas dos assinantes. Se usarmos outra conta de e-mail que não foi utilizada para a assinatura, teremos acesso apenas à versão gratuita dos aplicativos on-line.

Acessando a versão gratuita do Word on-line encontraremos a seguinte tela:

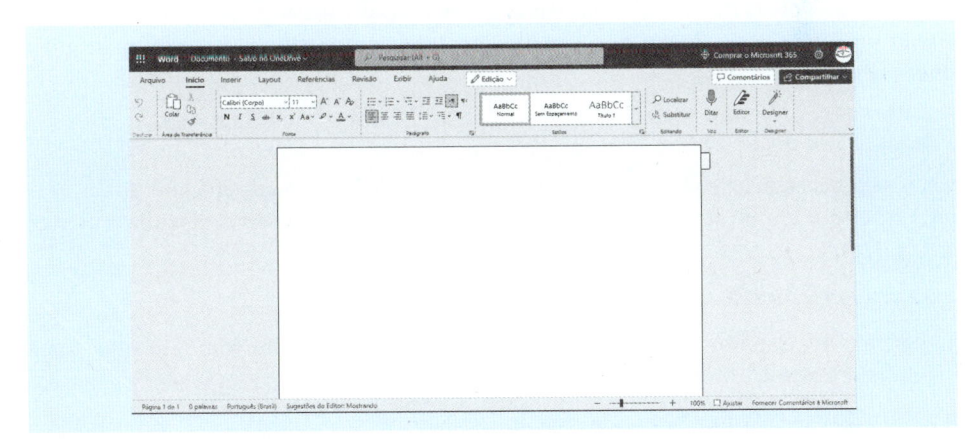

> **Observe:** quando não temos a assinatura do Microsoft 365, no canto superior direito da janela aparece a opção *Comprar o Microsoft 365*.

Ao entrar com a conta vinculada à assinatura do Microsoft 365, algumas funcionalidades exclusivas são exibidas. Essas funcionalidades podem mudar conforme a realização de atualizações.

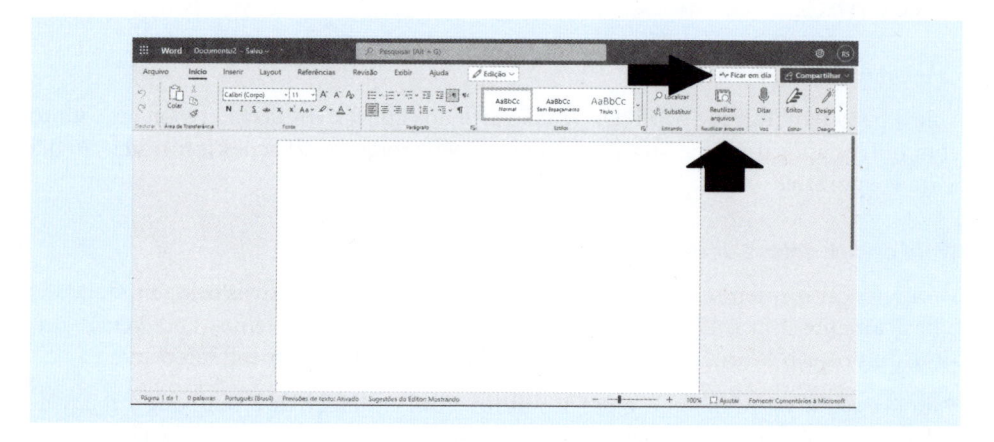

Uma observação importante é que os aplicativos on-line sempre estão com a atualização mais recente possível, exatamente por serem on-line e não precisarem ser instalados no computador.

Salvamento automático e compartilhamento

Durante o uso do Word on-line, todas as alterações feitas no documento são automaticamente salvas na nuvem. E, no compartilhamento de um arquivo, não é necessário enviar uma versão em anexo por e-mail; é possível compartilhar o acesso ao arquivo que está sendo editado.

Versões de um documento

Caso seja necessário voltar a uma versão anterior de um documento ou analisar as alterações que foram feitas nele desde determinada data, é possível visualizar as versões salvas.

Para ver as versões de um documento:

1. Salve o documento "Word – Capítulo 5 – Documento em nuvem" em uma pasta do OneDrive.
2. Abra o Word on-line em seu navegador web.
3. Abra o documento que salvou no OneDrive.

4. Na guia *Arquivo*, escolha *Informações*.

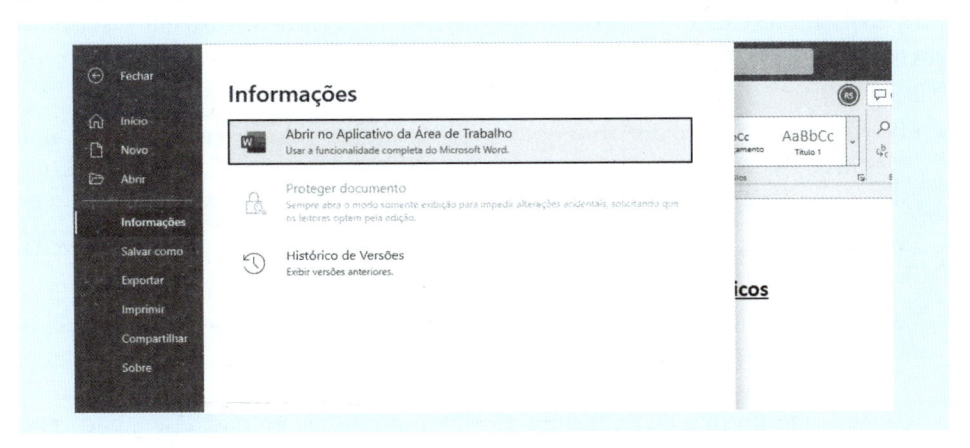

5. Clique em *Histórico de Versões*.
6. Observe, no canto direito, a lista de versões já gravadas.
7. Ao clicar em uma das versões, na parte central da janela será exibida a versão do documento da data/hora indicada.

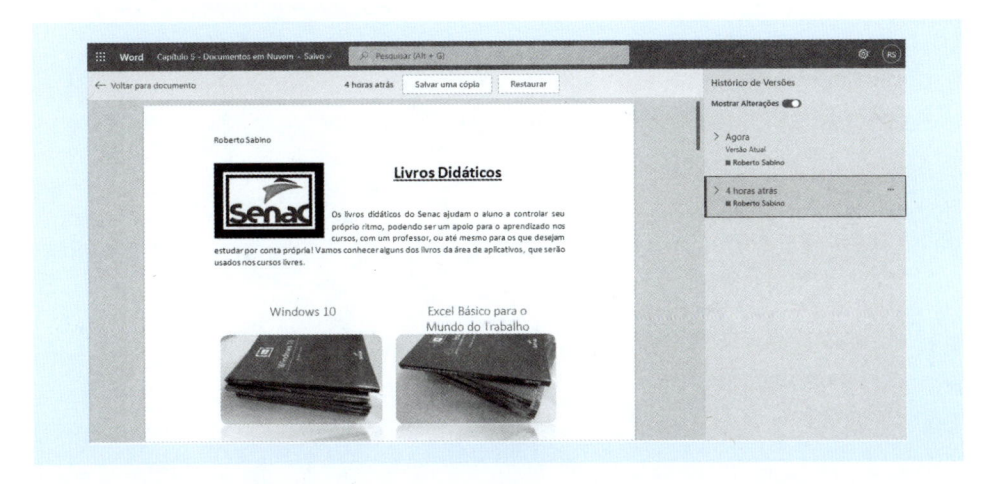

8. Caso queira voltar para uma versão anterior ou gravar uma cópia, na parte central da janela, em cima do documento, clique em *Restaurar* ou *Salvar uma cópia*.

Diferenças entre o on-line e o aplicativo desktop

Para finalizar este capítulo, vamos nos ater às diferenças entre o Word que instalamos em nossa máquina e o Word on-line. Não confunda o uso da assinatura Microsoft 365 (antigo Office 365) com o uso do Word on-line.

- **Word on-line:** versão do Word que é possível acessar pelo navegador web. É uma versão que só pode ser usada com documentos em nuvem e possui menos recursos que a versão instalada em nossa máquina.

- **Word desktop:** versão que precisa ser instalada no computador para ser utilizada, com arquivos locais ou em nuvem.

- **Word 365:** assinatura que permite usar os recursos mais recentes (e com atualização automática) de cada uma das versões do Word, tanto on-line quanto desktop. Essa assinatura libera acesso às funcionalidades exclusivas para assinantes, mas, dependendo do tipo de assinatura escolhido no momento da adesão, pode **não** incluir o direito de baixar a versão desktop.

> **Importante:** todos os capítulos da Seção 2 (exceto o Capítulo 5) foram elaborados com base na versão do aplicativo para desktop. Portanto, algumas das funcionalidades apresentadas podem não estar presentes no Word on-line.

Seção 3
Excel 365

1
Primeiros passos

OBJETIVOS

» Conhecer o Excel 365

» Comparar o uso de planilhas com o uso de documentos

» Aprender a utilizar um arquivo .xlsx

» Conhecer os modelos de planilhas do Excel

Agora que já sabemos usar os recursos mais importantes de um processador de texto, vamos conhecer as principais funcionalidades de um editor de planilhas.

Introdução ao Excel 365

O Excel (palavra do inglês que significa "sobressair") é talvez o aplicativo mais usado em empresas de todo o mundo. A vantagem de estudar os aplicativos do Microsoft 365 é que muitas das funções que usamos em um deles também se aplicam aos demais, de maneira que veremos muitos aspectos semelhantes aos que vimos no caso do Word.

A tela inicial do Excel é semelhante à do Word, porém os arquivos criados no Excel são planilhas e têm no nome a extensão *.xlsx*. No Word, como vimos, trabalhamos com documentos com a extensão *.docx*.

Para começar a entender para que serve um editor de planilhas, vamos iniciar com uma *Planilha em Branco* (canto superior esquerdo da tela, na seção *Novo*).

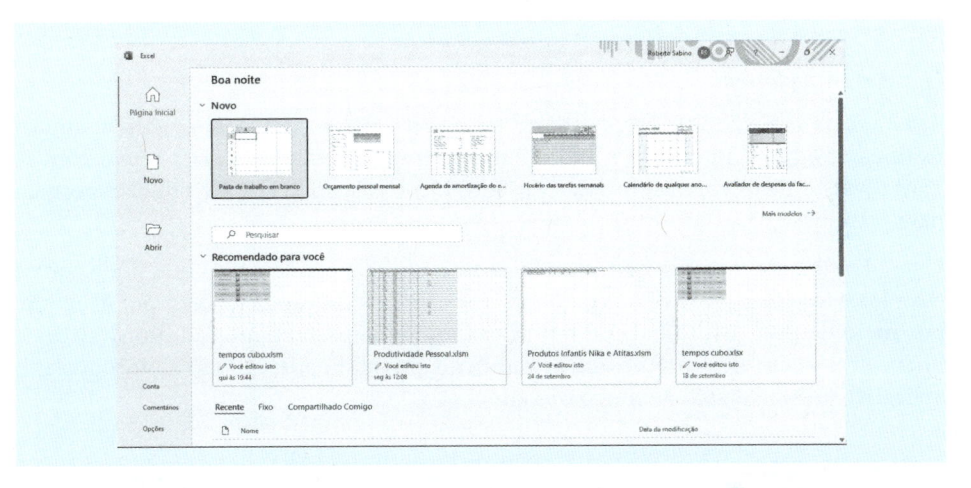

Quando abrimos uma planilha em branco, estamos dizendo ao Excel que não temos nada iniciado, tampouco um modelo a ser seguido para a planilha que vamos criar.

A tela se apresentará da seguinte forma:

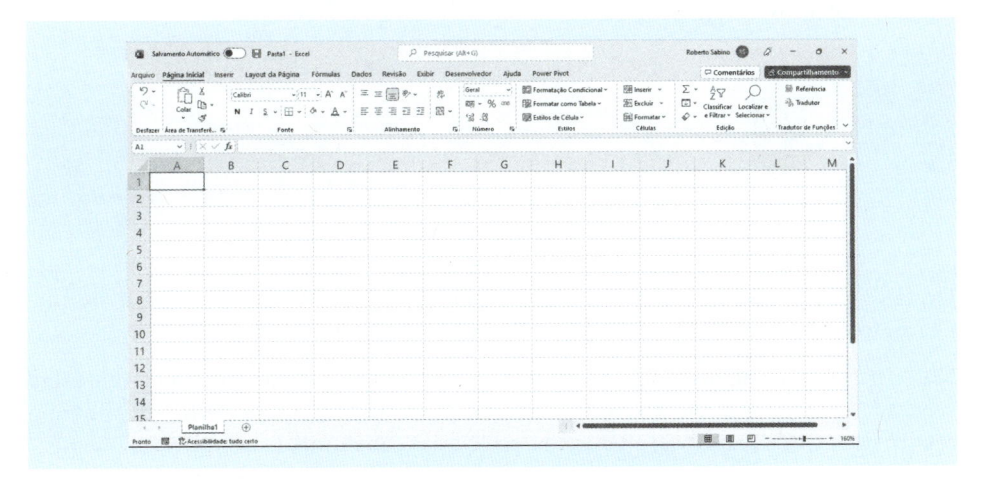

Primeiros passos — 125

Podemos observar que a maior parte da tela é destinada à visualização e à edição das planilhas. Na parte de cima, é possível reconhecer a *Faixa de Opções*, que tem formato semelhante àquele que vimos no caso do Word. Alguns comandos serão bastante parecidos, como: *Salvar*, *Salvar como...*, *Novo*, etc. A guia *Página Inicial*, por exemplo, tem vários comandos semelhantes aos que vimos no Word.

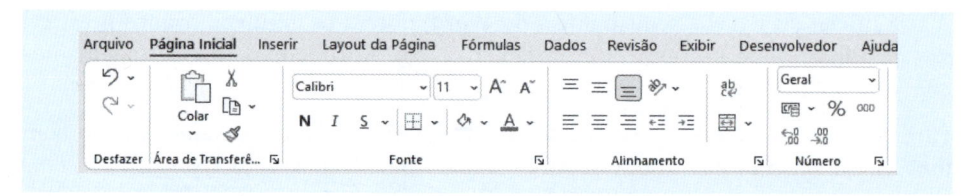

O que é uma planilha?

Se há tantas semelhanças entre o Word e o Excel, qual é a razão de existirem ambos os tipos de editor? Enquanto o Word é um aplicativo dedicado a criar textos com as mais diversas formas e com os mais variados objetivos, o Excel é um editor específico para planilhas.

Uma planilha, de maneira bem simplificada, é uma tabela de dados que pode conter cálculos e funções. Esses dados podem ser mostrados de várias formas, por exemplo, por meio de gráficos. O Excel é muito usado nos departamentos administrativos e financeiros, além de oferecer outras inúmeras possibilidades, tendo se tornado um aplicativo muito versátil ao longo dos anos.

Pasta de trabalho

Para saber como montamos nossas planilhas, primeiro precisamos entender como funciona a pasta de trabalho. Pasta de trabalho é o tipo de arquivo que manipulamos no Excel; ela pode conter uma ou mais planilhas.

Na parte de baixo da janela, podemos identificar as planilhas:

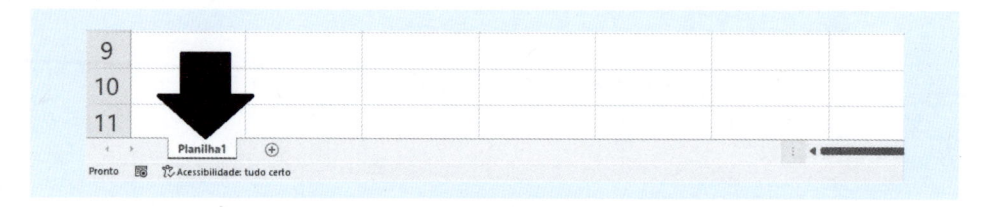

Do lado direito da aba com o nome *Planilha1*, temos o botão *Nova planilha* (+). Clicando sobre esse botão, podemos criar planilhas em branco.

Nossa pasta de trabalho é um conjunto de planilhas que, ao mesmo tempo que estão separadas para preservar a própria organização, estão interconectadas. Na figura a seguir, temos três planilhas, e podemos selecionar cada uma delas individualmente.

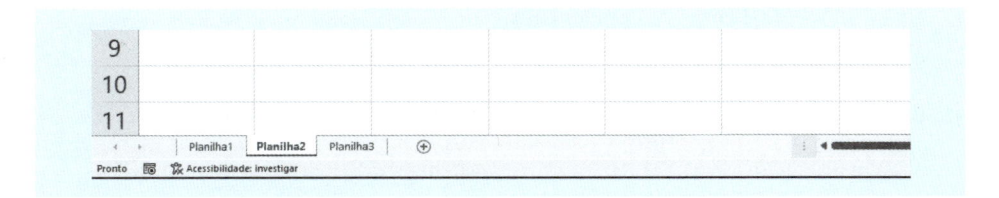

Estrutura básica de uma planilha

Como já vimos que uma planilha é como uma tabela, a tela inicial do Excel já vem dividida em linhas e colunas.

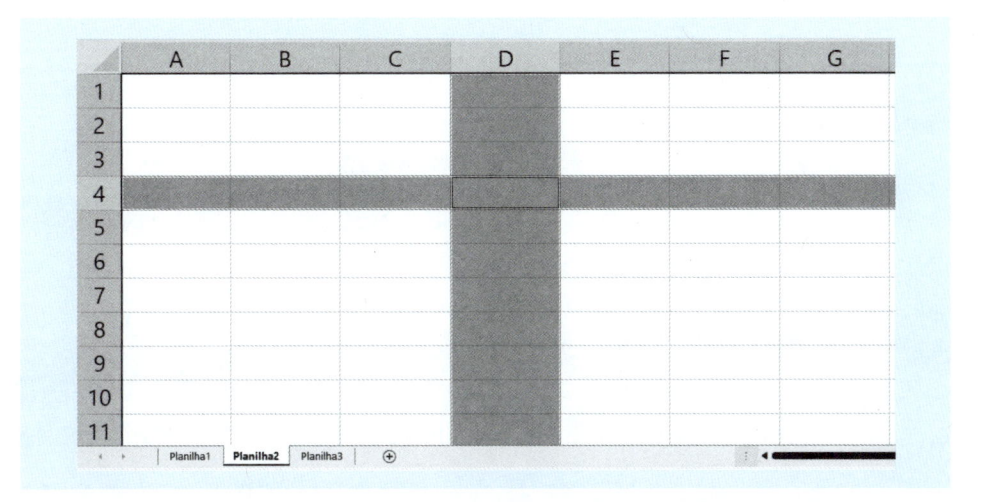

Na imagem, vemos a linha 4 e a coluna D selecionadas. A união de linha e coluna dá origem a uma célula, neste caso, a célula *D4*. O endereço ou a referência a uma célula pode ser útil para recuperar o valor que está digitado nessa célula.

Ao organizar uma planilha como um conjunto de células (separadas em linhas e colunas), facilitamos a identificação dos dados com os quais trabalhamos, mantendo a individualidade deles (para efetuar cálculos e funções), ao mesmo tempo que possibilitamos o entendimento dos dados como um conjunto (quando lemos a planilha integralmente).

TRABALHANDO COM PLANILHAS: *NOVO, SALVAR* E *ABRIR*

Os comandos para criar, salvar e abrir planilhas funcionam da mesma forma que no Word, como vimos no Capítulo 1 da Seção 2.

Uso de modelos de planilhas

Assim como no Word, também temos os modelos de planilhas que podem ser usados como referência. Para acessar os modelos:

1. Na guia *Arquivo*, clique na opção *Novo*.
2. Em *Pesquisar*, digite *Orçamentos*.
3. Em seguida, clique sobre a opção *Orçamento Pessoal Mensal*.

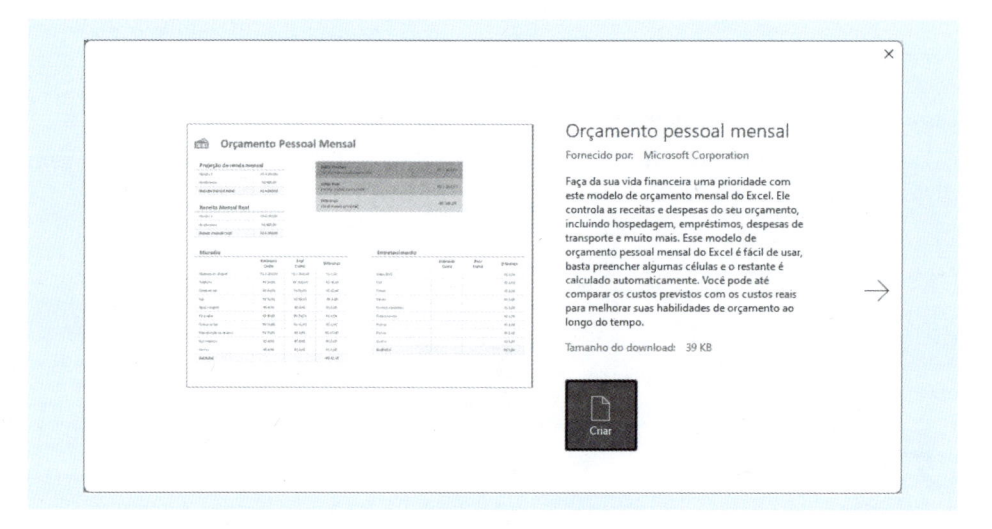

4. Verifique se a planilha é fornecida pela Microsoft Corporation.
5. Em seguida, clique em *Criar*.
6. Observe que esse modelo possui duas planilhas.

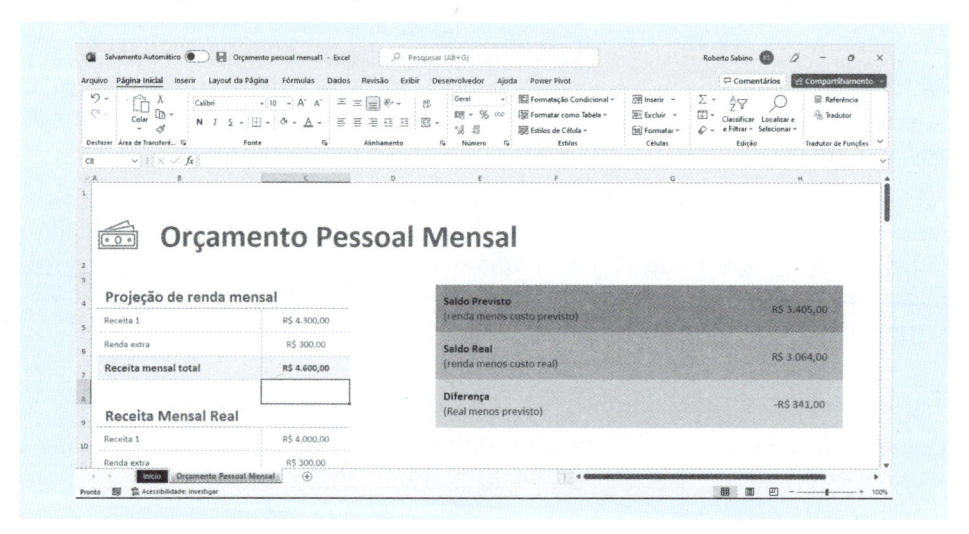

7. Pronto! Agora basta ajustar os valores para usar o modelo.

Embora pareça muito simples, antes de conseguirmos usar esse modelo de maneira satisfatória, temos que aprender o funcionamento básico das planilhas, seus formatos e cálculos, os quais veremos nos capítulos seguintes.

COPIAR E COLAR

Já vimos que os comandos *Ctrl + C* e *Ctrl + V* podem ser muito úteis no trabalho com documentos e planilhas. No caso específico do Excel, temos que redobrar a atenção, já que as planilhas possuem mecanismos um pouco diferentes de aplicação desse recurso.

Contudo, veremos esse aspecto com mais detalhes quando formos aprender a fazer cálculos em uma planilha, no Capítulo 3 desta seção.

Anotações

2
Formatação

OBJETIVOS

» Entender os principais formatos de uma planilha

» Conhecer as ferramentas de formatação do Excel

» Aprender a formatar células

» Entender os formatos de números

Para acompanhar os exemplos didáticos do capítulo, use o arquivo: "Excel – Capítulo 2 – Formatação da planilha".

Depois de compreendidas as primeiras diferenças entre um documento e uma planilha, estamos prontos para começar a trabalhar com nossa primeira planilha.

Organização da pasta de trabalho

Como em algumas pastas de trabalho podemos ter várias planilhas, é recomendável adquirir o hábito de renomear cada uma delas com nomes que ajudem a identificar seu conteúdo.

Renomeando planilhas

Para renomear:

1. Abra a pasta de trabalho "Excel – Capítulo 2 – Formatação da planilha".
2. Dê um clique duplo na aba *Planilha 1*.
3. Troque o nome para *Prof.Sabino*.

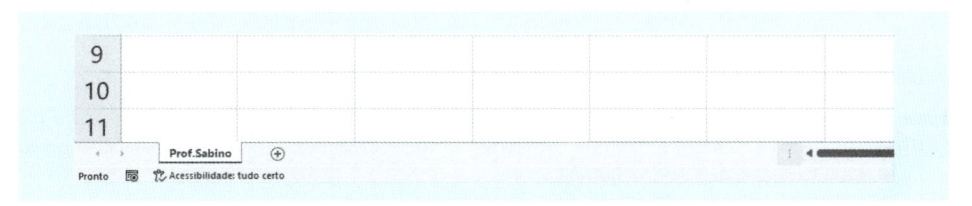

Observe que, neste caso, não há uma necessidade real de renomear, já que temos apenas uma planilha. No entanto, vamos alterar o nome para começar a criar o costume de manter a pasta de trabalho organizada.

Formatação de células

Para visualizar bem os dados, há uma série de formatos que podem ser aplicados. Observe como está nossa planilha e, mais adiante, como ela ficará após algumas formatações relativamente simples.

	A	B	C	D	E	F
1	Aulas do prof. Sabino no Senac					
2	Curso	Aula	Início	Final	Horas-aul	Período
3	Técnico de	Algoritmo	44838	44861	48	Manhã
4	Técnico de	Banco de	44838	44861	48	Tarde
5	Livre	Excel com	44814	44856	35	Sábado

Largura da coluna

Redimensionar a largura das colunas é fundamental para visualizar corretamente os dados que estão nas células. Essa largura pode ser ajustada posicionando o ponteiro do mouse sobre a divisória das colunas na região dos rótulos e realizando o arraste, como mostra a figura:

	A	B	C	D	E	F
1	Aulas do prof. Sabino no	Senac				
2	Curso	Aula	Início	Final	Horas-aula	Período
3	Técnico de Informática	Algoritmo	44838	44861	48	Manhã
4	Técnico de Informática	Banco de	44838	44861	48	Tarde
5	Livre	Excel com	44814	44856	35	Sábado

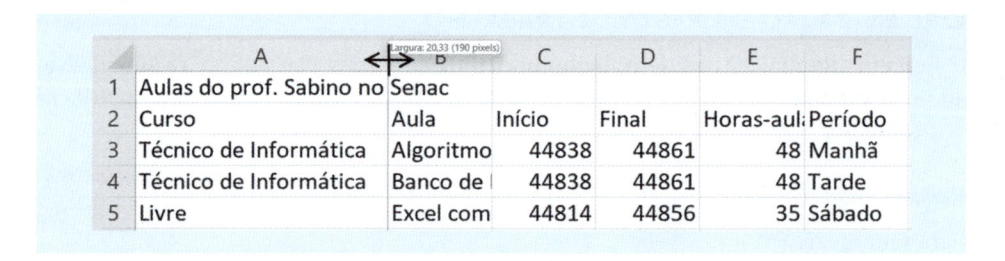

Outra forma eficaz de fazer isso é, em vez de clicar e arrastar, dar um clique duplo na junção das colunas.

Além dessas duas alternativas, também é possível selecionar várias colunas e, depois, efetuar um clique duplo, para que o ajuste seja feito em todas as colunas selecionadas.

Seleção de linhas ou colunas

Para selecionar uma coluna ou uma linha inteira, clique sobre o rótulo dessa linha ou coluna.

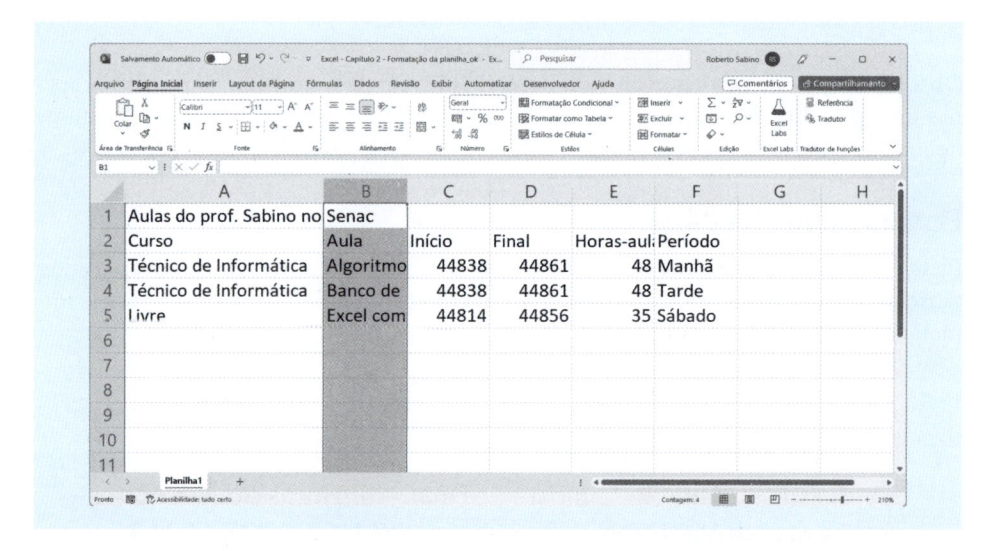

Para selecionar mais de uma linha ou coluna ao mesmo tempo, basta clicar sobre o rótulo (como se fosse selecionar apenas uma) e arrastar o mouse sobre as demais linhas ou colunas que deseja selecionar.

Agora, ajuste a largura das colunas até que seja possível ler a informação completa de cada célula, como na figura a seguir.

	A	B	C	D	E	F
1	Aulas do prof. Sabino no Senac					
2	Curso	Aula	Início	Final	Horas-aula	Período
3	Técnico de Informática	Algoritmos	44838	44861	48	Manhã
4	Técnico de Informática	Banco de Dados	44838	44861	48	Tarde
5	Livre	Excel com Business Intelligence	44814	44856	35	Sábado

Ajuste do título

O título "Aulas do Prof. Sabino no Senac" pode ser colocado em destaque. Podemos mesclar as células e centralizá-lo. Para isso:

1. Selecione as células *A1:F1* (lê-se "intervalo de *A1* até *F1*").
2. Na guia *Página Inicial*, no grupo *Alinhamento*, clique sobre *Mesclar e Centralizar*.

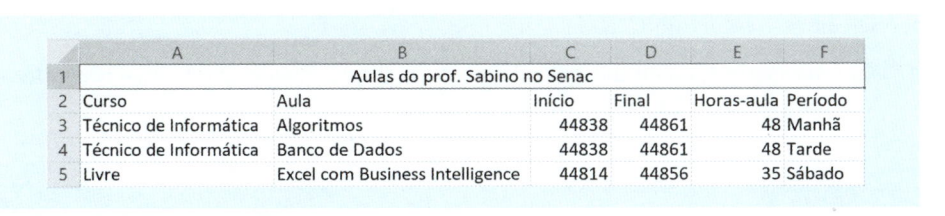

	A	B	C	D	E	F
1	Aulas do prof. Sabino no Senac					
2	Curso	Aula	Início	Final	Horas-aula	Período
3	Técnico de Informática	Algoritmos	44838	44861	48	Manhã
4	Técnico de Informática	Banco de Dados	44838	44861	48	Tarde
5	Livre	Excel com Business Intelligence	44814	44856	35	Sábado

> **Importante:** recomenda-se mesclar células apenas no caso de títulos que estejam fora da área de dados da planilha. É preciso evitar a qualquer custo mesclar células que contenham dados, porque isso pode dificultar muito o uso da planilha no futuro.

Ajuste de rótulos de dados

A linha que contém os nomes dos dados que são apresentados na planilha é chamada normalmente de *Linha de Rótulos de Dados*. Quando a planilha tem uma linha de rótulos de dados e, abaixo de cada nome, uma lista de dados, podemos chamar essa disposição de *Formato de Banco de Dados* ou *Formato de Tabela de Dados*. Fazer planilhas nesse formato facilita o tratamento futuro dos dados.

Para formatar a linha de rótulo de dados:

1. Clique no rótulo da linha 2 (para selecioná-la completamente).
2. Na guia *Página Inicial*, no grupo *Fonte*, aumente o tamanho da fonte para 12.
3. Aplique negrito.
4. No grupo *Alinhamento*, clique em *Centralizar*.

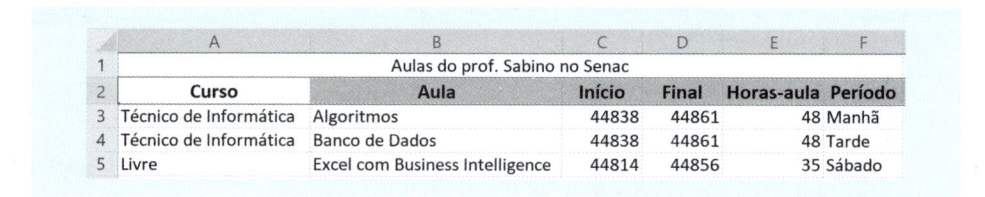

	A	B	C	D	E	F
1		Aulas do prof. Sabino no Senac				
2	Curso	Aula	Início	Final	Horas-aula	Período
3	Técnico de Informática	Algoritmos	44838	44861	48	Manhã
4	Técnico de Informática	Banco de Dados	44838	44861	48	Tarde
5	Livre	Excel com Business Intelligence	44814	44856	35	Sábado

Formatação de números

Algumas vezes, os dados mostrados podem mudar completamente apenas pela alteração do *Formato de Números*. Observe que as colunas C e D exibem dados aparentemente incompreensíveis. No entanto, um usuário mais experiente sabe que se trata de uma data mal formatada.

Para ajustar as datas:

1. Selecione o intervalo *C3:D5*.
2. Na guia *Página Inicial*, no grupo *Números*, clique na seta para abrir *Formato de Número* (caixa de listagem onde se lê *Geral*).

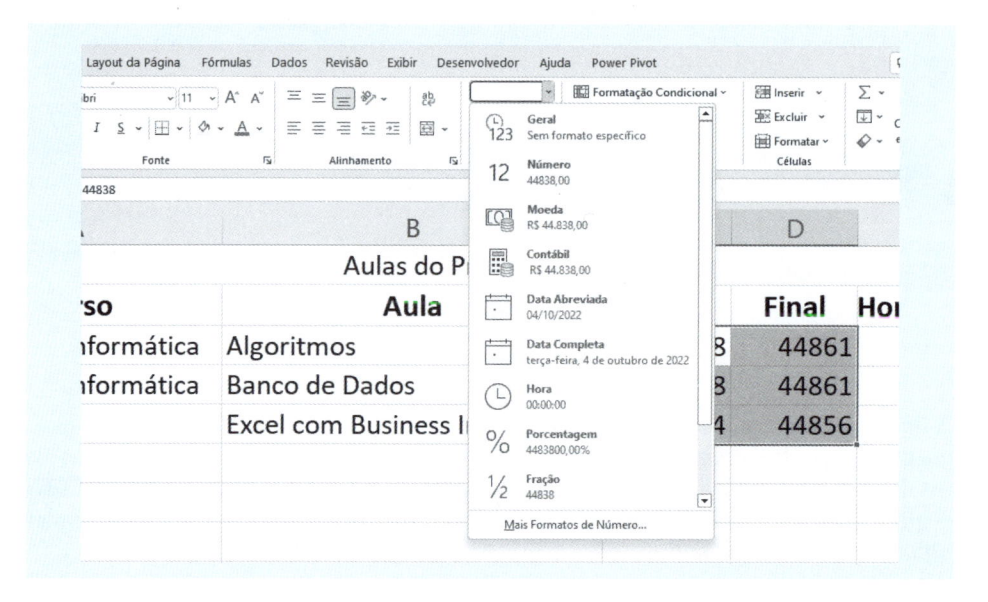

3. Em seguida, escolha *Mais Formatos de Número...*
4. Na caixa de diálogo que se abre, escolha: categoria: *Data*; tipo: *dia/mês*.

| Formatar Células | ? × |

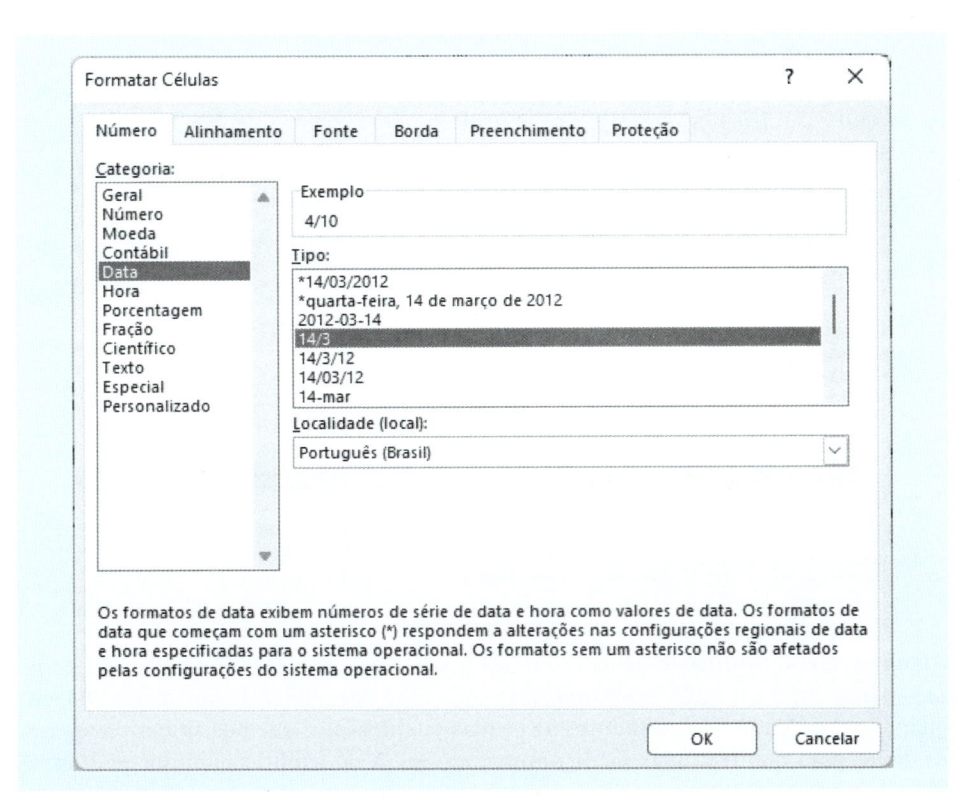

Número | Alinhamento | Fonte | Borda | Preenchimento | Proteção

Categoria:
- Geral
- Número
- Moeda
- Contábil
- **Data**
- Hora
- Porcentagem
- Fração
- Científico
- Texto
- Especial
- Personalizado

Exemplo:
4/10

Tipo:
- *14/03/2012
- *quarta-feira, 14 de março de 2012
- 2012-03-14
- **14/3**
- 14/3/12
- 14/03/12
- 14-mar

Localidade (local):
Português (Brasil)

Os formatos de data exibem números de série de data e hora como valores de data. Os formatos de data que começam com um asterisco (*) respondem a alterações nas configurações regionais de data e hora especificadas para o sistema operacional. Os formatos sem um asterisco não são afetados pelas configurações do sistema operacional.

OK | Cancelar

5. Clique em *OK*.

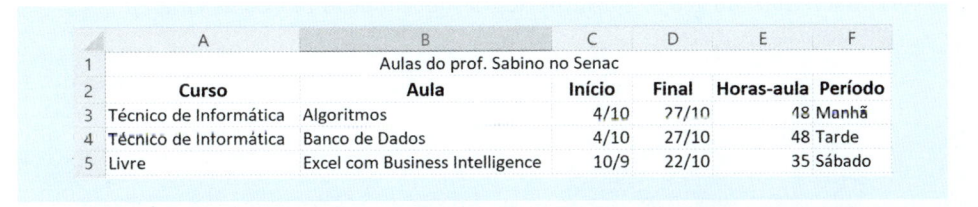

	A	B	C	D	E	F
1		Aulas do prof. Sabino no Senac				
2	Curso	Aula	Início	Final	Horas-aula	Período
3	Técnico de Informática	Algoritmos	4/10	27/10	48	Manhã
4	Técnico de Informática	Banco de Dados	4/10	27/10	48	Tarde
5	Livre	Excel com Business Intelligence	10/9	22/10	35	Sábado

> **Observe:** com os procedimentos anteriores, os dados mudaram completamente, e agora é possível ver as datas de início e fim das aulas do professor Sabino. Isso ocorre porque *Data* é um formato específico — quando a célula não entende que o dado é uma data, pode mostrá-lo de maneira incorreta.

Bordas e sombreamento

Para finalizar uma formatação básica, vamos ajustar alguns formatos de borda e sombreamento. Vamos alterar o formato do título:

1. Clique sobre a célula mesclada que contém o título "Aulas do Prof. Sabino no Senac".

2. Na guia *Página Inicial*, no grupo *Fonte*, na opção *Cor do Preenchimento*, escolha *Preto, Texto 1*.

3. Em seguida, em *Cor da Fonte*, selecione *Branco, Plano de Fundo 1*.

4. Por fim, aplique formato negrito na fonte.

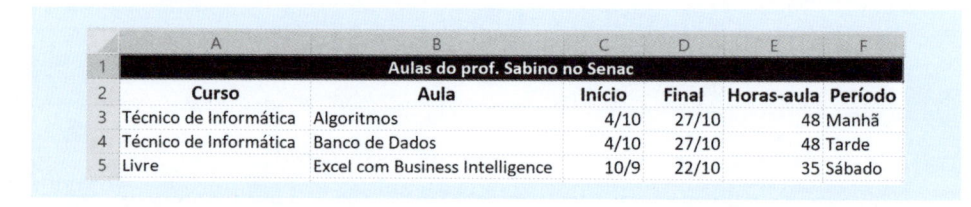

	A	B	C	D	E	F
1		Aulas do prof. Sabino no Senac				
2	Curso	Aula	Início	Final	Horas-aula	Período
3	Técnico de Informática	Algoritmos	4/10	27/10	48	Manhã
4	Técnico de Informática	Banco de Dados	4/10	27/10	48	Tarde
5	Livre	Excel com Business Intelligence	10/9	22/10	35	Sábado

Algumas vezes, confundimos as linhas de grade com as bordas. As linhas de grade são apenas guias para sabermos onde está cada uma das células de nossa planilha, enquanto as bordas são delimitadores de células ou intervalos que nos ajudam a separar os dados para que seja mais fácil compreendê-los. Vale lembrar que, por padrão, as planilhas normalmente apresentam as linhas de grade.

Para deixar de mostrar as linhas de grade:

1. Na guia *Exibir*, no grupo *Mostrar*, desmarque a opção *Linhas de Grade*.

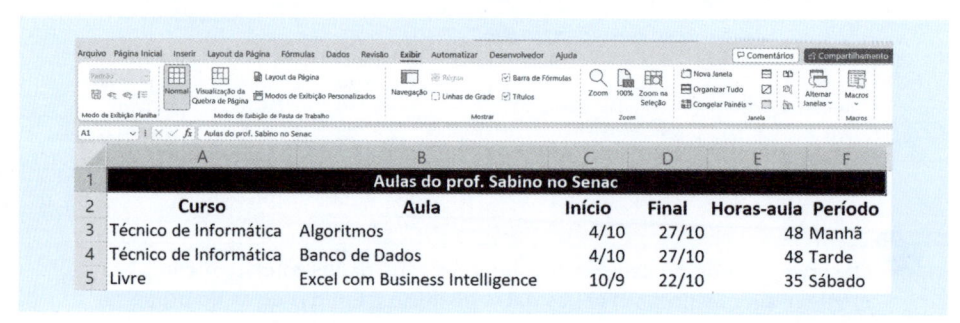

Para criar bordas:

1. Selecione o intervalo *A2:F5* (lê-se "intervalo de *A2* até *F5*").

2. Na guia *Página Inicial*, no grupo *Fonte*, clique na seta para abrir as opções de bordas.

3. Escolha *Todas as Bordas*.

4. Em seguida, repita a operação, escolhendo *Bordas Externas Espessas*.

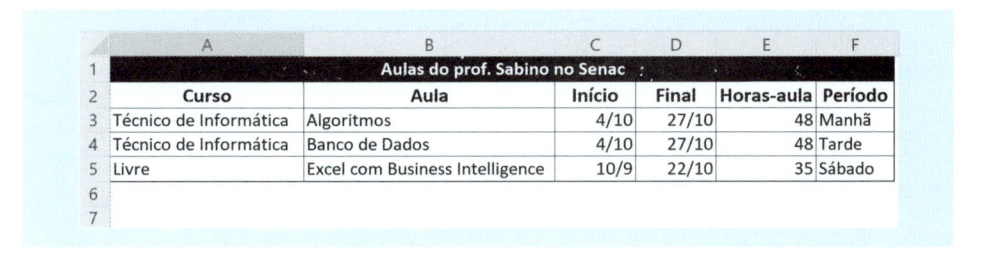

	A	B	C	D	E	F
1		Aulas do prof. Sabino no Senac				
2	Curso	Aula	Início	Final	Horas-aula	Período
3	Técnico de Informática	Algoritmos	4/10	27/10	48	Manhã
4	Técnico de Informática	Banco de Dados	4/10	27/10	48	Tarde
5	Livre	Excel com Business Intelligence	10/9	22/10	35	Sábado
6						
7						

> **Note:** é possível aplicar tipos diferentes de bordas, umas sobre as outras, desde que não sejam conflitantes. Em nosso caso, as bordas externas se destacam das bordas internas.

Formatação como tabela

Um recurso interessante de formatação é *Formatar como Tabela*. Essa opção é usada, inclusive, com outras finalidades no Excel avançado, mas por ora vamos observar como isso pode nos ajudar com a formatação rápida.

Para formatar como tabela:

1. Selecione o intervalo *A2:F5* (é muito importante NÃO incluir a primeira linha).
2. Na guia *Página Inicial*, no grupo *Estilos*, clique em *Formatar como Tabela*.

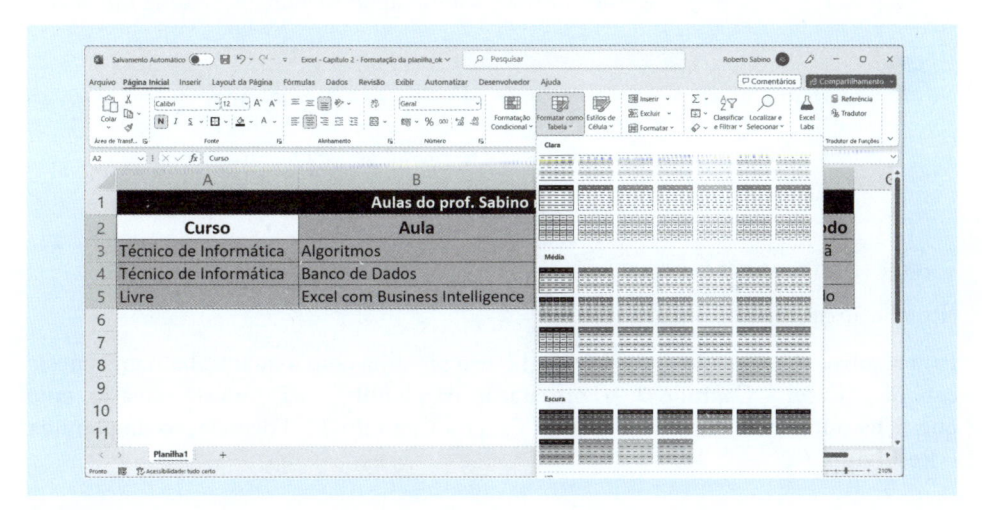

3. Escolha o estilo de tabela desejado.
4. Neste exemplo, vamos usar *Branco, Estilo de Tabela Clara 8* (a primeira da segunda linha).

5. O Excel enviará uma confirmação da seleção.

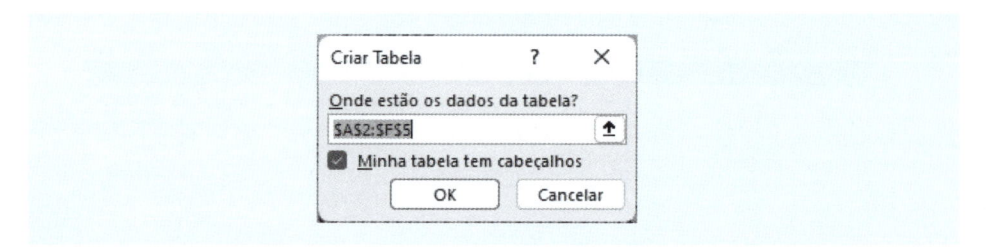

6. É importante que esteja selecionada a opção *Minha tabela tem cabeçalhos*.
7. Clique em *OK*.

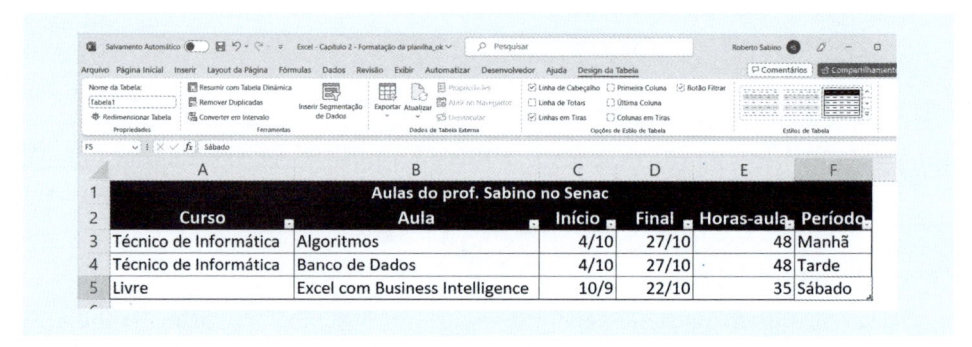

8. Pronto! Dessa forma aplicamos bordas, sombreamento e filtros de uma única vez.

> **Importante:** ao clicar sobre qualquer parte da área da tabela, aparecerá a guia *Design da Tabela*. Nessa guia, é possível executar algumas configurações mais avançadas, inclusive trocar a cor da tabela de maneira bem rápida.

Exercícios propostos

(Resolução no final do livro)

Para resolver os exercícios propostos, utilize a planilha com a qual trabalhamos neste capítulo, "Excel – Capítulo 2 – Formatação da planilha" (na hora de salvá-la, note que já há outra planilha com o nome "Excel – Capítulo 2 – Formatação da planilha – **Resolvido**").

Exercício 1 – Troca do nome da tabela

Utilizando a guia *Design da Tabela*, troque o nome da tabela criada neste capítulo para "tbNotasAlunos".

Exercício 2 – Remoção dos filtros

Remova os botões de filtro da tabela (botões com uma seta para baixo que aparecem nos rótulos de dados).

Exercício 3 – Inclusão de linha de totais

Inclua uma linha que mostre o total de horas das aulas do professor Sabino.

Anotações

3
Cálculos

OBJETIVOS

» Aprender a fazer cálculos em uma planilha

» Recordar os cálculos com porcentagem

» Conhecer a alça de preenchimento

» Entender o uso de funções

Para acompanhar os exemplos didáticos do capítulo, use o documento: "Excel – Capítulo 3 – Realização de cálculos em uma planilha".

Neste capítulo, veremos um dos usos mais importantes de uma planilha: efetuar cálculos. Permitir a execução de fórmulas e funções é um dos recursos mais usados em uma planilha eletrônica.

Realização de cálculos na planilha

Há diversas formas de efetuar cálculos em uma planilha, e isso porque ao longo dos anos o Excel foi recebendo mais e mais recursos novos. Algumas vezes, um mesmo cálculo pode ser feito de tantas maneiras que fica difícil eleger qual é a melhor ou a mais fácil.

Por esse motivo, é essencial ter bem estabelecida a base de conhecimento que permite entender diferentes formas de fazer cálculos em Excel. Aqui, faremos um passeio pelos fundamentos da criação desses cálculos.

Como referenciar células

Colocar uma referência em uma célula é o mesmo que buscar o valor ou o conteúdo dessa célula (que pode ser um texto, em algumas situações).

A base para qualquer cálculo é saber referenciar corretamente as células desejadas.

Para buscar um valor:

1. Abra a pasta de trabalho: "Excel – Capítulo 3 – Cálculos em uma planilha".
2. Escolha trabalhar na planilha "Sem Tabela" (lembre-se de que uma pasta de trabalho pode ter mais de uma planilha).

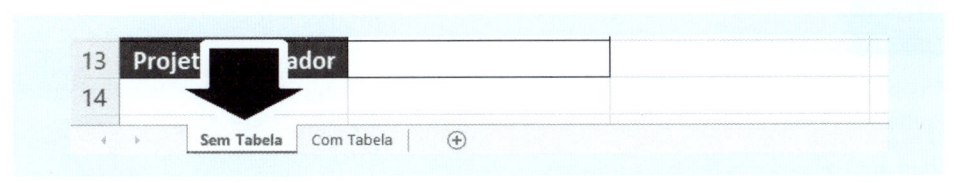

3. Agora, busque as informações desejadas; na célula *B12*, digite =. Em seguida, clique na célula *C4*.
4. Depois, tecle *Enter*.

	A	B	C	D
1		Controle de horas-aula do mês		
2				
3	Curso	Preparar aulas	Aulas presenciais	Correção de exercícios
4	Algoritmos	2	32	8
5	Banco de dados	6	32	8
6	Metodologias	2	16	0
7	Projeto Integrador	2	40	0
8				
9				
10				
11		Aulas presenciais		
12	Algoritmos	=C4		
13	Projeto Integrador			

5. Para preencher a célula de baixo, na célula *B13*, digite =C7.

Note: quando clicamos em uma célula, logo depois de digitar =, o Excel automaticamente cria uma referência à célula clicada. Observe que o efeito de digitar diretamente =*C4* em uma célula seria exatamente o mesmo.

	A	B	C	D
1		Controle de horas-aula do mês		
2				
3	Curso	Preparar aulas	Aulas presenciais	Correção de exercícios
4	Algoritmos	2	32	8
5	Banco de dados	6	32	8
6	Metodologias	2	16	0
7	Projeto Integrador	2	40	0
8				
9				
10				
11		Aulas presenciais		
12	Algoritmos	32		
13	Projeto Integrador	40		

Utilização de fórmulas

Utilizando as referências às células, podemos criar fórmulas que devolvam cálculos com o valor das células.

Para somar as horas de *Preparar aulas*:

1. Na célula *B8*, digite =*B4+B5+B6+B7*.
2. Observe que, durante a digitação, o Excel mostra as células referenciadas.

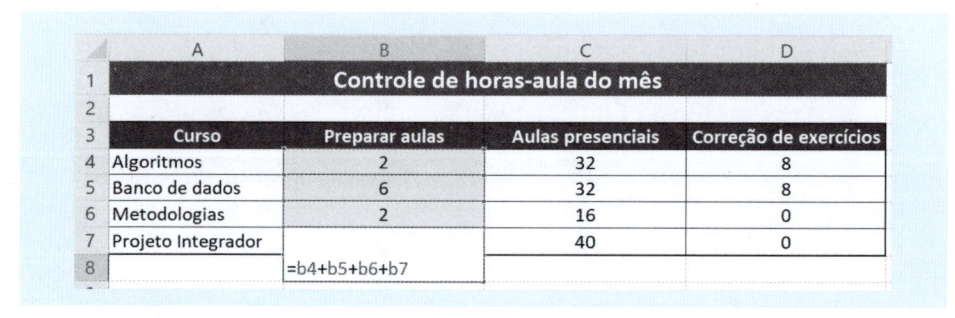

	A	B	C	D
1		Controle de horas-aula do mês		
2				
3	Curso	Preparar aulas	Aulas presenciais	Correção de exercícios
4	Algoritmos	2	32	8
5	Banco de dados	6	32	8
6	Metodologias	2	16	0
7	Projeto Integrador		40	0
8		=b4+b5+b6+b7		

3. Tecle *Enter*.

Utilização da função SOMA

Utilizar fórmulas não é a única maneira de fazer cálculos no Excel. Alguns cálculos mais frequentes, como soma e média, já possuem uma função predefinida que nos ajuda a efetuar essas operações de maneira mais fácil.

Imagine que, em vez de 4 linhas com valores, tivéssemos 200 linhas. Nesse caso, montar a fórmula seria um trabalho bem demorado. Vamos ver como montar a mesma soma de uma outra maneira na linha de baixo.

Para somar as horas de *Preparar aulas* com a função SOMA:

1. Na célula *B9*, digite *=SOMA(B4:B7)* (lê-se "soma de *B4* até *B7*").
2. Observe que, dessa vez, o Excel colocou uma única marcação em todas as células.

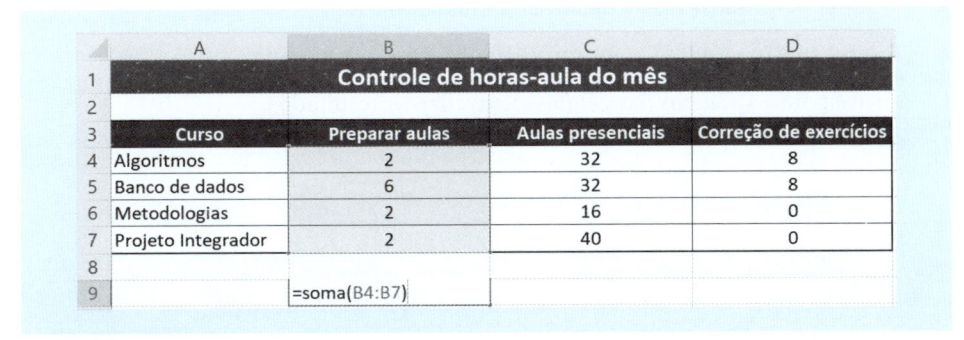

	A	B	C	D
1		Controle de horas-aula do mês		
2				
3	Curso	Preparar aulas	Aulas presenciais	Correção de exercícios
4	Algoritmos	2	32	8
5	Banco de dados	6	32	8
6	Metodologias	2	16	0
7	Projeto Integrador	2	40	0
8				
9		=soma(B4:B7)		

3. Tecle *Enter*.

> **Observe:** tanto na célula *B8* quanto na célula *B9* o resultado é o mesmo. Algumas vezes, será mais fácil usar fórmulas; em outras, usar funções. Mas o efeito final das duas opções é o mesmo.

Alça de preenchimento

Um recurso muito utilizado em fórmulas e funções é a alça de preenchimento. Com ele, é possível arrastar uma fórmula para que ela seja readequada às células para onde está sendo estendida.

Para estender uma fórmula:

1. Selecione a célula (ou o intervalo) em que estão as fórmulas ou funções que você pretende arrastar. Neste caso, selecione *B8:B9* (células que têm os resultados dos cálculos).
2. Posicione o ponteiro do mouse no canto inferior direito da última célula do intervalo (até que o cursor vire uma cruz).

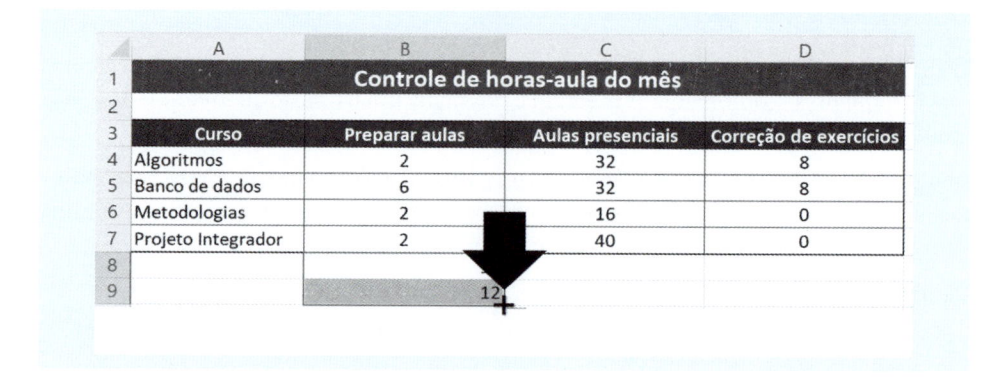

	A	B	C	D
1		Controle de horas-aula do mês		
2				
3		Curso	Preparar aulas	Aulas presenciais	Correção de exercícios
4		Algoritmos	2	32	8
5		Banco de dados	6	32	8
6		Metodologias	2	16	0
7		Projeto Integrador	2	40	0
8					
9			12		

3. Clique com o mouse e arraste até a coluna *D*.
4. Observe que os resultados foram ajustados para cada coluna.
5. Aproveitando a seleção das células, centralize os resultados.

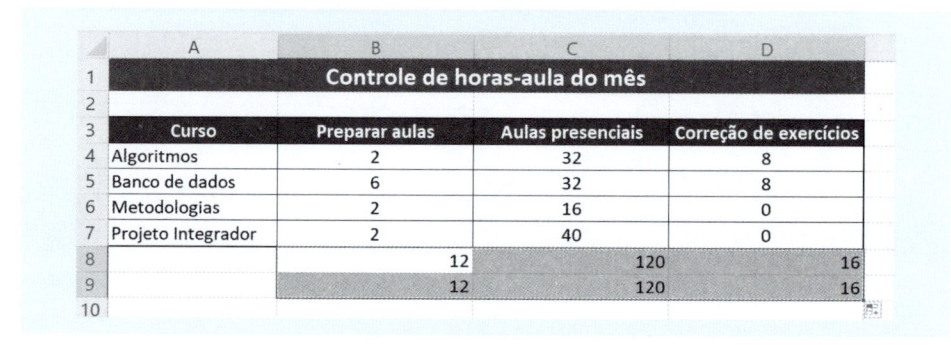

	A	B	C	D
1		Controle de horas-aula do mês		
2				
3		Curso	Preparar aulas	Aulas presenciais	Correção de exercícios
4		Algoritmos	2	32	8
5		Banco de dados	6	32	8
6		Metodologias	2	16	0
7		Projeto Integrador	2	40	0
8			12	120	16
9			12	120	16
10					

Barra de Fórmulas

Depois que uma fórmula ou função é digitada e aparecem os resultados, a célula apresenta apenas o resultado, e não mais o cálculo, a menos que a célula seja aberta para edição (isso pode ser feito com um clique duplo do mouse ou com a tecla *F2*).

Outra forma de visualizar esse cálculo é olhando a *Barra de Fórmulas*, que, em vez do resultado, mostra o que está digitado na célula.

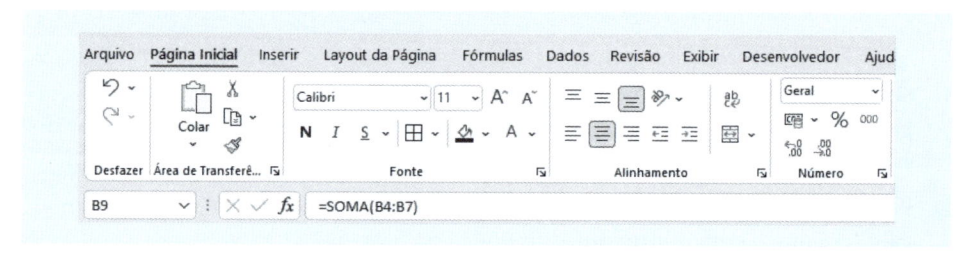

Na imagem anterior, mesmo sem ver a planilha, sabemos que a célula selecionada é a *B9* e que a função que está digitada nela é *=SOMA(B4:B7)*. Além disso, seria possível também alterar o conteúdo da célula, caso fosse necessário, apenas digitando as alterações na *Barra de Fórmulas*.

Trabalhando com porcentagem

Algumas fórmulas e funções podem parecer não funcionar adequadamente, caso o formato da célula não esteja correto. Vamos criar uma coluna na parte de baixo da planilha para medir o percentual de aulas presenciais comparado ao total de aulas.

Pincel de Formatação

Assim como no Word, o *Pincel de Formatação* é um recurso que permite copiar formatos de uma maneira simples e rápida. Vamos criar uma coluna na parte de baixo da planilha para receber os dados em porcentagem, como na figura a seguir.

		Aulas presenciais	% de aulas presenciais
10			
11		Aulas presenciais	% de aulas presenciais
12	Algoritmos	32	
13	Projeto Integrador	40	
14			

Para criar a coluna *% de aulas presenciais*:

1. Selecione o intervalo *B11:B13*.
2. Na guia *Página Inicial*, no grupo *Área de Transferência*, clique em *Pincel de Formatação*.
3. Em seguida, clique na célula *C11* (ou selecione o intervalo *C11:C13*; neste caso, o efeito é o mesmo).
4. Para finalizar, clique na célula *C11* e digite *% de aulas presenciais*.

Fórmula com função

Além de fórmula ou função, em alguns casos também podemos empregar fórmula com função. Para descobrir qual é o percentual das aulas presenciais em relação ao total de aulas do mês, usaremos o seguinte cálculo: quantidade de horas-aula presenciais dividida pela quantidade total de horas-aula do mês.

Traduzindo em fórmula e função:

1. Selecione a célula *C12*.
2. Digite o cálculo *=B12/SOMA(B4:D7)* (a barra é o sinal para divisão).
3. Tecle *Enter*.

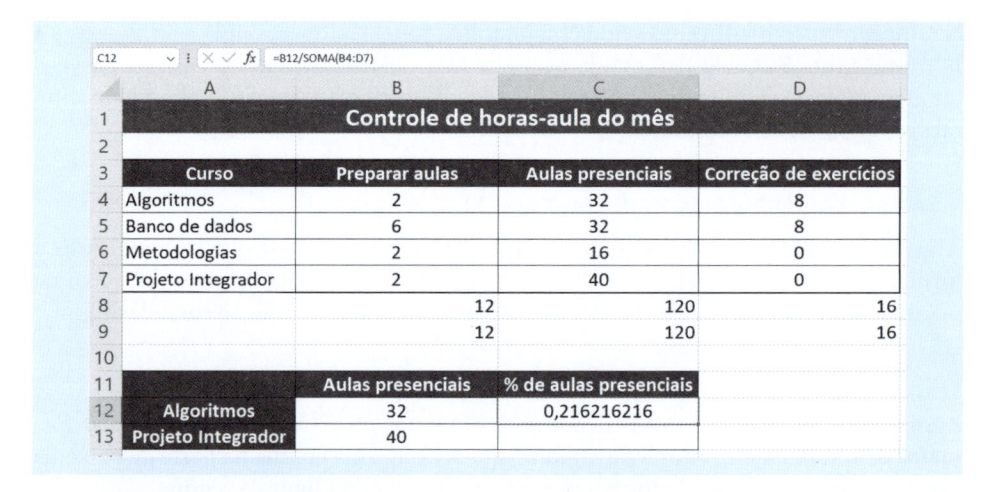

C12		fx	=B12/SOMA(B4:D7)	
	A	B	C	D
1	Controle de horas-aula do mês			
2				
3	Curso	Preparar aulas	Aulas presenciais	Correção de exercícios
4	Algoritmos	2	32	8
5	Banco de dados	6	32	8
6	Metodologias	2	16	0
7	Projeto Integrador	2	40	0
8			12	120	16
9			12	120	16
10				
11		Aulas presenciais	% de aulas presenciais	
12	Algoritmos	32	0,216216216	
13	Projeto Integrador	40		

4. Para visualizar o resultado em percentual, é necessário formatar o número; para isso, selecione a célula *C12*.

5. Na guia *Página Inicial*, no grupo *Número*, clique sobre o símbolo de porcentagem.

6. No mesmo grupo de comandos, utilize os botões *Aumentar Casas Decimais* ou *Diminuir Casas Decimais* para deixar o número com duas casas após a vírgula.

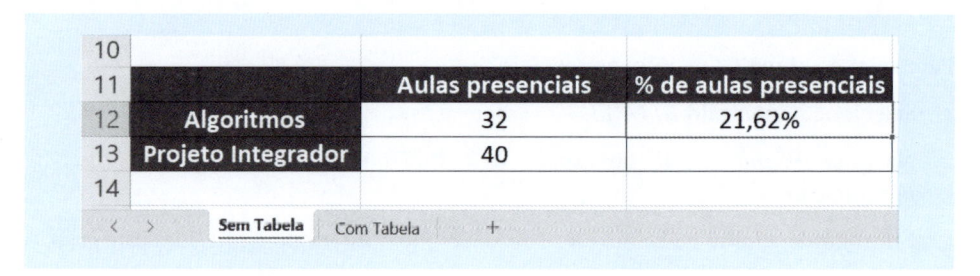

10			
11		Aulas presenciais	% de aulas presenciais
12	Algoritmos	32	21,62%
13	Projeto Integrador	40	
14			

Sem Tabela   Com Tabela   +

Referência relativa *versus* referência absoluta

Nem sempre o ajuste das fórmulas feito pelo Excel coincidirá com a maneira como queremos trabalhar. Nesse caso específico das porcentagens, vale a pena ter atenção aos cálculos.

Para criar o percentual de *Projeto Integrador*:

1. Selecione a célula *C12*.

2. Em seguida, use a alça de preenchimento para arrastar o cálculo até a célula *C13*.

	Aulas presenciais	% de aulas presenciais
10		
11	Aulas presenciais	% de aulas presenciais
12 Algoritmos	32	21,62%
13 Projeto Integrador	40	15,75%
14		

Atenção: se 32 horas-aula representam 21,62% do total, 40 horas-aula não podem representar apenas 15,75% do total de horas. O percentual para 40 horas deveria ser maior que o percentual para 32 horas. Há um erro no cálculo!

Uso de referência absoluta

Com o intuito de descobrir o que está errado no cálculo, devemos analisar as fórmulas criadas para cada uma das linhas:

1. Na guia *Fórmulas*, no grupo *Auditoria de Fórmulas*, clique em *Mostrar Fórmulas*.

		Aulas presenciais	% de aulas presenciais
10			
11		Aulas presenciais	% de aulas presenciais
12	Algoritmos	=C4	=B12/SOMA(B4:D7)
13	Projeto Integrador	=C7	=B13/SOMA(B5:D8)
14			

Observe: a função SOMA deveria ter o mesmo intervalo nas duas células (*B4:D7*), porém, no arraste da fórmula, o Excel entendeu que deveria deslocar a linha para +1. Isso acontece porque *B4:D7* é uma referência relativa.

2. Para transformar a referência em uma referência absoluta, é preciso adicionar $.
3. Na célula *C12*, digite =B12/SOMA($B$4:$D$7) (agora estamos usando uma referência absoluta).
4. Utilize a alça de preenchimento e arraste para a célula *C13*.

		Aulas presenciais	% de aulas presenciais
10			
11		Aulas presenciais	% de aulas presenciais
12	Algoritmos	=C4	=B12/SOMA($B$4:$D$7)
13	Projeto Integrador	=C7	=B13/SOMA($B$4:$D$7)
14			

5. Observe como o comportamento mudou e agora o Excel não alterou o intervalo de soma; contudo, a parte inicial da fórmula =B12 mudou para =B13 (porque corretamente foi usada uma referência relativa).

6. Para voltar a ver os valores, e não as fórmulas, clique em *Mostrar Fórmulas*.

	A	B	C	D
1		Controle de horas-aula do mês		
2				
3	Curso	Preparar aulas	Aulas presenciais	Correção de exercícios
4	Algoritmos	2	32	8
5	Banco de dados	6	32	8
6	Metodologias	2	16	0
7	Projeto Integrador	2	40	0
8		12	120	16
9		12	120	16
10				
11		Aulas presenciais	% de aulas presenciais	
12	Algoritmos	32	21,62%	
13	Projeto Integrador	40	27,03%	

> **Note:** o valor agora está certo, pois 27,03% é a relação correta entre a quantidade de horas do Projeto Integrador e o total de horas do mês.

TRABALHO COM TABELA

Vamos repetir as ações que realizamos neste capítulo, porém agora utilizando a segunda planilha, chamada *Com Tabela*. Nessa planilha, além de ter sido criada a estrutura de dados, foi utilizada a opção *Formatar como Tabela*.

Para usar a segunda planilha:

1. Clique na aba *Com Tabela*.

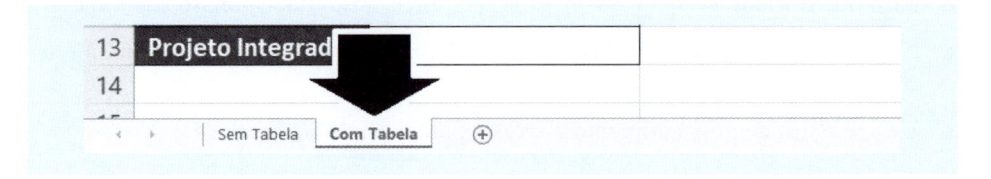

Uso de referências de tabelas

As planilhas que usam tabelas terão referências um pouco diferentes. Para termos certeza de que compreenderemos bem as referências, vale a pena alterar o nome da tabela para um mais amigável, como fizemos no capítulo anterior.

Para trocar o nome da tabela:

1. Clique sobre a tabela (neste caso, a tabela está apenas em *A3:D7*).
2. Na guia *Design da Tabela*, no grupo *Propriedades*, no campo *Nome da Tabela*, digite: *tbHorasMes*.
3. Tecle *Enter*.

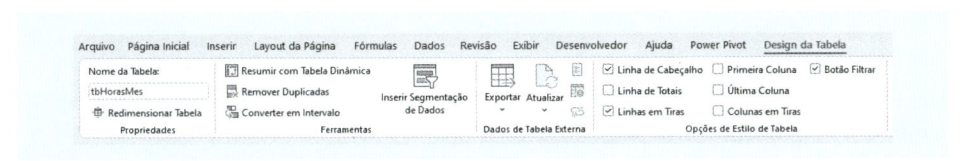

4. Para criar a primeira referência, na célula *B12*, digite =. Em seguida, clique na célula *C4*.
5. Em seguida, tecle *Enter*.

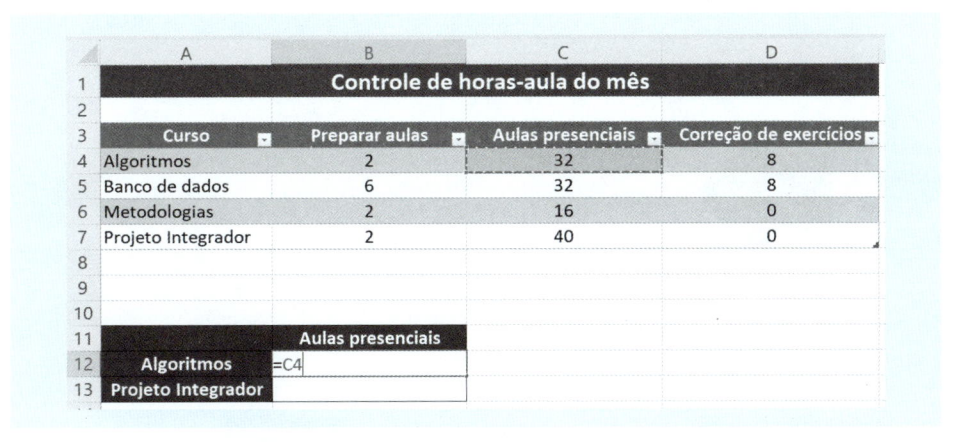

6. Observe que, neste caso, o Excel usou as referências relativas (não estruturadas).
7. Para entender a diferença, repita o procedimento na célula *F4*.
8. Na célula *F4*, digite =. Em seguida, clique na célula *C4*.

9. Perceba que, nessa condição (quando a referência está na mesma linha da célula da tabela), o Excel utilizará a referência estruturada; esse mesmo tipo de referência será utilizado nos exercícios seguintes.

10. Para finalizar, tecle *Esc* a fim de desfazer a referência criada na célula *F4* (por ora, essa referência não será utilizada).

11. Na célula *B13*, digite =C7 para completar as referências de *Aulas presenciais*.

Criação de soma com tabela

Um dos recursos interessantes de uma tabela é o de criação da linha de totais, mantendo uma separação entre os dados e os totais.

Para criar uma linha de totais:

1. Clique sobre alguma célula da tabela (entre *A3* e *D7*).
2. Na guia *Design da Tabela*, no grupo *Opções de Estilo de Tabela*, marque a opção *Linha de Totais*.

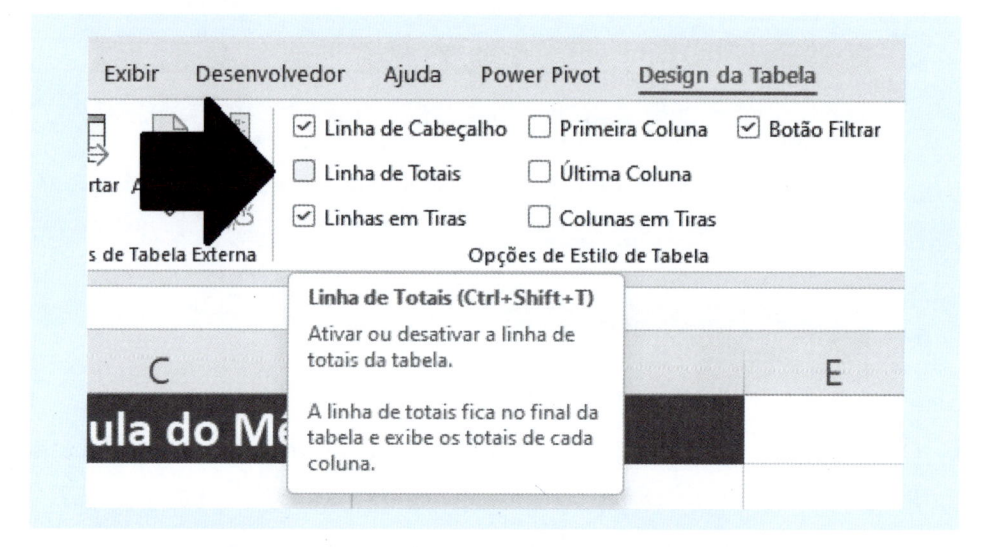

3. Para as células *B8*, *C8* e *D8*, escolha o tipo de função SOMA.
4. Observe que os valores são os mesmos obtidos com a função SOMA na planilha sem tabela.

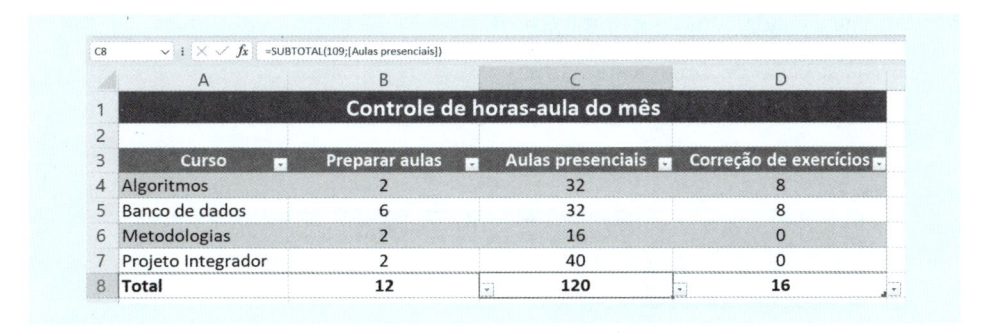

	A	B	C	D
	C8		fx =SUBTOTAL(109;[Aulas presenciais])	
1	Controle de horas-aula do mês			
2				
3	Curso	Preparar aulas	Aulas presenciais	Correção de exercícios
4	Algoritmos	2	32	8
5	Banco de dados	6	32	8
6	Metodologias	2	16	0
7	Projeto Integrador	2	40	0
8	Total	12	120	16

> **Importante:** embora o resultado seja o mesmo, a função utilizada é diferente (subtotal) e a referência adotada é uma referência estruturada, por causa da tabela.

5. Clique sobre a célula *C8* e observe a *Barra de Fórmulas*.

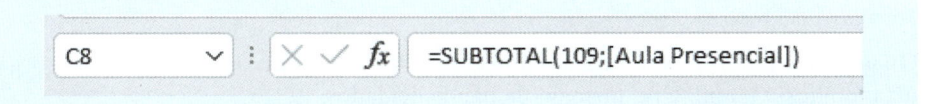

C8   fx   =SUBTOTAL(109;[Aula Presencial])

Porcentagens com tabela

Para finalizar essa planilha, vamos comparar as funções de porcentagem com e sem tabela.

Para criar a coluna de porcentagem:

1. Selecione o intervalo *B12:B14*.
2. Utilize o *Pincel de Formatação* para criar uma cópia dos formatos em *C12:C14*.

		Aulas presenciais	% de aulas presenciais
11			
12			
13	Algoritmos	32	
14	Projeto Integrador	40	
15			

3. Observe que, por ter sido criada a linha de totais, as linhas da tabela foram deslocadas uma linha para baixo.
4. Na célula *C13*, digite =B13/SOMA(e, em seguida, selecione o intervalo *B4:D7* para que o Excel complete a fórmula.
5. Depois de completar a fórmula, digite o parêntese final *)* e tecle *Enter*.

6. Formate a célula como porcentagem, %.
7. Corrija as casas decimais para 2 (duas casas).
8. Observe na célula que o valor é o mesmo da função criada sem tabela.

	Aulas presenciais	% de aulas presenciais
Algoritmos	32	21,62%
Projeto Integrador	40	

9. Agora, note na *Barra de Tarefas* que a fórmula está diferente da que fizemos na planilha anterior.

C13   =B13/SOMA(tbHorasMes[[Preparar aulas]:[Correção de exercícios]])

Formato de banco de dados

Quando utilizamos o recurso *Formatar como Tabela* ou *Inserir Tabela*, estamos organizando nossa planilha no formato de banco de dados.

Nesse formato, nossa planilha tem uma linha de rótulos de dados e, embaixo desse rótulo, dados de um mesmo tipo. Vamos analisar, como exemplo, a planilha trabalhada neste capítulo:

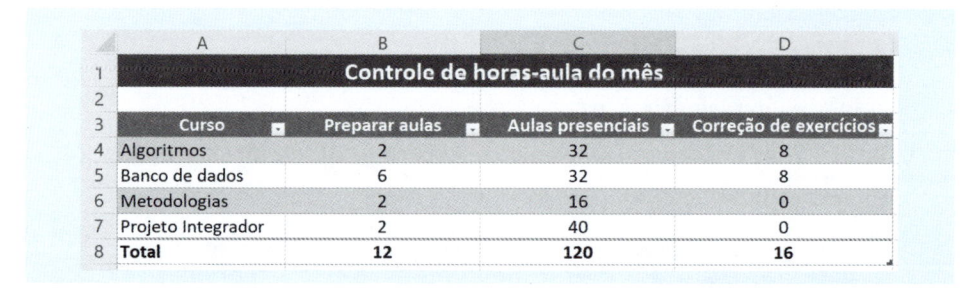

	A	B	C	D
1		Controle de horas-aula do mês		
2				
3	Curso	Preparar aulas	Aulas presenciais	Correção de exercícios
4	Algoritmos	2	32	8
5	Banco de dados	6	32	8
6	Metodologias	2	16	0
7	Projeto Integrador	2	40	0
8	Total	12	120	16

A linha 3 é nossa linha de rótulos de dados. Considerando a coluna A, temos o rótulo *Curso*. Todos os dados que estão nessa coluna (ou seja, abaixo do rótulo) são dados de *Curso*. Para cada coluna, teremos um rótulo na primeira linha e, logo abaixo, dados referentes a esse rótulo. Exclui-se dessa regra a linha de totais quando formatamos como tabela, porque o Excel consegue identificar que essa é uma linha a mais.

Esse simples formato, quando mantido por toda a tabela, pode ser considerado o formato de banco de dados.

Compreensão das referências estruturadas

Pelo fato de o formato de banco de dados ser organizado e previsível, o Excel consegue compreender os dados melhor que em um formato desorganizado. Observe que, na fórmula, em vez das referências às células, as referências são feitas aos rótulos de dados.

`C13    fx   =B13/SOMA(tbHorasMes[[Preparar aulas]:[Correção de exercícios]])`

Na função SOMA:

- *tbHorasMes* = nome da tabela onde estão os dados.
- *[Preparar aulas]* = rótulo da primeira coluna que será somada.
- *[Correção de exercícios]* = rótulo da última coluna que será somada.
- *[Preparar aulas]:[Correção de exercícios]* = intervalo de colunas a serem somadas.

Agora, observe que, quando usarmos a alça de preenchimento, teremos um resultado correto sem precisar travar as células a fim de criar referências absolutas.

Para criar a fórmula de *Projeto Integrador*:

1. Clique na célula *C13*.
2. Clicando na alça de preenchimento, arraste até a célula *C14*.

	Aulas presenciais	% de aulas presenciais
Algoritmos	32	21,62%
Projeto Integrador	40	27,03%

3. Note que a fórmula e, portanto, também o resultado já estão corretos!

Usar ou não usar tabela?

Usar ou não o recurso de tabela é uma dúvida de vários usuários de Excel. O que a experiência do dia a dia tem mostrado é que, para usuários iniciantes, a tabela pode trazer algumas dificuldades. Desse modo, se ainda houver dúvidas ou se há outras pessoas com pouca experiência em Excel que usarão sua planilha, vale a pena pensar bem antes de começar a adotar esse recurso. A principal dificuldade dos usuários costuma ser entender as referências estruturadas.

Exercícios resolvidos

Como este capítulo contém um conjunto de conhecimentos-chave para o desenvolvimento de boas planilhas, vamos trabalhar com uma seção especial chamada "Exercícios resolvidos" antes da seção "Exercícios propostos", adotada nos demais capítulos. Aqui, veremos alguns conceitos adicionais para o uso de cálculos em Excel, em um formato de exercício e resposta.

Para executar os exercícios resolvidos, utilize a mesma planilha trabalhada neste capítulo. Caso prefira recorrer à planilha já com todos os passos executados até este ponto do capítulo, abra o arquivo "Excel – Capítulo 3 – Cálculos em uma planilha – Resolvido".

Exercício 1 – Apenas uma linha de totais

Ao longo do capítulo, foram criadas duas linhas de totais na planilha *Sem Tabela*: uma usando a fórmula =B4+B5+B6+B7 na linha 8 e outra usando a função =SOMA(B4:B7) na linha 9. Embora as duas estejam corretas, vamos manter apenas a da função SOMA:

1. Selecione a linha 8 inteira, clicando com o mouse no rótulo da linha.
2. Com o botão direito do mouse, abra o *Menu de contexto*.
3. Em seguida, clique em *Excluir*.

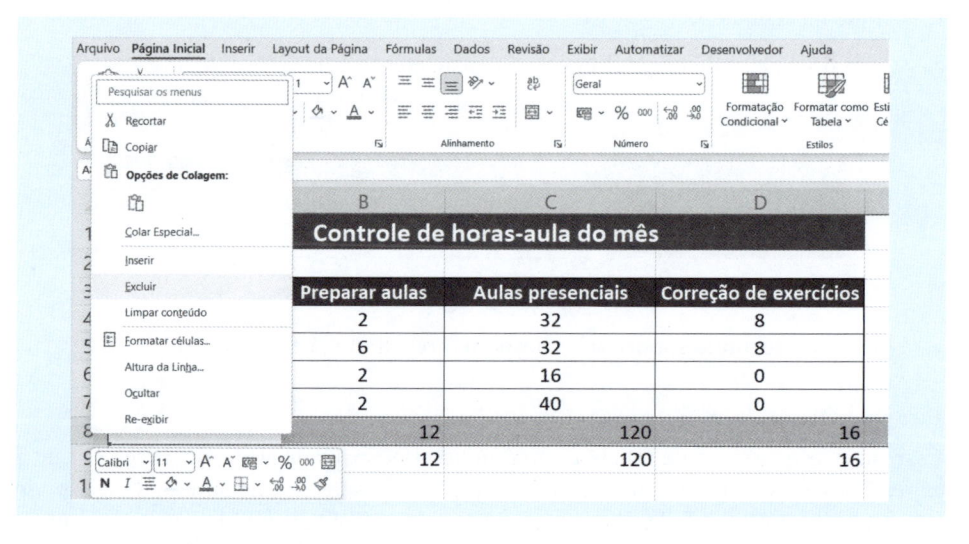

4. Observe que, mesmo ao excluir uma linha, a função permanece correta.

Exercício 2 – Alterar a função SOMA para MÉDIA

O Excel possui centenas de funções que nos ajudam no dia a dia. É muito difícil que alguém conheça todas essas funções, por isso há uma ajuda para quando temos certeza de qual é a função ou de quais são os parâmetros de uma função. Substitua a função SOMA pela função MÉDIA usando a caixa de diálogo *Inserir Função*.

1. Selecione a célula *B8*.
2. Apague todo o seu conteúdo (pressione *Delete*).
3. Na guia *Fórmulas*, clique em *Inserir Função*.
4. No campo *Procure por uma função:*, digite *Média*.
5. Tecle *Enter* ou clique em *Ir*.

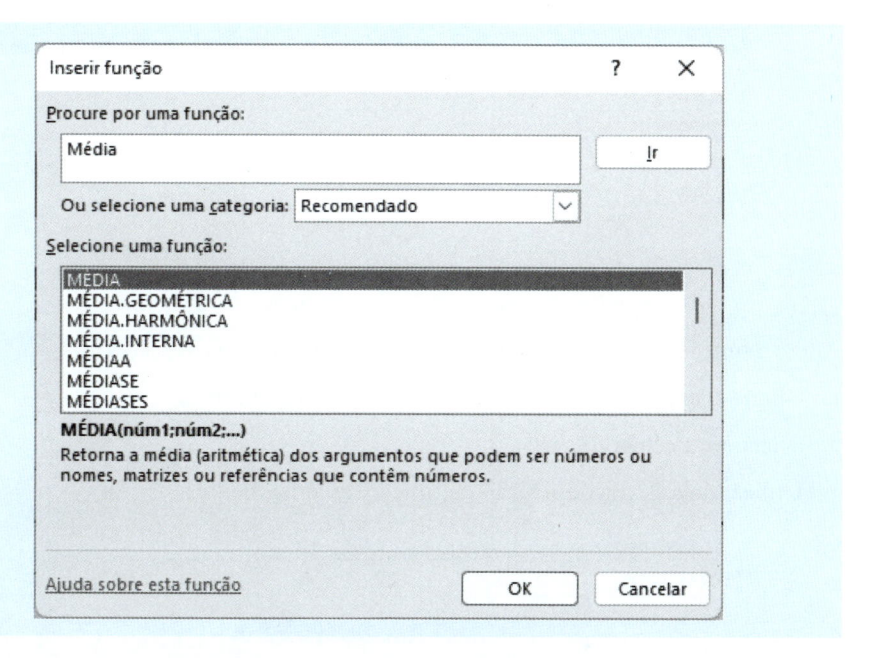

6. Clique duas vezes sobre *Média* ou clique em *OK*.
7. Observe que, na caixa de diálogo seguinte, já temos uma sugestão de intervalo como parâmetro.

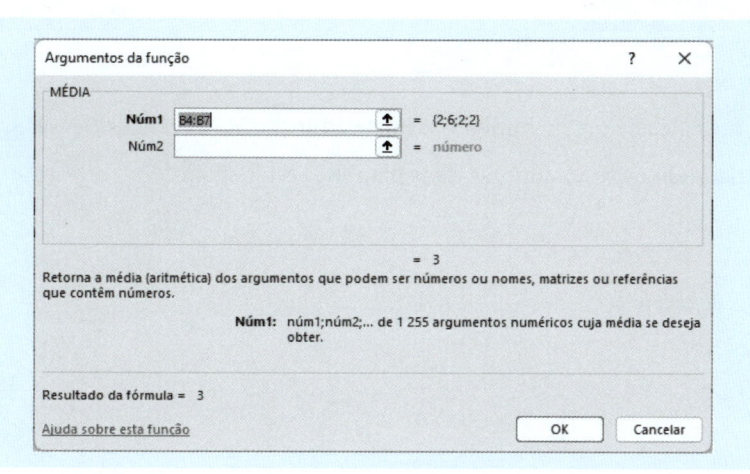

8. Como o intervalo sugerido já está correto, tecle *Enter* ou clique em *OK*.
9. Usando a alça de preenchimento, arraste a função até as células *C8* e *D8*.

	A	B	C	D
1		Controle de horas-aula do mês		
2				
3	Curso	Preparar aulas	Aulas presenciais	Correção de exercícios
4	Algoritmos	2	32	8
5	Banco de dados	6	32	8
6	Metodologias	2	16	0
7	Projeto Integrador	2	40	0
8		3	30	4
9				

B8 =MÉDIA(B4:B7)

Exercício 3 – Alterar a função na planilha Com Tabela

Altere a função SOMA para MÉDIA também na planilha *Com Tabela*.

1. Clique sobre a aba *Com Tabela* nos nomes das planilhas.
2. Selecione a célula *B8*.
3. Utilizando a flecha de seleção de função, escolha *Média*.

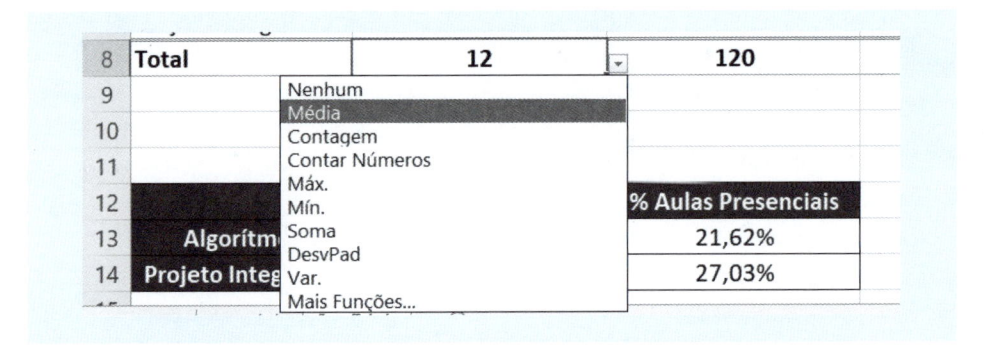

8	Total		12		120
9		Nenhum			
10		Média			
11		Contagem			
12		Contar Números			% Aulas Presenciais
13		Máx.			
14	Algorítm	Mín.			21,62%
	Projeto Integ	Soma			27,03%
		DesvPad			
		Var.			
		Mais Funções...			

4. Usando a alça de preenchimento, arraste a função até as células *C8* e *D8*.
5. Comparando os resultados, as duas planilhas estão iguais!

	A	B	C	D
1		Controle de horas-aula do mês		
2				
3	Curso	Preparar aulas	Aulas presenciais	Correção de exercícios
4	Algoritmos	2	32	8
5	Banco de dados	6	32	8
6	Metodologias	2	16	0
7	Projeto Integrador	2	40	0
8		3	30	4

	A	B	C	D
1		Controle de horas-aula do mês		
2				
3	Curso	Preparar aulas	Aulas presenciais	Correção de exercícios
4	Algoritmos	2	32	8
5	Banco de dados	6	32	8
6	Metodologias	2	16	0
7	Projeto Integrador	2	40	0
8	**Total**	3	30	4

Exercícios propostos

(Resolução no final do livro)

Para resolver os exercícios propostos, abra o documento: "Excel – Capítulo 3 – Exercícios propostos" (ao salvá-lo, note que há outro documento com o nome "Excel – Capítulo 3 – Exercícios propostos – **Resolvido**").

Exercício 1 – Criação da soma de votos

Utilizando o cálculo que lhe parecer mais adequado, crie uma soma de todos os votos na célula *B12*.

Exercício 2 – Percentual dos votos

Calcule o percentual dos votos em relação ao total na coluna C.

Anotações

4
Impressão

OBJETIVOS

» Compreender os modos de visualização

» Aprender a configurar uma planilha para impressão

» Aprender a trabalhar com cabeçalho e rodapé

Para acompanhar os exemplos didáticos do capítulo, use o documento: "Excel – Capítulo 4 – Impressão".

Este capítulo mostrará os principais conhecimentos necessários quando for preciso imprimir uma planilha. Utilizaremos uma planilha que já possui um gráfico, que aprenderemos a fazer no próximo capítulo.

Modos de visualização

Assim como vimos no Word, o aplicativo de planilhas também possui diferentes modos de visualização, que permitem organizar o trabalho de maneiras distintas. Contudo, o modo normal é o mais amplamente usado na maioria das vezes que trabalhamos com Excel.

Trocando o modo de visualização:

1. Na guia *Exibir*, no grupo *Modos de Exibição de Pasta de Trabalho*, escolha o modo *Visualização da Quebra de Página*.

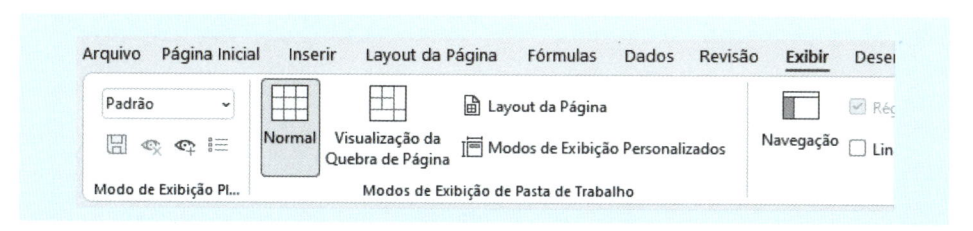

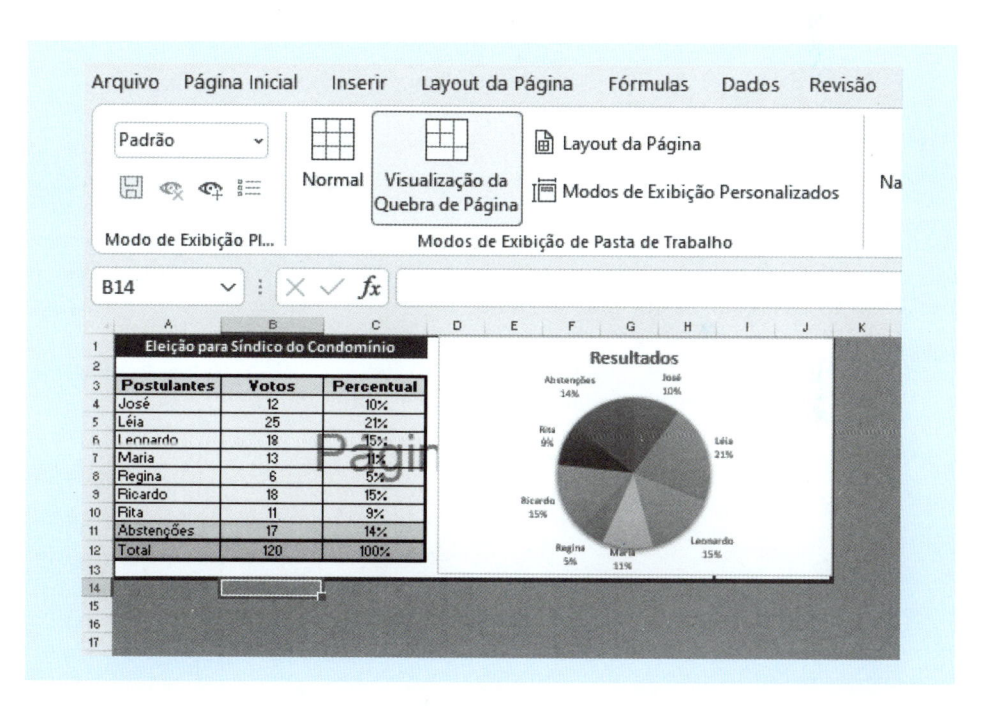

Visualização da Quebra da Página

Observe que esse modo de visualização troca o zoom que estamos adotando na planilha para um formato bem mais amplo, no qual é possível ter uma visão geral da planilha e a organização dessa planilha dividida por página.

Layout da Página

Diferentemente do modo anterior, o *Layout da Página* mostra em detalhes como a planilha ficará ao ser impressa com as configurações atuais. Trocando para o modo de layout, temos:

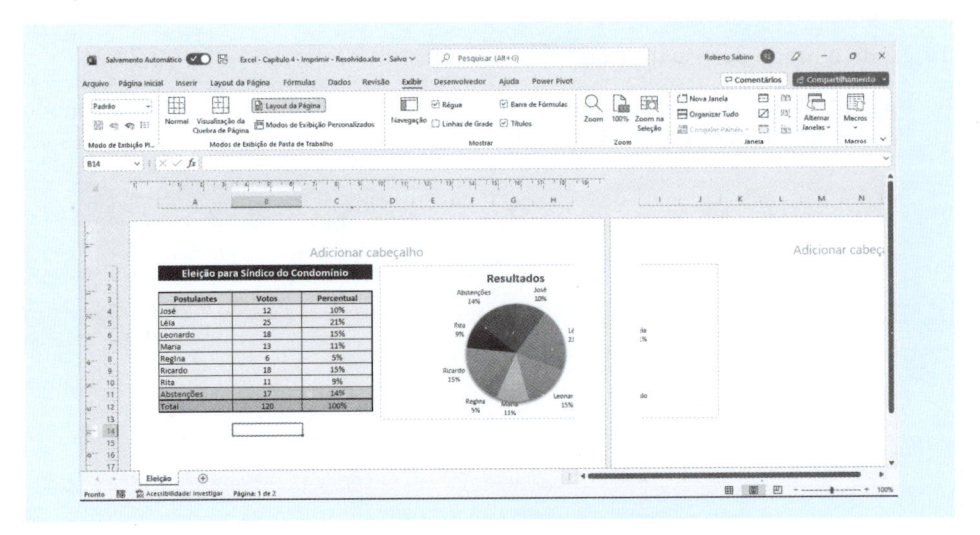

Configuração da impressão

Assim como ressaltamos no Capítulo 4 da Seção 2, devemos evitar ao máximo imprimir documentos. Porém, no caso de extrema necessidade de fazer uma impressão, o Excel tem alguns recursos que podem ajudar.

Para configurar a impressão:

1. Na guia *Arquivo*, no menu da lateral esquerda, escolha *Imprimir*.

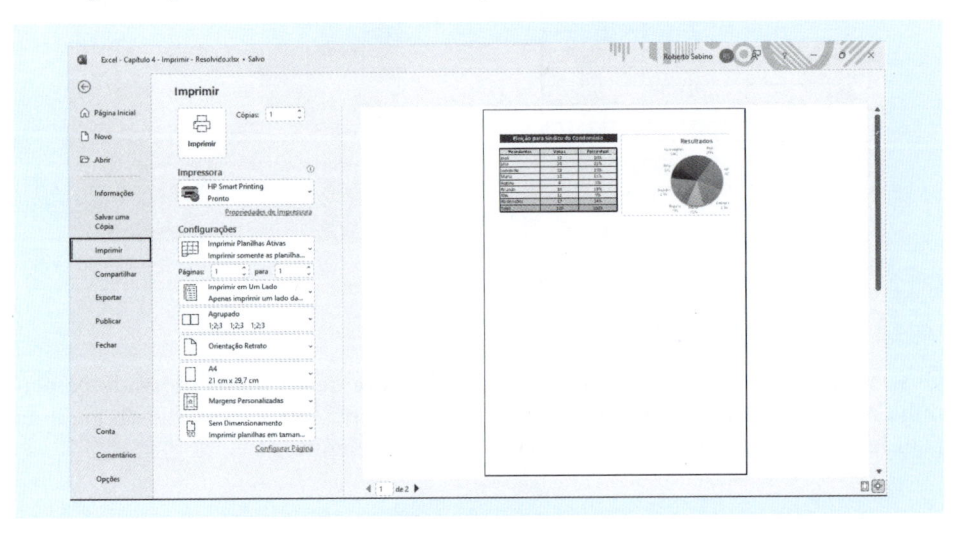

2. Observe que essa página de configuração é bem parecida com a que usamos no Word, porém com algumas opções específicas do Excel.

3. Veja, na parte inferior, que temos duas páginas nessa planilha.

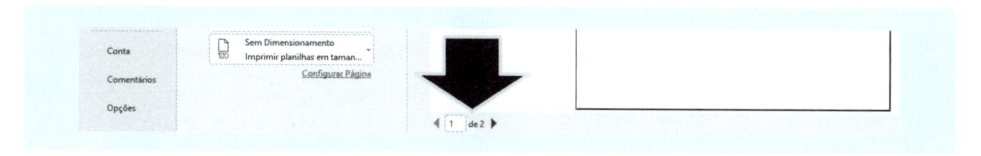

4. Para colocar a planilha toda em uma mesma página, temos diferentes opções.

Impressão de planilhas com mais de uma página

Antes de imprimir, observe sempre se sua planilha ocupa mais de uma página e se é possível ajustá-la para diminuir o número de páginas. Com o intuito de reduzir a quantidade de páginas, podemos:

- **Trocar a orientação de retrato para paisagem:** a orientação da visualização define se a página está em pé (retrato) ou deitada (paisagem). As planilhas costumam acomodar-se melhor no formato paisagem, a menos que haja muitas linhas e poucas colunas. Para trocar a orientação:

1. Na página de configuração chamada *Imprimir*, na opção *Orientação Retrato*, troque para *Orientação Paisagem*.

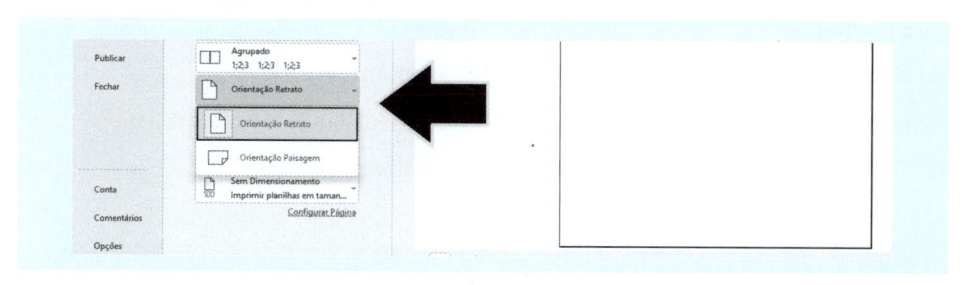

- **Ajustar para uma página:** além da orientação, também é possível definir que a planilha caiba em um número específico de páginas, e isso redefinirá o tamanho da impressão. Esse recurso pode ser usado tanto para retrato quanto para paisagem. Para trocar a quantidade de páginas:

1. Na página de configuração chamada *Imprimir*, clique na opção *Configurar Página*.

2. Na caixa de diálogo que se abrir, escolha a quantidade de páginas.

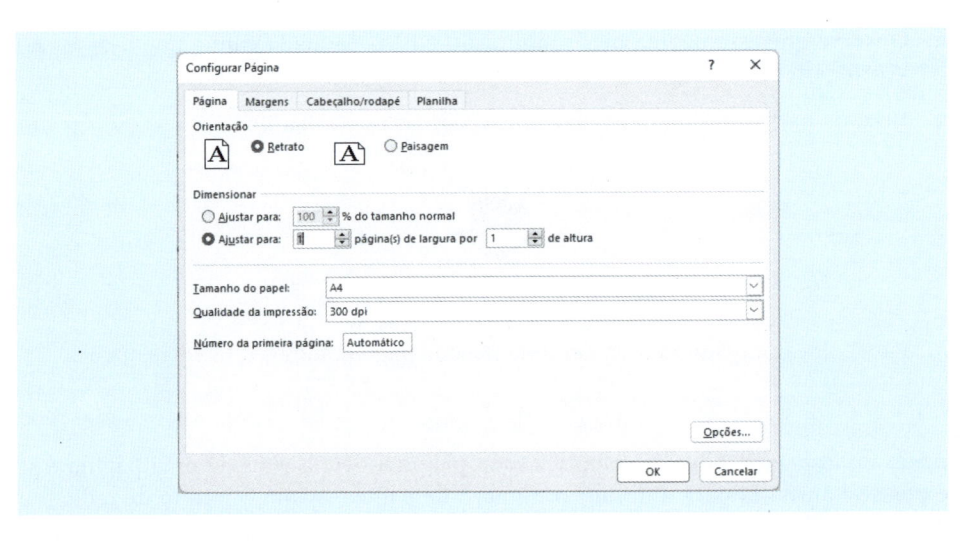

- **Ajustar em percentual:** na mesma opção da configuração anterior, ainda é possível ajustar a planilha para que fique maior ou menor na impressão a partir de um valor em porcentagem. Deve-se utilizar o mesmo caminho da opção anterior, mas com ajuste no campo *Ajustar para X% do tamanho normal*.

Ajuste de margens

As margens definem qual é a distância das bordas da folha de papel para a planilha. Para ajustá-las:

1. Na caixa de diálogo *Configurar Página*, escolha *Margens*.
2. Em seguida, defina as margens desejadas para cada lado da folha de papel.
3. Também é possível centralizar a planilha na folha.

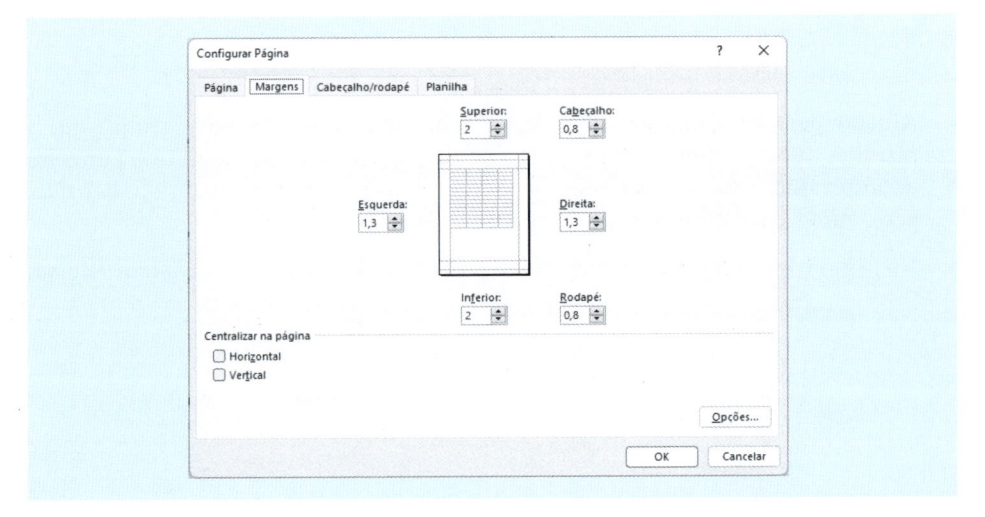

Inclusão de cabeçalho e rodapé

Caso seja necessário incluir informações específicas nas margens da folha de papel, é possível usar o recurso de cabeçalho e rodapé. Para configurá-lo:

1. Na caixa de diálogo *Configurar Página*, escolha *Cabeçalho/rodapé*.
2. Em seguida, selecione as informações que deseja incluir em cada uma das seções.

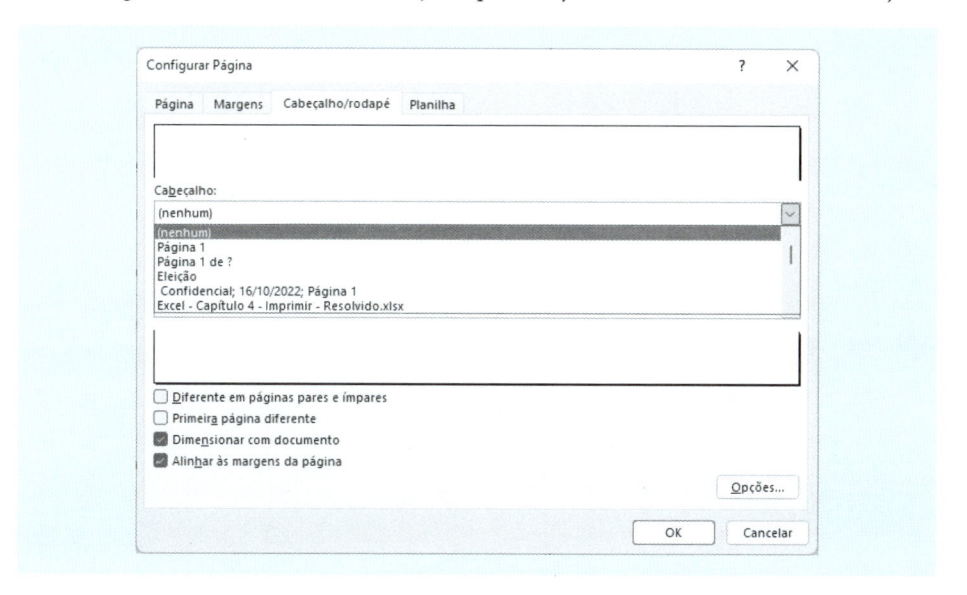

Exercícios propostos

(Resolução no final do livro)

Para resolver os exercícios propostos, utilize a mesma planilha com a qual trabalhamos neste capítulo, "Excel – Capítulo 4 – Impressão" (ao salvá-la, note que já há outra planilha com o nome "Excel – Capítulo 4 – Impressão – **Resolvido**").

Exercício 1 – Ajuste da planilha para o modo paisagem

Ajuste a configuração de impressão da planilha para que fique na orientação paisagem.

Exercício 2 – Redução da planilha a uma página

Depois da configuração de orientação, verifique se a planilha está ocupando mais de uma página. Caso esteja, reduza-a para apenas uma página; se não estiver, passe ao próximo exercício.

Exercício 3 – Inclusão de cabeçalho e rodapé

Inclua um cabeçalho com o nome da pasta de trabalho e um rodapé com o número da página em relação à quantidade total de páginas.

Anotações

5
Gráficos

OBJETIVOS

» Aprender a usar gráficos para mostrar informações

» Compreender as vantagens de usar informações visuais

» Conhecer diferentes tipos de gráficos

» Visualizar alguns possíveis layouts de gráficos

Para acompanhar os exemplos didáticos do capítulo, use o documento: "Excel – Capítulo 5 – Gráficos".

Neste capítulo, observaremos diferentes maneiras de representar dados visualmente e as vantagens de usar esses recursos.

Inserção de gráficos

Partindo de uma planilha semelhante àquela com a qual trabalhamos no Capítulo 3, referente às eleições para síndico, vamos criar gráficos para descobrir de que forma a apresentação visual dos dados pode nos ajudar a compreender as informações.

Seleção dos dados

Assim como a formatação, a seleção de dados a serem utilizados pode ser muito importante quando vamos criar gráficos. Para inserir o primeiro gráfico:

1. Abra a pasta de trabalho "Excel – Capítulo 5 – Gráficos.xlsx".
2. Na planilha *Eleição*, selecione o intervalo *A3:B12*.

	A	B	C
1	Eleição para Síndico do Condomínio		
2			
3	Postulantes	Votos	Percentual
4	José	12	10%
5	Léia	25	21%
6	Leonardo	18	15%
7	Maria	13	11%
8	Regina	6	5%
9	Ricardo	18	15%
10	Rita	11	9%
11	Abstenções	17	14%
12	Total	120	100%

3. Na guia *Inserir*, clique em *Gráficos Recomendados*.
4. Observe que a caixa de diálogo *Inserir Gráfico* é aberta com a aba *Gráficos Recomendados* selecionada.
5. Nessa aba, é possível ver os gráficos que apontam as melhores probabilidades para os dados selecionados.

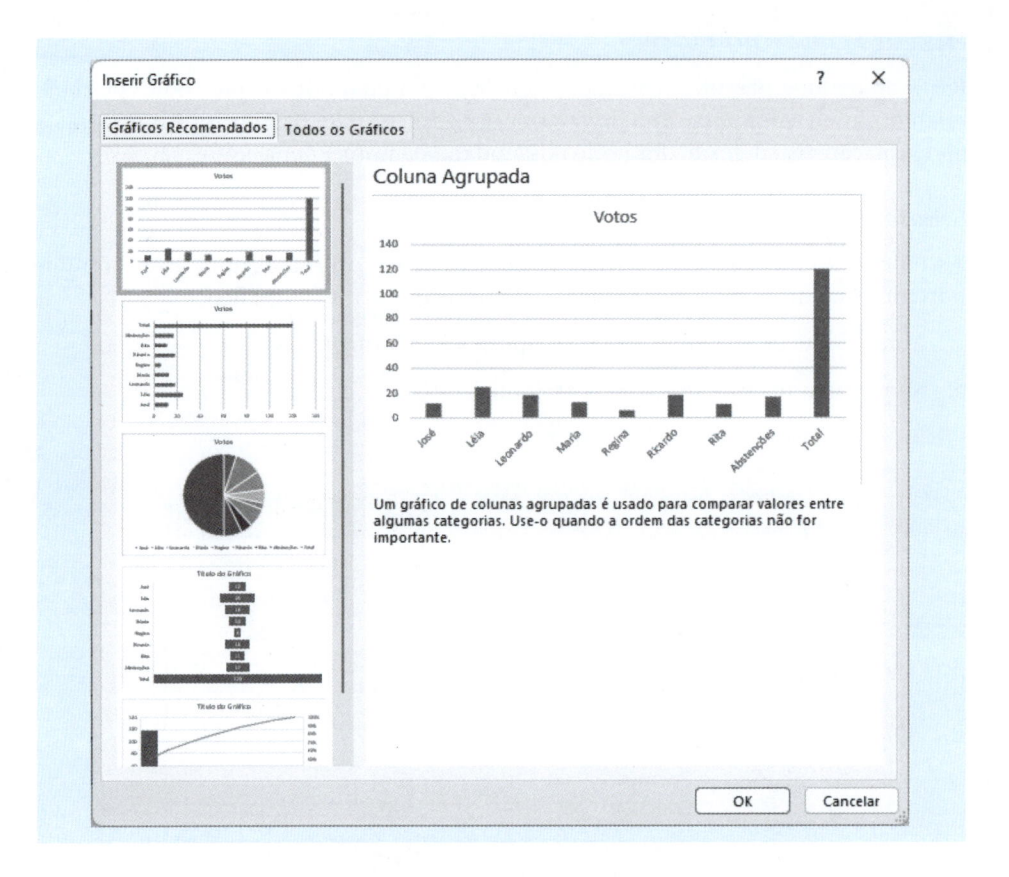

Gráficos recomendados

A aba de gráficos recomendados apresenta, na lateral esquerda, cada um dos tipos de gráfico mais adequados aos dados selecionados. Ao lado direito, é possível ver um exemplo de como ficará o gráfico, já considerando os dados selecionados (ou, algumas vezes, parte deles). Abaixo do exemplo, podemos ver uma descrição do modelo de gráfico e que tipo de informação ele mostra.

Ao selecionar outras opções na lateral esquerda, o exemplo de gráfico e a descrição são atualizados para ajudar a escolher a melhor opção para nosso caso.

Para analisar outros tipos de gráficos:

1. Analise o gráfico *Coluna Agrupada*.
2. Em seguida, clique sobre o gráfico abaixo, *Barras Agrupadas*.
3. Analise o gráfico e, em seguida, clique sobre o próximo.
4. O gráfico de pizza parece mais adequado.
5. Clique em *OK*.

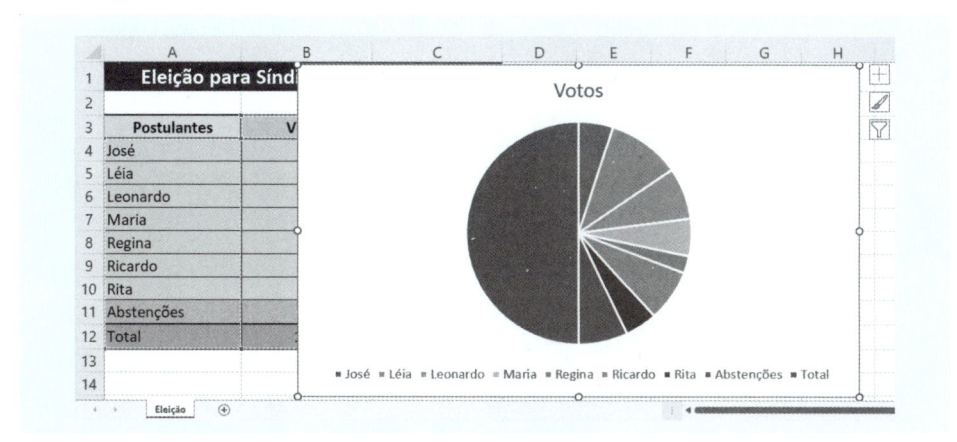

O gráfico, por padrão, é inserido como um objeto sobre a planilha. Podemos observar que o gráfico da imagem anterior está mal posicionado, pois encobre parte dos dados da planilha. Observe também que os dados apresentados são incompreensíveis, já que selecionamos o total de votos, e isso está distorcendo as informações do gráfico.

Como um gráfico de pizza já mostra a relação entre cada parte e o total, não é necessário selecionar a célula *B12*. Vamos excluir o gráfico e rever as opções recomendadas ao novo intervalo.

Para excluir o gráfico:

1. Selecione o gráfico.
2. Tecle *Delete*.
3. Selecione o novo intervalo, *A3:B11* (sem o total).

	A	B	C
1	Eleição para Síndico do Condomínio		
2			
3	Postulantes	Votos	Percentual
4	José	12	10%
5	Léia	25	21%
6	Leonardo	18	15%
7	Maria	13	11%
8	Regina	6	5%
9	Ricardo	18	15%
10	Rita	11	9%
11	Abstenções	17	14%
12	Total	120	100%

4. Observe que o fato de mudar o intervalo pode alterar totalmente o gráfico.
5. Na guia *Inserir Gráfico*, clique em *Gráficos Recomendados*.

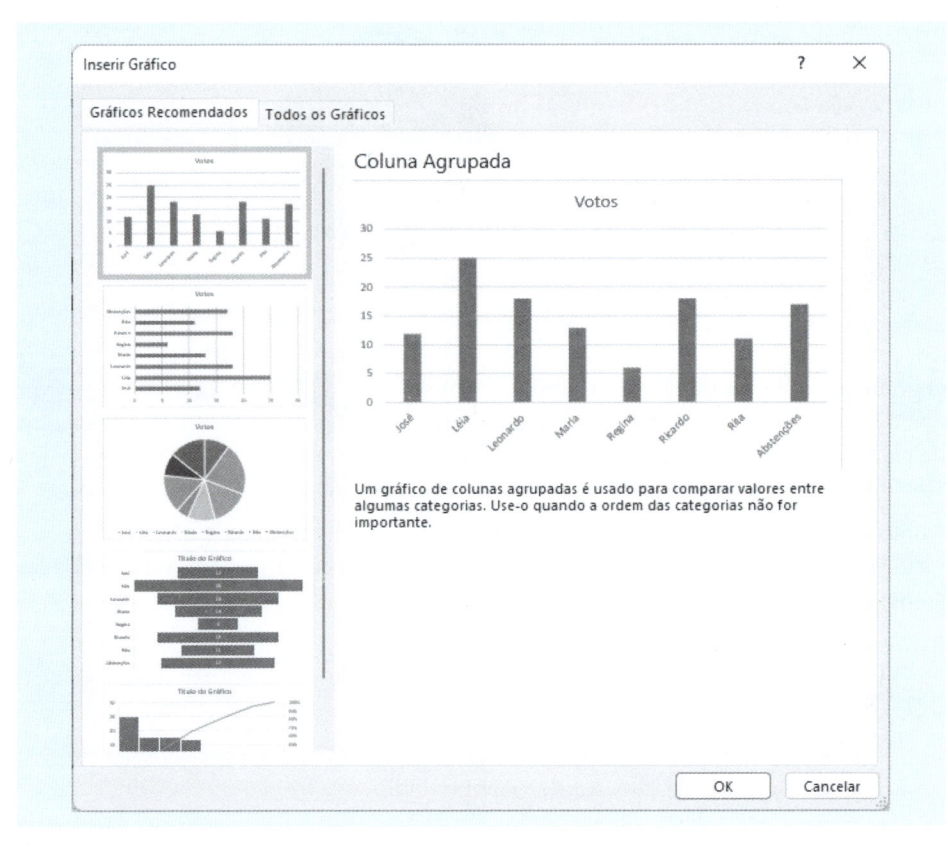

6. Escolha o gráfico *Coluna Agrupada*.
7. Clique em *OK*.

Redimensionando o gráfico

Quando selecionamos um gráfico, aparecem nove pequenos círculos nas bordas (nos cantos, nas laterais, em cima e embaixo). Esses pontos podem ser usados para redimensioná-lo. Passando o mouse por cima do gráfico, o ponteiro se torna uma cruz com quatro setas apontando para quatro direções. Sabendo disso, vamos reposicionar e redimensionar a figura:

1. Selecione o gráfico.
2. Arraste o gráfico para reposicioná-lo logo após a coluna C.
3. Em seguida, redimensione o gráfico como na imagem a seguir.

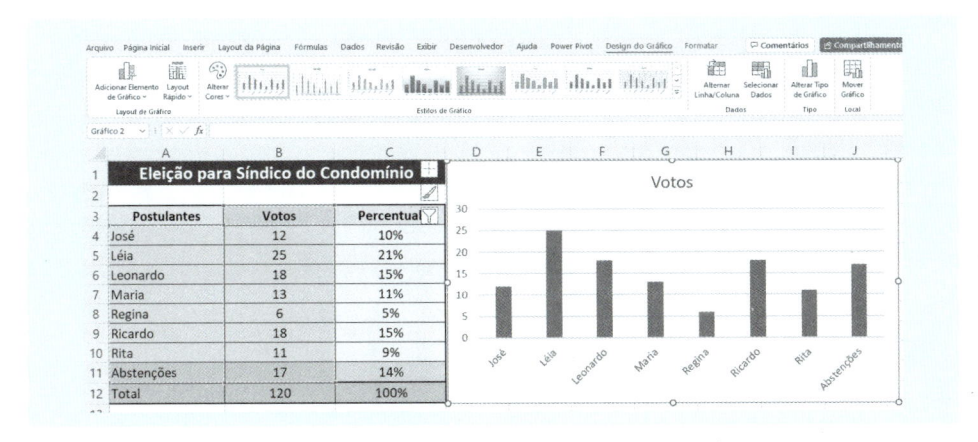

4. Observe que, dessa forma, é possível ver os dados na planilha e no gráfico.

Gráfico como nova planilha

Ao selecionar um gráfico, aparecem duas novas guias: *Design do Gráfico* e *Formatar*. Nessas duas guias, encontraremos uma série de funcionalidades para aplicar em nossos gráficos.

Vamos criar o gráfico separado como uma nova planilha:

1. Selecione o gráfico.
2. Na guia *Design do Gráfico*, no grupo *Local*, clique em *Mover Gráfico*.
3. Na caixa de diálogo, escolha *Nova planilha*.
4. Nomeie a nova planilha como *Resultados*.

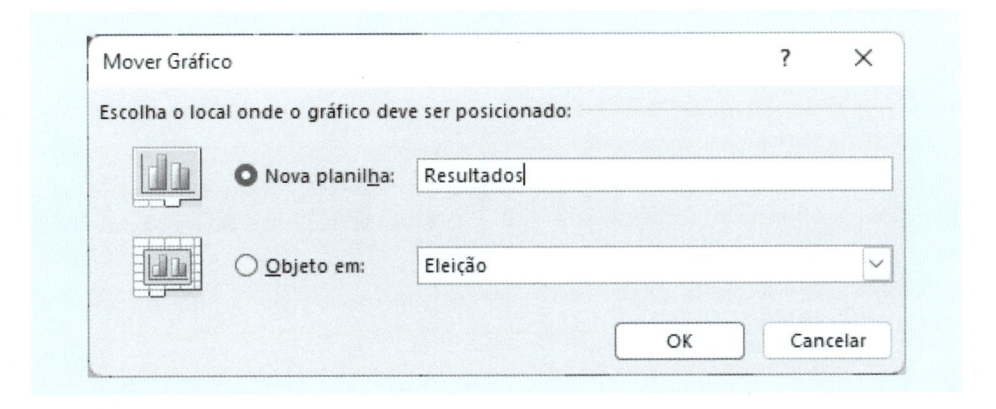

5. Clique em *OK*.

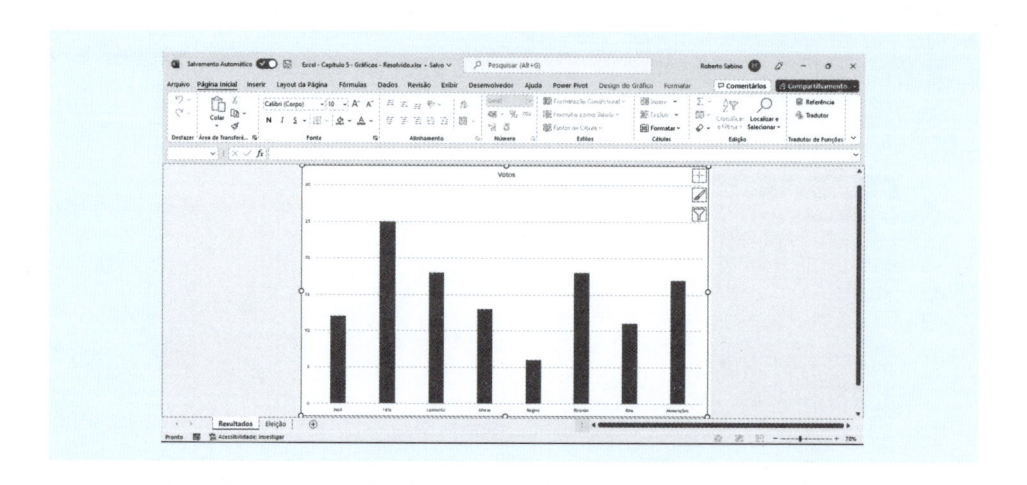

Alteração do tipo de gráfico

Observando os diferentes gráficos, você pode chegar à conclusão de que determinado tipo atende melhor às informações que você deseja representar. Em nosso caso, provavelmente o gráfico de pizza mostra os dados de uma forma mais clara.

Para usar a guia *Design do Gráfico* para alterar o tipo de gráfico:

1. Selecione o gráfico.
2. Na guia *Design do Gráfico*, no grupo *Tipo*, selecione *Alterar Tipo de Gráfico*.

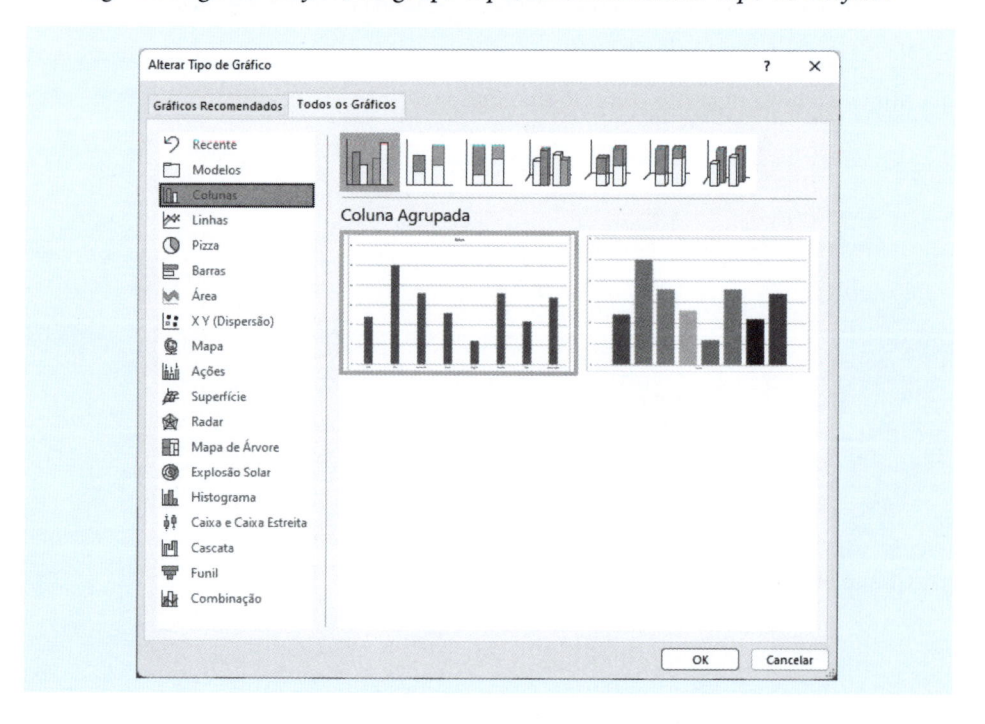

> **Note:** a caixa de diálogo *Alterar Tipo de Gráfico* é a mesma de *Gráficos Recomendados*, que usamos para inserir o gráfico. Inclusive, é possível ver a aba de gráficos recomendados.

3. Na lateral esquerda, escolha o tipo de gráfico *Pizza*.
4. Nas opções de gráfico à direita, escolha *Pizza 3D*.

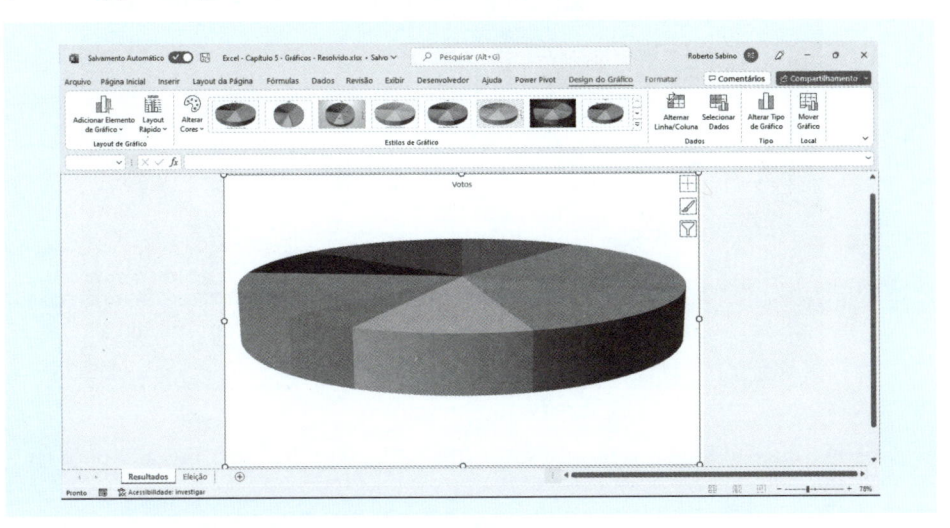

Formatação de gráficos

Formatar um gráfico pode ser uma tarefa muito simples ou muito complexa – depende de que tipo de ajuste necessitamos fazer. Sempre que possível, prefira recorrer a *Estilos de Gráfico* e *Layout Rápido* para não perder muito tempo com detalhes que podem não ser muito importantes.

Seguindo essa dica, não utilizaremos a guia *Formatar*, na qual estão os comandos de formatação mais específicos. Vamos usar apenas a guia *Design do Gráfico*.

Estilos de gráfico

Os estilos são conjuntos de formatos já definidos que podem ajudar a criar uma formatação mais harmoniosa de maneira rápida. Para alterar o estilo:

1. Selecione o gráfico.
2. Na guia *Design do Gráfico*, no grupo *Estilos de Gráfico*, abra as opções de estilos.

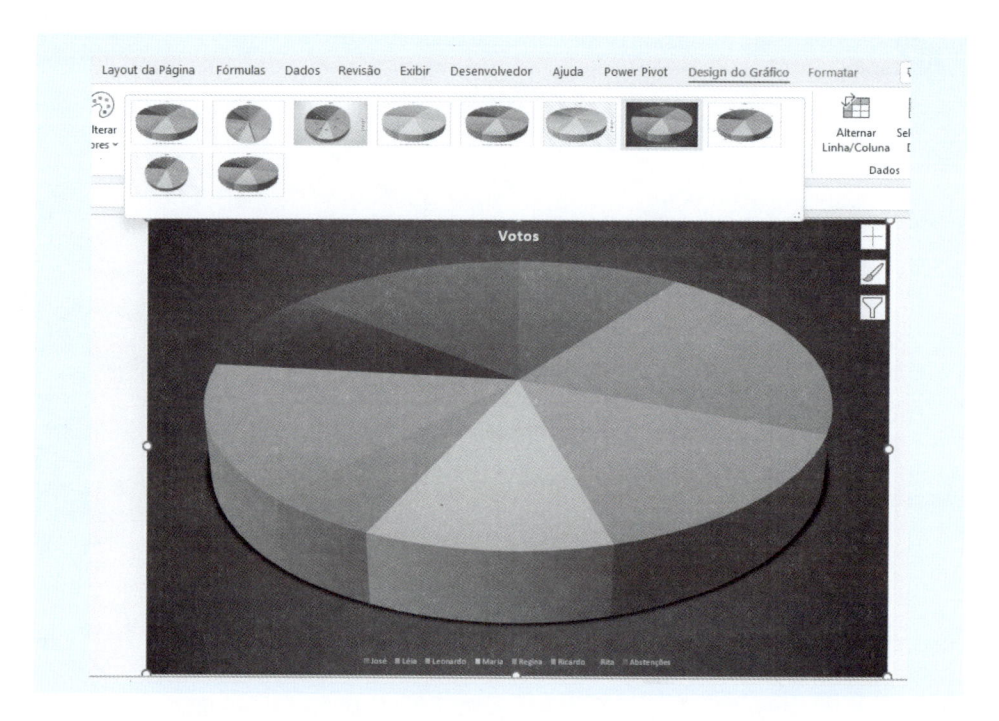

3. Observe que, ao passar o mouse sobre um estilo, o gráfico já é alterado para facilitar a visualização.

4. Para escolher um estilo, clique sobre ele.

5. Para o exemplo trabalhado, escolha o *Estilo 7*.

Layout rápido

Um layout rápido é um conjunto de elementos do gráfico combinados de maneira a facilitar o entendimento dos dados. Diferentemente do estilo, o layout muda a estrutura do gráfico, alterando como os dados são mostrados, acrescentando ou retirando legenda, rótulos de dados, linhas de grade, etc.

Para alterar o layout:

1. Selecione o gráfico.

2. Na guia *Design do Gráfico*, no grupo *Layout de Gráfico*, abra as opções em *Layout Rápido*.

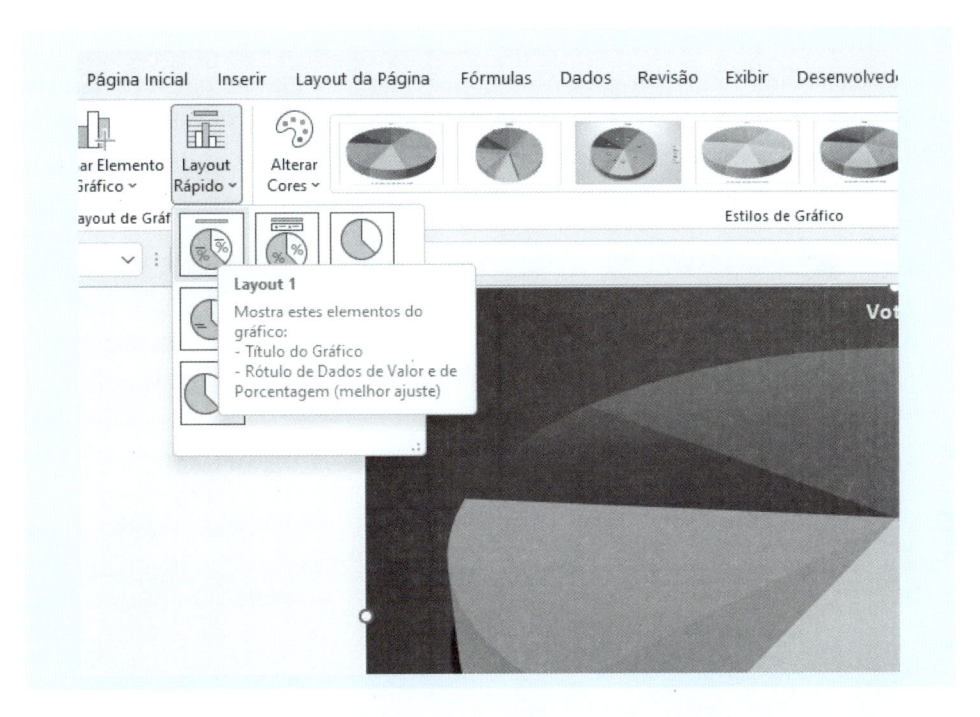

3. Escolha o *Layout 1*.
4. Observe que apenas esses dois recursos já são suficientes para um gráfico bem organizado.

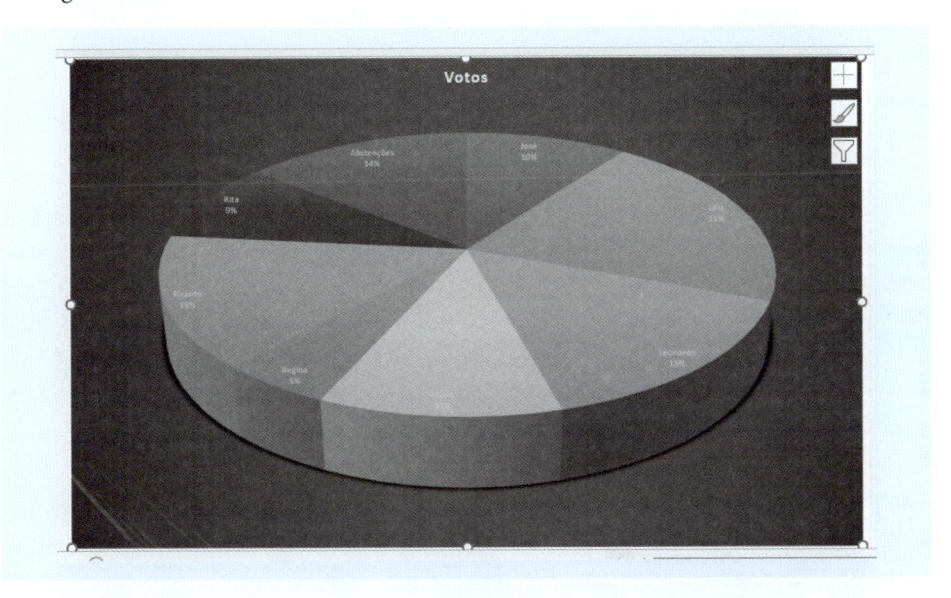

5. Repare também, no entanto, que os rótulos não estão facilmente visíveis.

Formatos com Página Inicial

Alguns elementos do gráfico podem ser configurados até mesmo por meio dos comandos da *Página Inicial*. Os rótulos dos dados, por exemplo, podem ser ajustados com as configurações de fonte. Para acertar os rótulos:

1. Clique sobre os rótulos de dados, de modo que todos fiquem selecionados.

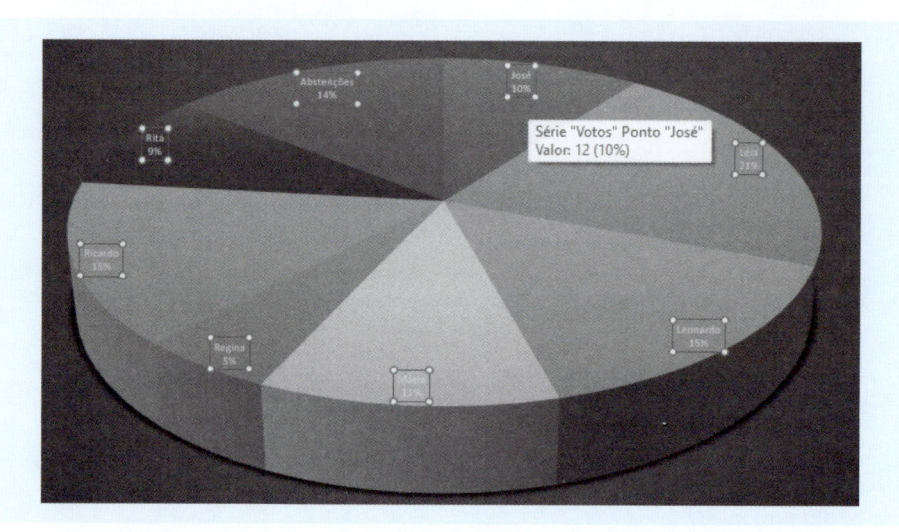

2. Na guia *Página Inicial*, no grupo *Fonte*, ajuste o tamanho da fonte para *16*.
3. Aplique negrito.
4. Troque a cor da fonte para amarelo.

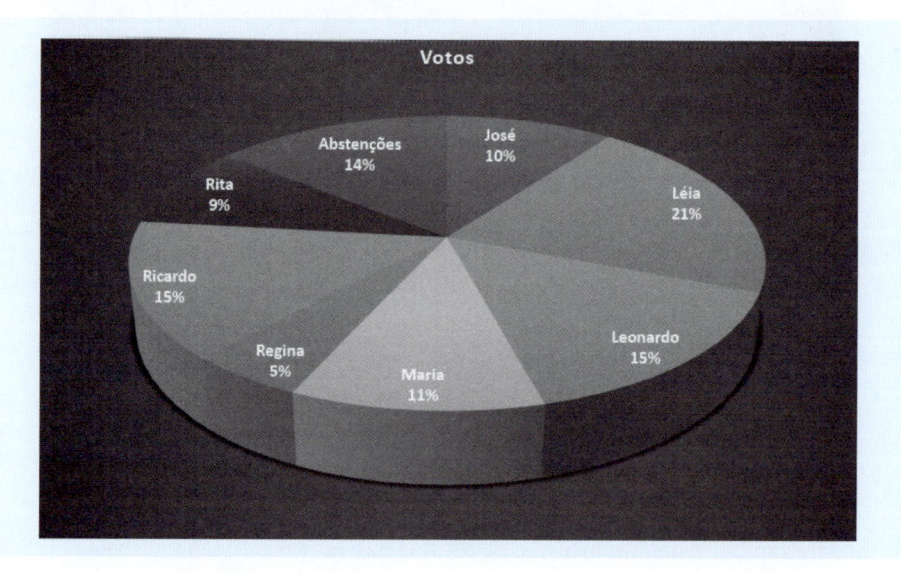

Exercícios propostos

(Resolução no final do livro)

Para resolver os exercícios propostos, utilize a planilha "Excel – Capítulo 5 – Exercícios propostos" (ao salvá-la, note que já há outra planilha com o nome "Excel – Capítulo 5 – Exercícios propostos – **Resolvido**").

Exercício 1 – Criação de um gráfico de barras agrupadas

Crie um gráfico que mostre a quantidade de horas empregadas para cada um dos cursos, dividindo em barras agrupadas a quantidade de cada etapa (*Preparar aulas, Aulas presenciais* e *Correção de exercícios*). Coloque o gráfico como uma nova planilha.

Exercício 2 – Criação de um gráfico de pizza

Crie um gráfico no formato de pizza que mostre o percentual de cada um dos cursos (considerando apenas a etapa *Aulas presenciais*).

Anotações

6

Excel on-line (nuvem)

OBJETIVOS

» Reforçar o conceito de aplicativos em nuvem

» Visualizar as diferenças entre o Excel desktop e o Excel on-line

» Aprender a editar uma planilha on-line

» Reforçar as vantagens do trabalho em nuvem

Para acompanhar os exemplos didáticos do capítulo, use a planilha: "Excel – Capítulo 6 – Planilhas em nuvem".

Neste capítulo, reforçaremos um dos conceitos mais importantes do Microsoft 365, que é a possibilidade de usar aplicativos e arquivos em nuvem.

Utilização de aplicativos e arquivos em nuvem

Os conceitos gerais que vimos no Capítulo 5 da Seção 2, se aplicam também ao Excel, mas, neste capítulo, daremos enfoque a aspectos específicos desse aplicativo.

OneDrive com Microsoft 365

Para aplicar o que será apresentado aqui, vale lembrar que é necessário subir a planilha de exemplo no OneDrive. Embora outros serviços de arquivos em nuvem possam ser utilizados, pode acontecer de algum dos recursos que vamos empregar não estar disponível.

Excel on-line versus planilhas on-line

O uso de planilhas on-line pode ser feito tanto por meio do Excel desktop (instalado em sua máquina) quanto por meio do Excel on-line (utilizado pelo navegador web). A diferença é que o Excel on-line trabalhará exclusivamente com planilhas on-line. Você pode acessar o Excel on-line pelo link: https://microsoft365.com/.

Lembre-se de que, para ter acesso ao aplicativo on-line, é preciso utilizar um endereço de e-mail que esteja vinculado a uma conta Microsoft. Caso você não disponha dessa conta, basta clicar na opção *Inscreva-se para obter a versão gratuita do Microsoft 365*.

Salvamento automático e compartilhamento

O trabalho colaborativo (quando duas ou mais pessoas editam um mesmo arquivo ao mesmo tempo) é a grande vantagem de hospedar planilhas na nuvem, mas, para que essa forma de trabalho seja possível, é necessário acionar o *Salvamento Automático*. Isso significa que, a cada alteração, a planilha será atualizada on-line e, dessa forma, todos os envolvidos terão a versão mais atual.

Diferenças entre o on-line e o aplicativo desktop

Entrando no Excel on-line, já observamos algumas diferenças um pouco mais marcantes em relação à versão desktop, principalmente se comparamos com o caso do Word. Isso acontece porque o Excel é um aplicativo um pouco mais complexo e mais rico em comandos e funções.

- Excel desktop (versão instalada no computador):

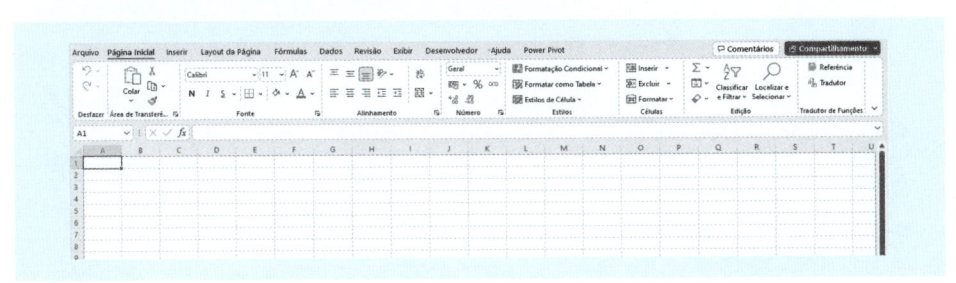

- Excel on-line (versão usada no navegador web):

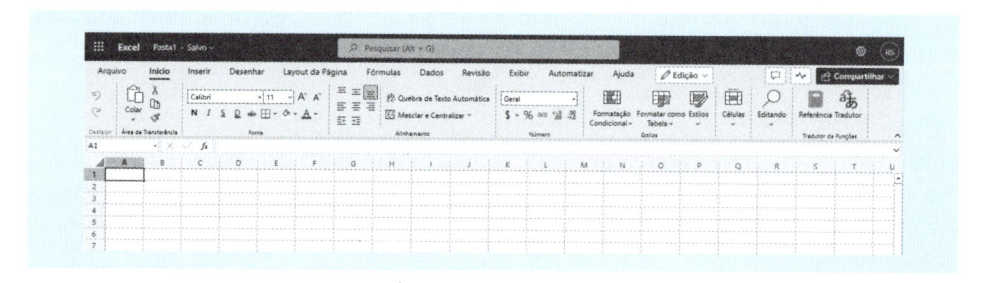

Como o Excel instalado no computador disponibiliza muito mais funcionalidades, é possível que algumas das ações que executamos até agora com a versão desktop não sejam aplicáveis na versão on-line.

Edição de planilhas on-line

Para iniciar a edição de uma planilha on-line, vamos abrir a planilha deste capítulo, mas essa planilha deve estar em uma pasta no OneDrive.

Para abrir a planilha no Excel on-line:

1. Abra o Microsoft 365 on-line no link: https://www.microsoft365.com/.
2. Na página inicial, localize o arquivo no OneDrive.

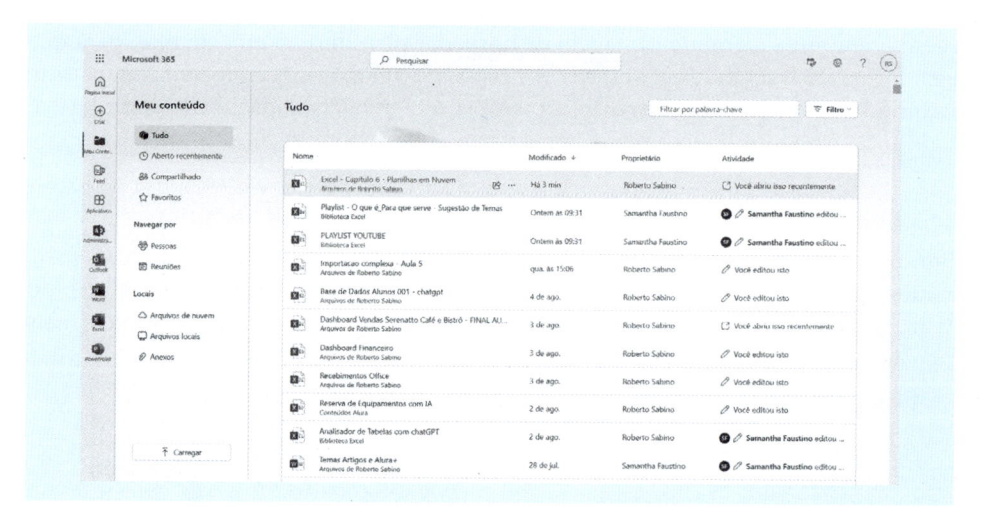

3. Clique sobre o arquivo "Excel – Capítulo 6 – Planilhas em nuvem".

4. Com os conhecimentos já adquiridos sobre Excel, formate a linha 8, como na figura a seguir:

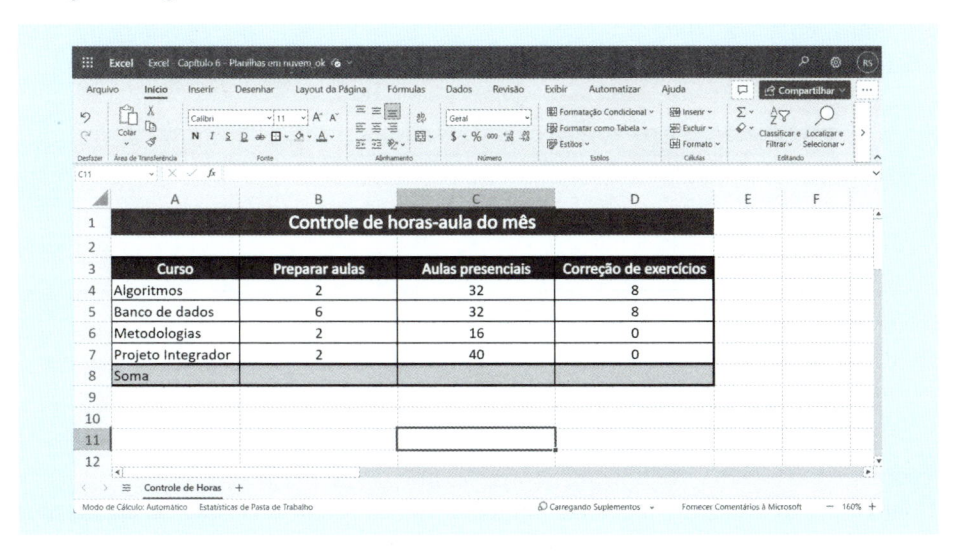

5. Note que, até aqui, o trabalho no Excel on-line é exatamente igual ao trabalho na versão desktop.
6. Selecione a célula *B8*.
7. Na guia *Fórmulas*, clique na função *AutoSoma*.

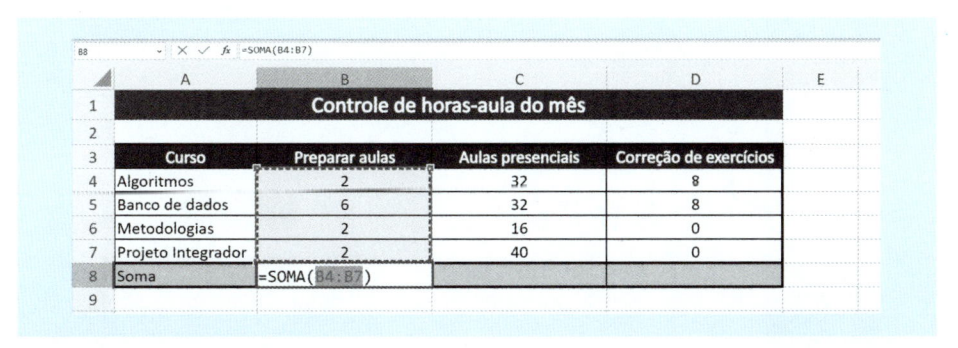

8. Tecle *Enter* para finalizar a soma.

9. Utilize a alça de preenchimento para criar uma soma nas células *C8* e *D8*.

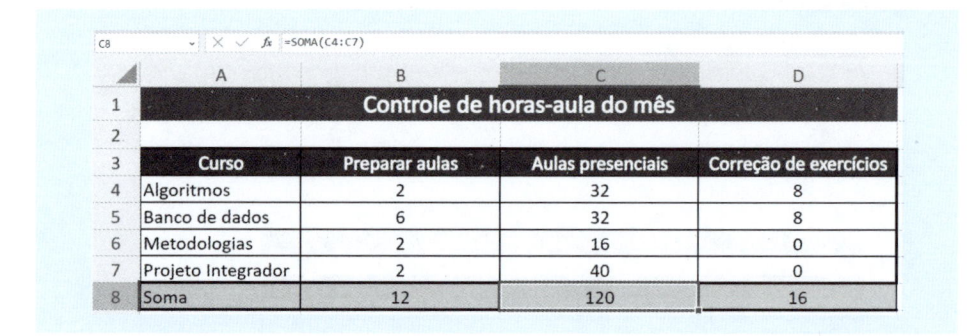

	A	B	C	D
1	Controle de horas-aula do mês			
2				
3	Curso	Preparar aulas	Aulas presenciais	Correção de exercícios
4	Algoritmos	2	32	8
5	Banco de dados	6	32	8
6	Metodologias	2	16	0
7	Projeto Integrador	2	40	0
8	Soma	12	120	16

10. Perceba que não é necessário salvar, já que cada novo avanço é gravado automaticamente.

Versões do documento

Como todos os avanços são gravados automaticamente, é possível que em alguns momentos seja necessário buscar versões anteriores de determinada planilha.

Para buscar versões de uma planilha:

1. No Excel on-line, clique na guia *Arquivo*.
2. No menu lateral esquerdo, clique em *Informações*.

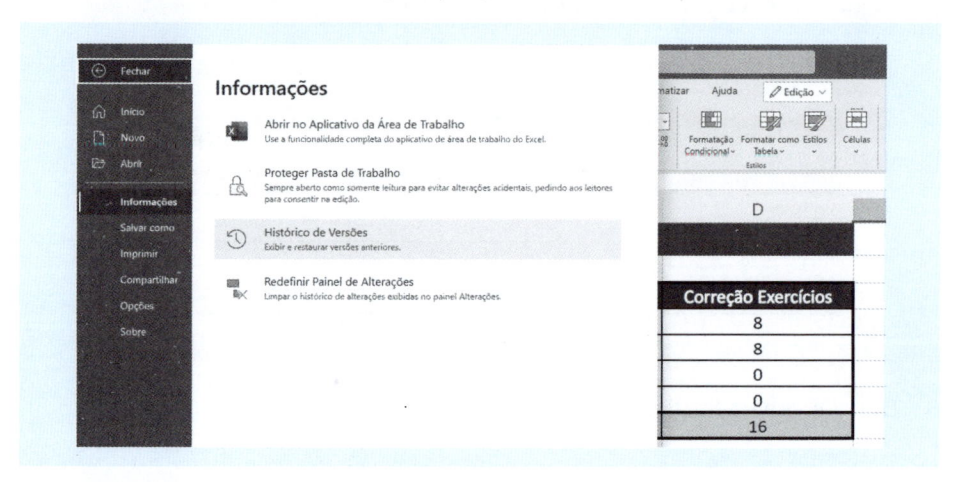

3. Em seguida, clique em *Histórico de Versões*.
4. A tela seguinte deve mostrar, ao lado direito, uma lista de versões do documento.
5. Deve haver pelo menos duas versões, a inicial e a alterada com a linha de totais (atual).

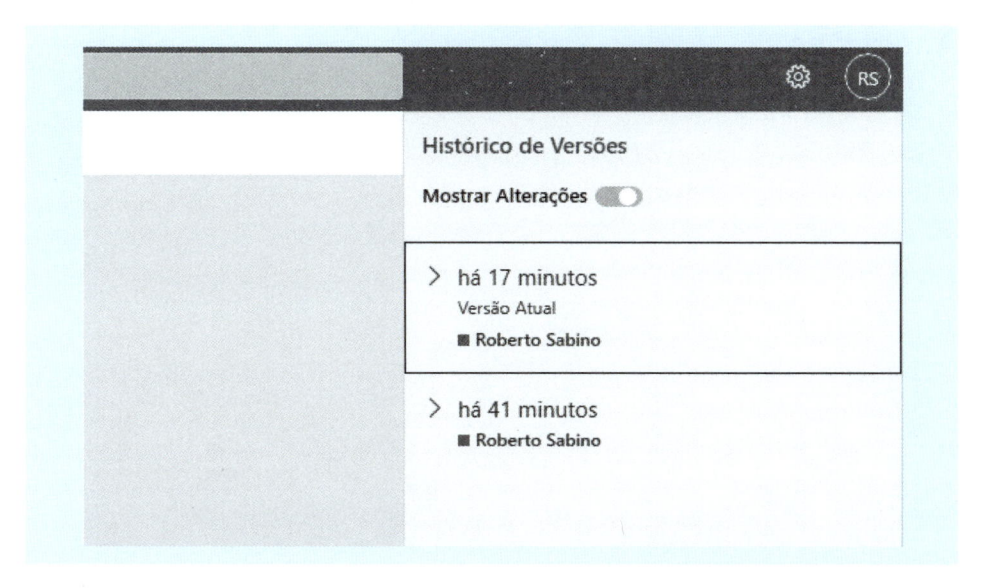

6. Ao clicar em cada uma das linhas, é possível ver como estava o arquivo até a respectiva versão.

7. Também é possível *Restaurar* ou *Salvar uma cópia*; porém, você pode simplesmente *Voltar para documento*.

8. No canto superior esquerdo, clique em *Voltar para documento*.

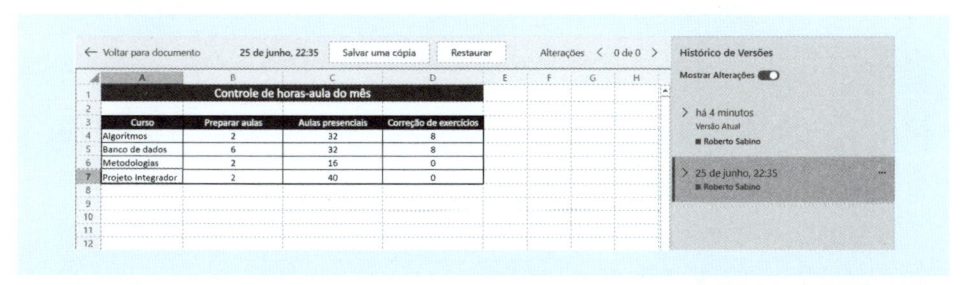

Muitas das funcionalidades são exatamente iguais nas duas versões do Excel. Ainda, é importante destacar que é possível usar uma versão gratuita do Excel on-line apenas acessando-o com uma conta Microsoft qualquer.

Anotações

# Seção 4
PowerPoint 365

1

Primeiros passos

OBJETIVOS

» Conhecer o PowerPoint 365
» Entender o formato de apresentação
» Aprender a utilizar um arquivo .pptx
» Conhecer os modelos de apresentação do PowerPoint

Depois de aprender um pouco sobre o editor de textos e o editor de planilhas, vamos entender como usar o editor de apresentações.

Introdução ao PowerPoint 365

O nome deste aplicativo é composto por duas partes. "Point", palavra em inglês que significa "ponto", é a parte do nome que alude a "um ponto relevante a ser considerado" ou "temos um ponto para apresentar". Com o acréscimo do termo "power", palavra em inglês que significa "poder", o nome do aplicativo remete a transformar um argumento (ou um ponto) em algo poderoso.

Veremos que muito da estrutura do aplicativo, como utilização de modelos, mecanismos de gravação e leitura de arquivos, entre outros recursos, é bastante semelhante ao que encontramos no Word e no Excel. Contudo, sua finalidade é bem específica: montar apresentações.

Agora que já conhecemos outros aplicativos do Microsoft 365, a tela inicial do PowerPoint será bem familiar. Os arquivos criados nele, no entanto, são apresentações de slides e têm no nome a extensão *.pptx*.

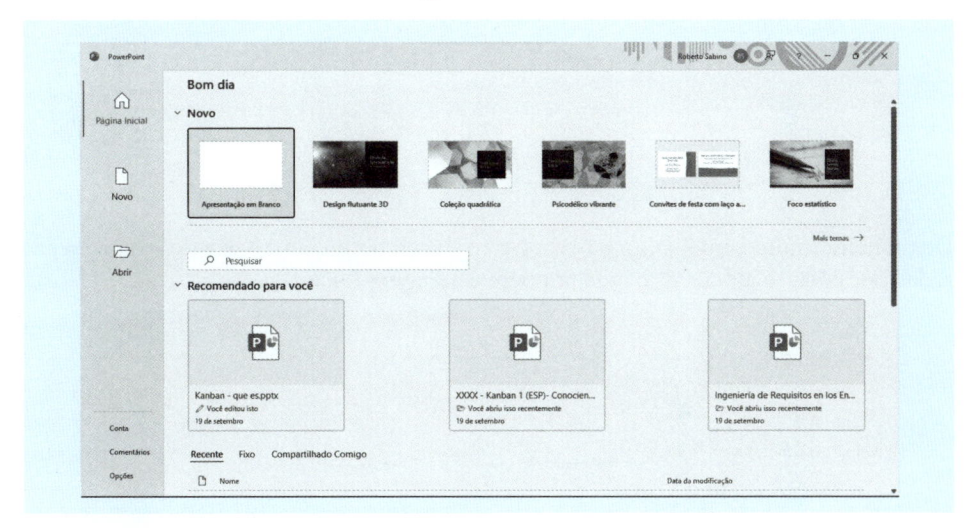

Para que serve uma apresentação de slides?

Muito utilizada por professores, palestrantes, consultores e conferencistas, uma apresentação de slides é um apoio audiovisual para apresentar ou ensinar um assunto a uma audiência. Mas esse é um recurso que pode ser usado por qualquer tipo de profissional no momento de expor resultados de um projeto, mostrar os números de um estudo ou pesquisa, ou mesmo de tentar vender um produto, entre outras tantas opções.

Criando uma apresentação em branco

Para começarmos a entender o PowerPoint, vamos criar uma apresentação em branco (no canto superior esquerdo da tela, na seção *Novo*).

Quando iniciamos uma apresentação em branco, estamos dizendo ao PowerPoint que não temos nada começado, tampouco um modelo a ser seguido para o que vamos criar.

A tela vai aparecer assim:

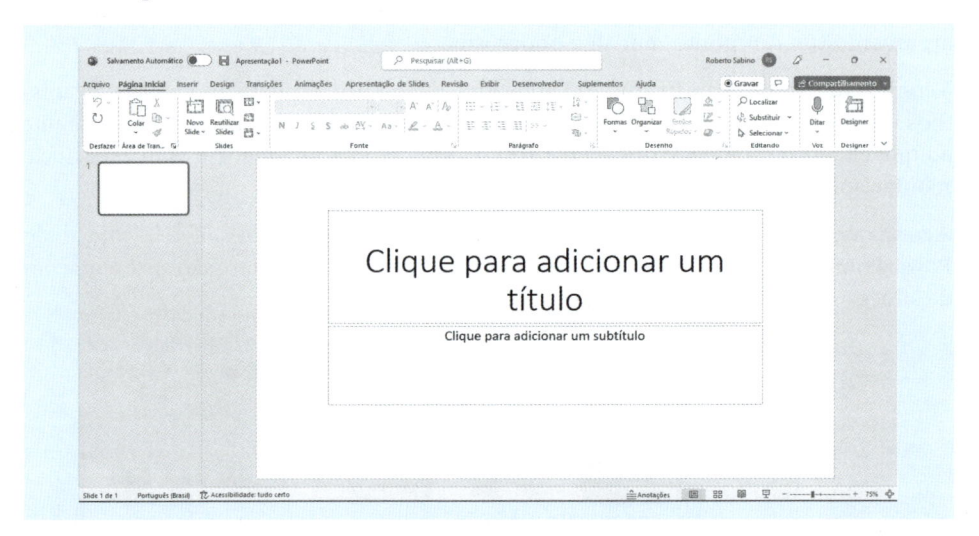

De maneira muito semelhante ao Word e ao Excel, temos uma faixa de opções separadas por guias, e a mais utilizada também é a *Página Inicial*.

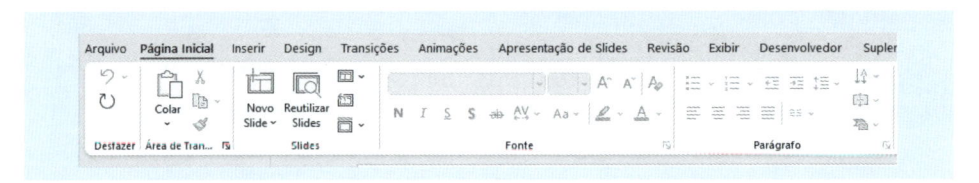

Nesse caso, rapidamente já podemos verificar que a guia *Página Inicial* apresenta recursos novos relativos aos slides.

O que é um slide?

Slide é cada uma das páginas de uma apresentação. A palavra "slide" vem do inglês e significa "deslizar", como uma referência a uma apresentação que "desliza" cada uma de suas páginas.

> **Importante:** utilizamos o termo "página" apenas como uma analogia; quando nos referimos a uma apresentação, o ideal é sempre falar em "slide".

Inserindo slides

Para inserir novos slides em uma apresentação, na guia *Página Inicial*, utilizamos o grupo *Slides* e clicamos na seta para baixo do botão *Novo Slide*. Isso permitirá escolher o layout do novo slide.

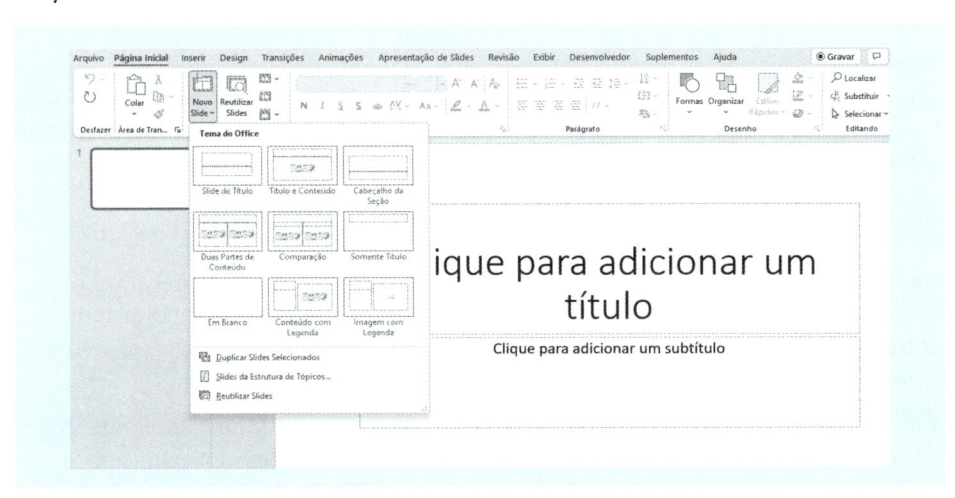

É só clicar sobre o layout desejado e está adicionado o novo slide. Se a intenção for apenas inserir um novo slide igual ao último, basta clicar no botão *Novo Slide*.

Quando um novo slide é inserido, à esquerda da tela aparece a lista dos slides adicionados (em nosso exemplo, os slides estão em branco porque ainda não inserimos nenhuma informação).

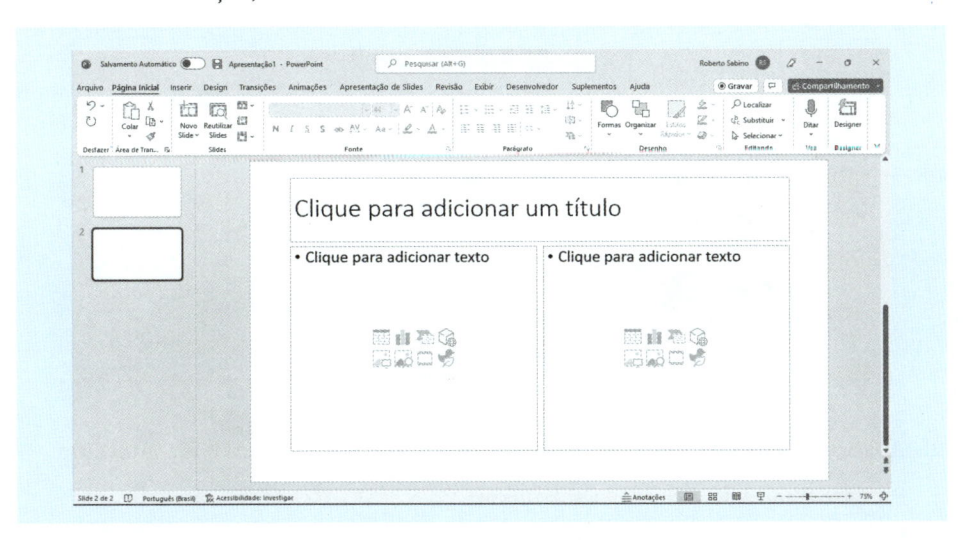

Para visualizar ou editar os detalhes de um slide específico, basta clicar sobre ele na lista lateral. Automaticamente, esse slide aparecerá na tela de edição.

Copiar e Colar

No PowerPoint, há um uso extra para os comandos *Copiar* e *Colar*. Além de serem aplicados da mesma forma que nos aplicativos que estudamos até agora (para copiar algum conteúdo em um slide), também é possível, em uma apresentação, copiar e colar um slide inteiro.

Para isso, deve-se clicar sobre o slide na lateral esquerda da tela a fim de selecioná-lo; em seguida, clicar no ponto entre os slides no qual se pretende fazer a colagem e teclar *Ctrl + V*. Caso a intenção seja criar um slide logo após o slide copiado, basta teclar *Ctrl + V* depois de executar o comando *Ctrl + C*.

MODELOS DE APRESENTAÇÕES

Observando o trabalho que fizemos até agora, podemos supor que começar uma apresentação totalmente do zero é algo bastante complexo. Nesse sentido, assim como nos outros aplicativos que estudamos, há uma série de modelos que podem ser aplicados para facilitar a tarefa de criar apresentações.

Vamos considerar que o professor Roberto Sabino queira fazer uma apresentação introdutória aos alunos de uma nova turma do curso Técnico em Informática do Senac.

Para criar a apresentação:

1. Na guia *Arquivo* no PowerPoint, no menu lateral, escolha *Novo*.

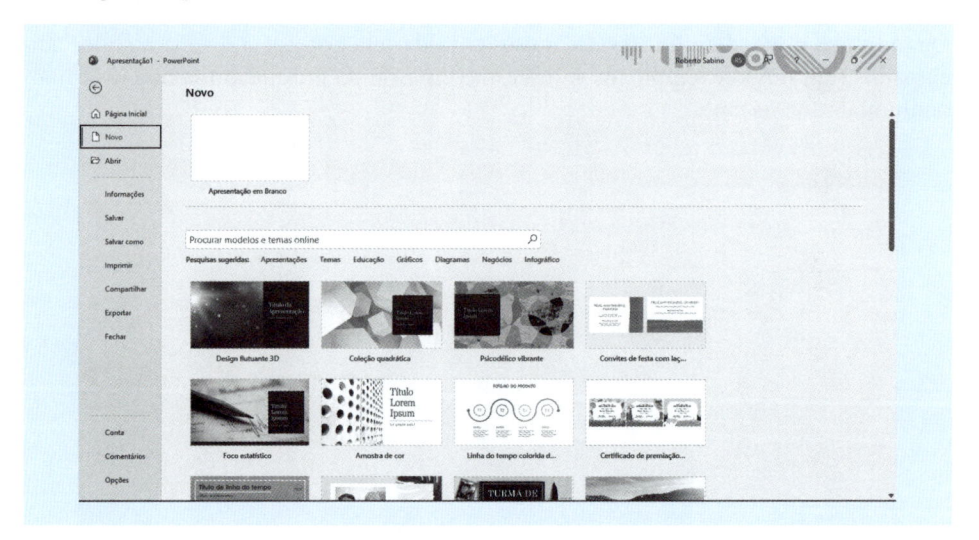

2. Abaixo da barra de *Procurar modelos e temas online*, escolha o tema *Educação*.
3. Procure o modelo *Conheça seu professor*.

4. Clique em *Criar*.

5. Observe que há dez slides sugeridos para esse modelo.

6. Ao adotar um modelo, não é obrigatório usar todos os slides.

7. Selecione o *Slide 1*.

8. Substitua o texto *Adicione seu nome aqui* por *Roberto Sabino*.

9. Clique no *Slide 2* para selecioná-lo.

10. Altere o texto *Compartilhe seu nome* para *Roberto Sabino*.

11. Altere o texto *Sou professor há _____ anos* por *Sou professor há mais de 20 anos*.

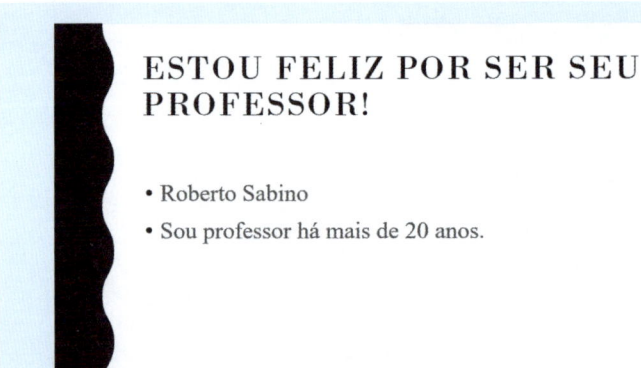

12. Digamos que nesta apresentação o professor Sabino decidiu não incluir os slides 3 a 6. Para excluí-los, clique sobre o slide 3 na lateral esquerda da tela e, com a tecla *Shift* pressionada, clique também sobre o slide 6, selecionando assim todos os slides entre o 3 e o 6.

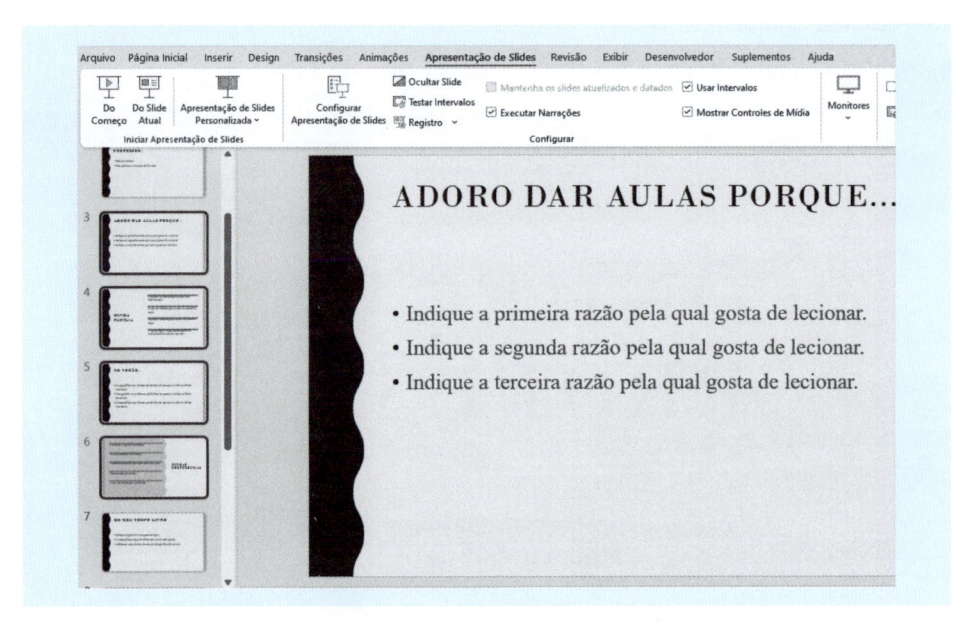

13. Ainda sobre o slide 6, clique com o botão direito do mouse.

14. Em seguida, escolha *Excluir Slide*.

Agora suponha que o professor Sabino precisou parar de montar a apresentação naquele momento porque tinha que sair de casa. Como vai continuar essa apresentação depois, será preciso salvá-la.

Trabalhando com apresentações: *Novo*, *Salvar* e *Abrir*

O funcionamento dos comandos para criar, abrir e salvar apresentações é muito semelhante ao que vimos no caso do Word e do Excel. Já verificamos que os modelos podem ser acessados pela opção *Novo* (que está na guia *Arquivo*). *Abrir* e *Salvar* funcionarão exatamente como no Word; a única diferença é que os arquivos de apresentação terão a extensão *.pptx*.

Para salvar a planilha do professor Sabino:

1. Clique na guia *Arquivo*.
2. Em seguida, em *Salvar como*.

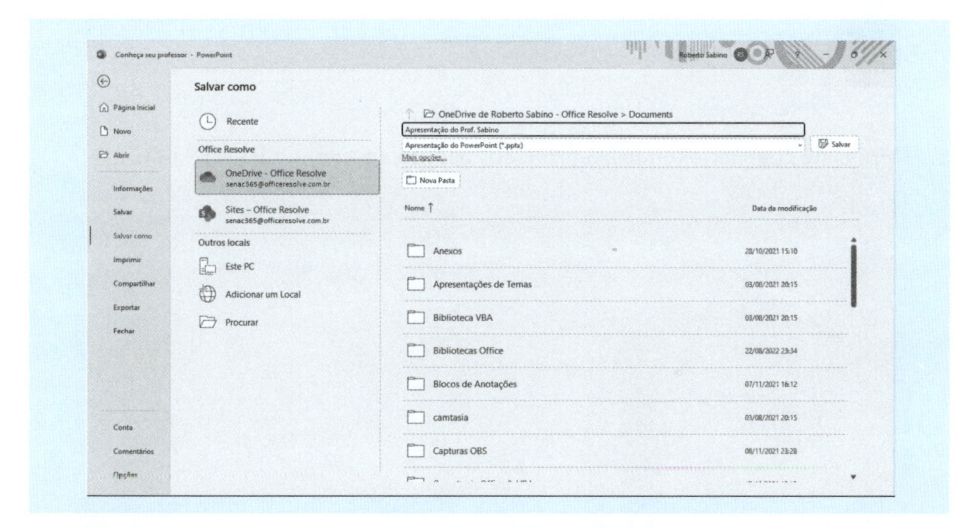

3. Escolha o local de gravação (de preferência, na nuvem).
4. Nomeie a apresentação como *Apresentação do Prof. Sabino*.
5. Clique em *Salvar*.

Apresentação de slides

Antes de fechar a apresentação e ir para a aula, o professor Sabino escolheu testá-la para ver como ela está até o momento.

Para apresentar slides:

1. Na guia *Apresentação de Slides*, no grupo *Iniciar Apresentação de Slides*, clique em *Do Começo* (ou use a tecla de atalho *F5*).

2. Os slides serão apresentados na tela inteira.
3. Para passar ao próximo slide, use as setas direcionais do teclado ou tecle *Enter*.

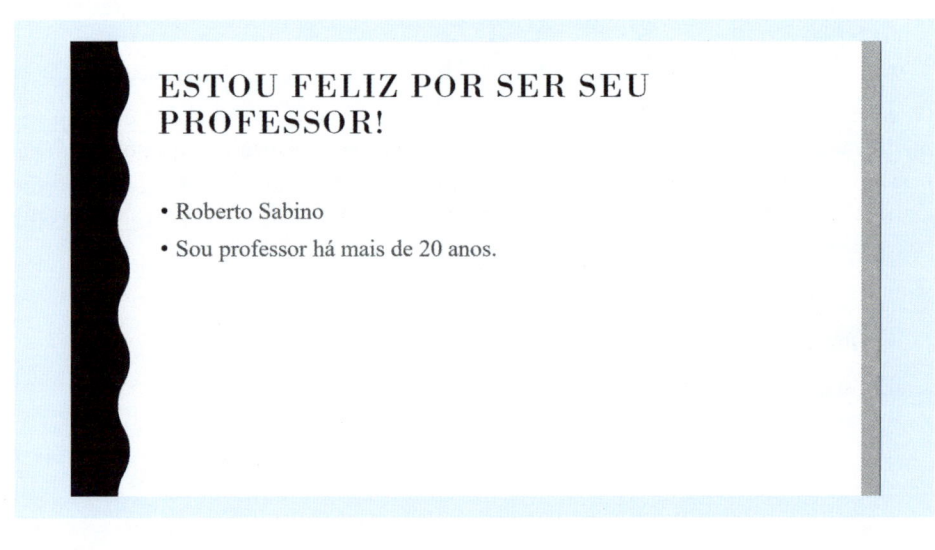

> **ESTOU FELIZ POR SER SEU PROFESSOR!**
>
> - Roberto Sabino
> - Sou professor há mais de 20 anos.

4. Depois de conferir os slides, o professor Sabino encerrou o PowerPoint.

2
Inserção de elementos

OBJETIVOS

» Aprender a inserir objetos em uma apresentação

» Conhecer o SmartArt no PowerPoint

» Utilizar o WordArt para destacar textos

» Trabalhar com imagens

Para acompanhar os exemplos didáticos do capítulo, use o documento: "PowerPoint – Capítulo 2 – Apresentação do Prof. Sabino"

A esta altura, já pudemos perceber que as apresentações são muito visuais e que os elementos gráficos são fundamentais para criar um fluxo de comunicação adequado.
Aqui vamos aprender como trabalhar com esse tipo de recurso para facilitar a compreensão das informações.

Comunicação com slides

Uma apresentação de slides é como uma conversa, na qual temos uma mensagem para transmitir e precisamos fazer isso da melhor forma possível. Algumas vezes, falar demais pode diminuir a atenção da audiência. Outras vezes, falar pouco pode não atingir a audiência com a mensagem correta. Devemos buscar o equilíbrio!

Inserção de tabelas

As tabelas ajudam a resumir informações, dispondo dados de uma maneira mais fácil de assimilar. Vamos adicionar na apresentação em que estamos trabalhando desde o capítulo anterior uma tabela com os livros escritos pelo professor Sabino ao longo de sua carreira. Para inserir uma tabela de dados em um novo slide:

1. Abra a apresentação "PowerPoint – Capítulo 2 – Apresentação do Prof. Sabino".
2. Clique no slide 2 para selecioná-lo.
3. Na guia *Página Inicial*, no grupo *Slides*, clique em *Novo Slide*.

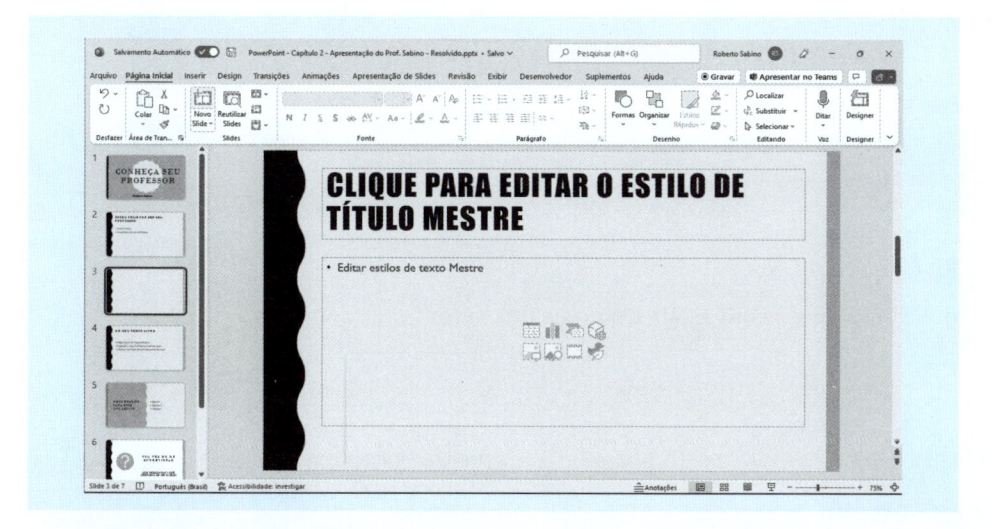

4. Substitua o *Título* do slide por *Livros publicados*.
5. Observe que, no próprio slide, na seção de texto, já há as opções de elementos a serem inseridos.
6. Clique na opção *Inserir Tabela*.

- Editar estilos de texto Mestre

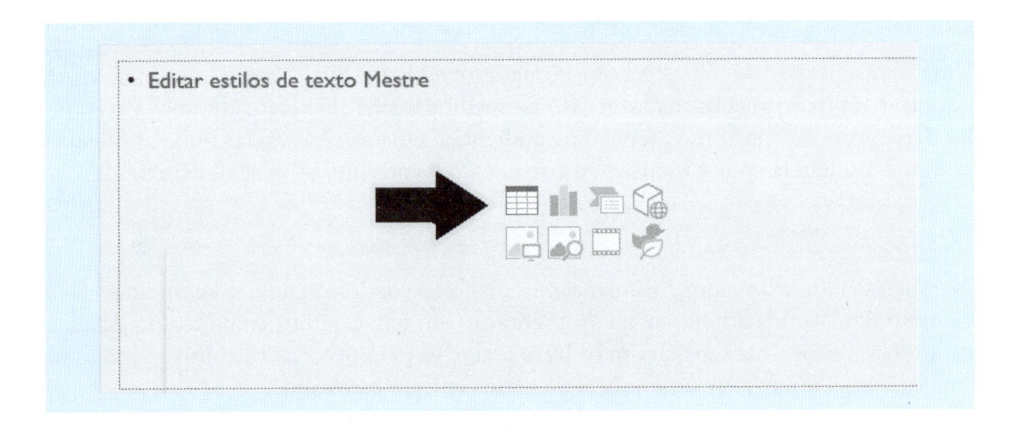

7. Defina uma tabela com duas colunas e seis linhas.

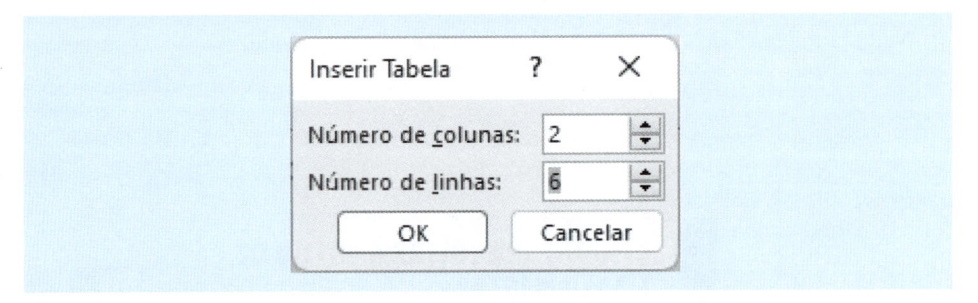

8. Clique em *OK*.

9. Edite a tabela com a data e o nome dos livros.

Ano	Título
2019	PowerPoint 2019
2019	Excel básico para o mundo do trabalho
2020	Windows 10
2021	Excel 2019
2022	Excel 2019 Avançado

10. Em seguida, clique sobre a linha que divide as colunas e diminua o tamanho da coluna da esquerda.

11. Clique na borda da tabela para selecioná-la.

12. Aumente a fonte para 36.

LIVROS PUBLICADOS

Ano	Título
2019	PowerPoint 2019
2019	Excel básico para o mundo do trabalho
2020	Windows 10
2021	Excel 2019
2022	Excel 2019 Avançado

Note: recorrer a tabelas pode facilitar a transmissão de informações e a compreensão da audiência.

Formatação de elementos

No item anterior, ao inserir a tabela, poderíamos ter feito tudo diretamente com os layouts já utilizados no slide. Contudo, também é possível aplicar os recursos de formatos específicos de tabela utilizando as guias *Design da Tabela* e *Layout*, que aparecem sempre que selecionamos a tabela.

Vale lembrar que esse mesmo recurso de formatação está presente para os demais elementos que podemos inserir em nossos slides, como SmartArt, WordArt e imagens.

Inserção de imagens

Trabalhar com imagens pode ajudar a melhorar o visual da apresentação e deixá-la com um aspecto mais profissional. É importante saber que o ambiente em que a apresentação será feita é que deve nortear os tipos de imagem que podem ou não ser aplicados.

No caso do nosso exemplo, como o professor Sabino terá um longo tempo com a turma do curso técnico, é essencial criar uma proximidade com os alunos. Por isso, imagens mais pessoais podem ser interessantes para o slide seguinte, que tem como título: *Em meu tempo livre*. Em vez de inserir um texto, o professor preferiu inserir algumas imagens.

Para inserir imagens:

1. Selecione o slide com o título *Em meu tempo livre*.
2. Clique sobre a borda dos tópicos de texto que estão no slide.
3. Em seguida, tecle *Delete* para excluir o texto.
4. Para deixar o slide vazio, pressione *Delete* novamente e exclua a seção *Editar estilos de texto mestre* (essa exclusão é opcional, já que essa seção não aparecerá na apresentação de slides. Contudo, para algumas pessoas, pode ser mais difícil editar o slide com essa seção presente).

5. Observe que o slide ficou apenas com o título.
6. Na guia *Inserir*, clique em *Imagens*.

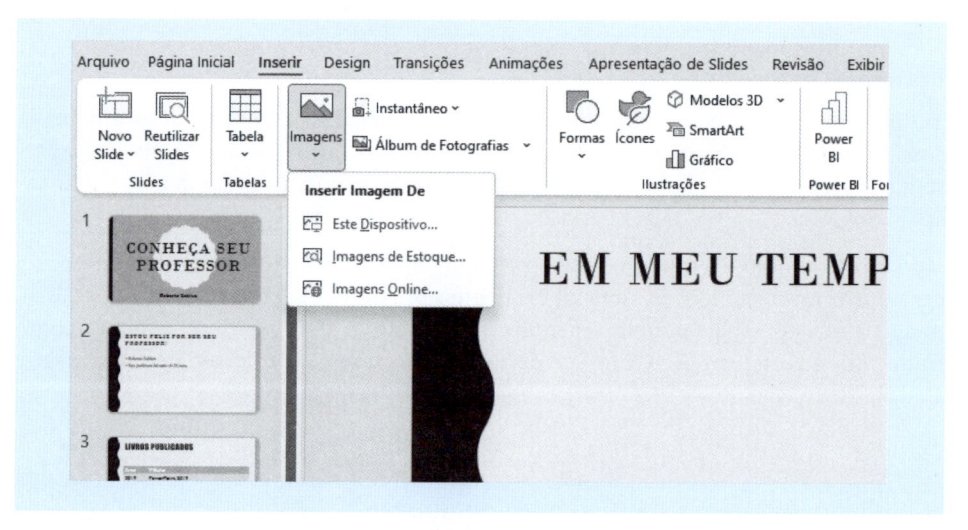

Neste ponto cabe uma explicação importante sobre as opções para inserir imagens:

Tipo de inclusão	Descrição	Observação
Este Dispositivo	Arquivos de imagem gravados no próprio computador	Você deve conhecer a origem do arquivo para manter o respeito aos direitos autorais
Imagens de Estoque	Imagens disponíveis em bancos de imagens autorizados no Microsoft 365	Podem ser utilizadas por usuários que tenham assinatura do Microsoft 365
Imagens Online	Imagens disponíveis em diversos bancos de imagens na web	Observe que as imagens podem ter diferentes tipos de direitos de utilização, edição e compartilhamento

7. Selecione *Imagens Online* e faça uma busca por *praia* ou *piscina*.

8. Observe o aviso na parte de baixo: "Você é responsável por respeitar os direitos das outras pessoas, incluindo direitos autorais".

9. Escolha uma imagem e clique em *Inserir*.

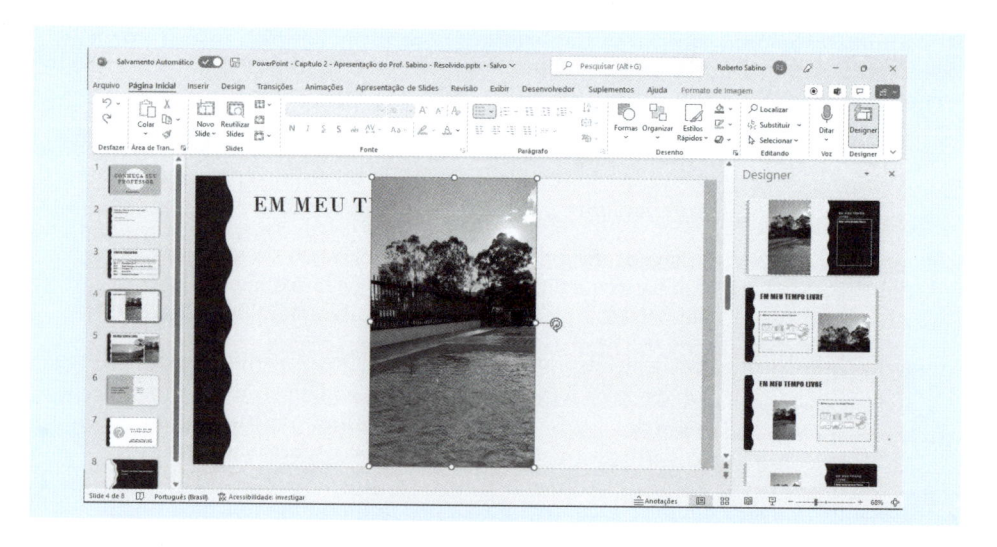

10. Observe que, na lateral direita, aparecem sugestões de design. Para adotar uma das sugestões, basta clicar sobre ela. Aqui no nosso exemplo, o design será criado diretamente, sem recorrer às opções sugeridas.

11. Clicando no *x* que está no canto superior direito das sugestões de design, em *Designer*, fechamos esse painel.

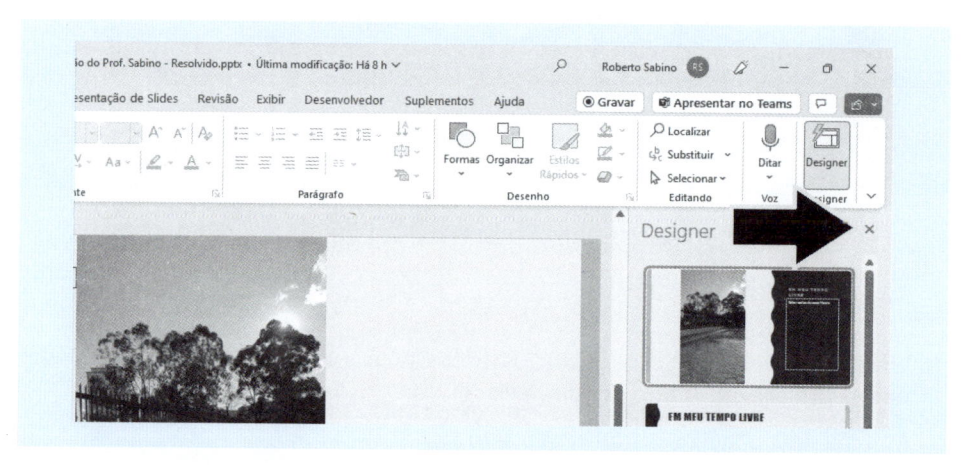

12. Arraste a imagem selecionada até a lateral direita do slide.

13. Agora, na guia *Inserir*, escolha *Imagens de Estoque...*

14. Busque uma imagem que retrate um pôr de sol no campo ou nas montanhas.

15. Clique em *Inserir*.

16. Neste caso, a imagem cobriu o slide inteiro; então, clique sobre ela e a redimensione.

17. Ajuste a imagem anterior na lateral direita do slide, até que fique mais ou menos como na disposição a seguir.

18. Para finalizar a inserção das imagens, na guia *Inserir*, escolha *Este Dispositivo...*

19. Insira a imagem "PowerPoint – Capítulo 2 – Cubos Mágicos", que está na pasta de arquivos do livro.

20. Diminua a figura e reposicione-a para ficar como na imagem a seguir:

21. Para harmonizar um pouco mais o slide, aplique um efeito na imagem dos cubos mágicos.

22. Selecione a imagem dos cubos mágicos.

23. Na guia *Formato de Imagem*, no grupo *Estilos de Imagem*, escolha o estilo *Elipse de Borda Suave*.

24. Pronto! Sem nenhuma palavra, estamos falando muito sobre as preferências do professor Sabino em seu tempo livre.

Inclusão de texto para acessibilidade

Ao inserirmos imagens ou elementos gráficos, é possível inserir também um texto a ser utilizado pelos programas de acessibilidade para pessoas cegas ou com baixa visão. Esse texto, recurso chamado de *Texto Alt*, deve funcionar como um "substituto" para a imagem caso não seja possível visualizá-la. Pensar em acessibilidade é sempre algo importante no desenvolvimento de conteúdo para apresentações.

Para inserir ou editar o *Texto Alt*:

1. Clique sobre a imagem cujo texto você deseja ver.
2. Na guia *Formato de Imagem*, no grupo *Acessibilidade*, clique em *Painel de Texto Alt*.

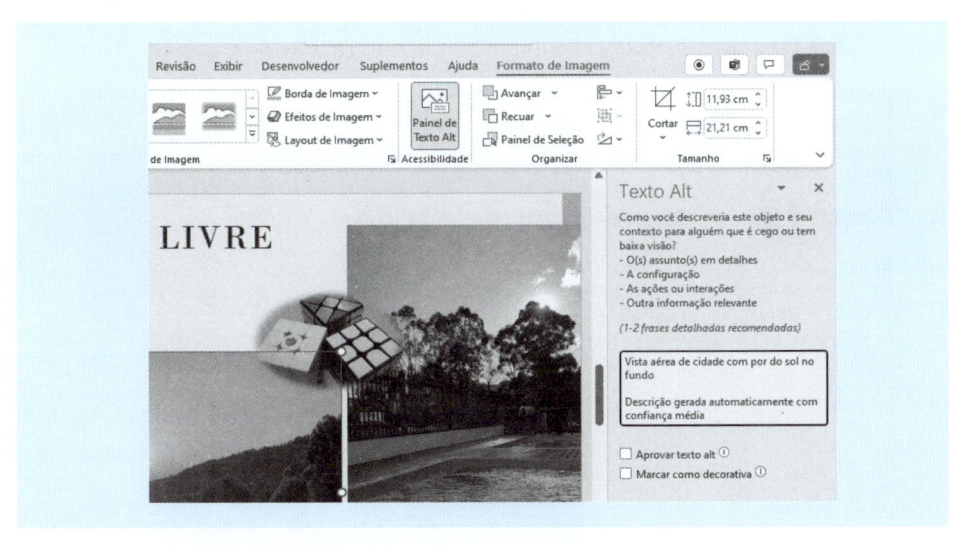

3. No campo em que se lê "Vista aérea de cidade com por do sol no fundo", é possível alterar a descrição.

4. Altere-a para: "Pôr do sol em região montanhosa, com árvores ao redor e um campo de futebol ao longe".

5. Depois dessa edição, o campo *Aprovar texto alt* desaparecerá (esse campo somente estará presente quando a descrição for gerada automaticamente).

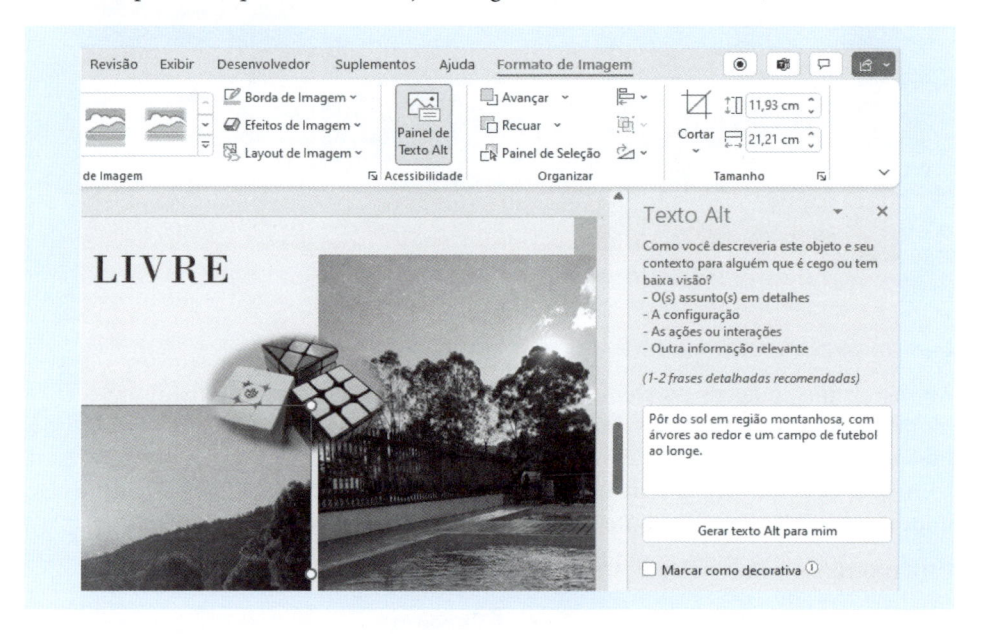

6. Ajuste o *Texto Alt* para as demais imagens do slide.

Inserção de SmartArt

Assim como fizemos no Word, vamos utilizar o SmartArt para facilitar a transmissão de informações em texto, porém com uma estrutura de formato gráfico.

Para incluir um SmartArt:

1. Selecione o slide 5, *Meus desejos para este ano letivo*.

2. Exclua a seção de texto *Objetivos*.

3. Na guia *Inserir*, no grupo *Ilustrações*, clique em *SmartArt*.

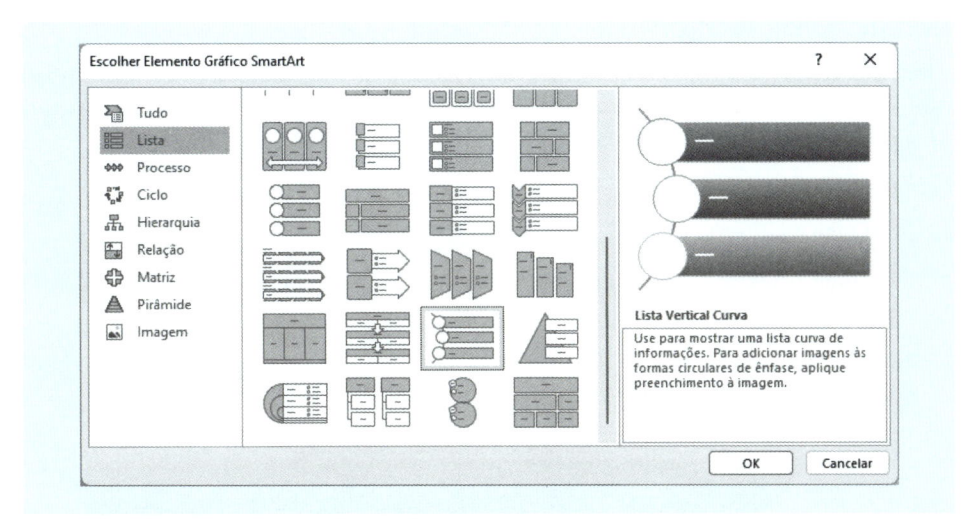

4. Na categoria *Lista*, escolha *Lista Vertical Curva*.
5. Clique em *OK*.
6. Na seção *Digite seu texto aqui*, na linha 1, digite *Compartilhar Experiências*; na linha 2, *Aprimorar Conhecimentos*; e, na linha 3, *Evoluir como Pessoa*.
7. Redimensione o SmartArt para que fique como na imagem a seguir:

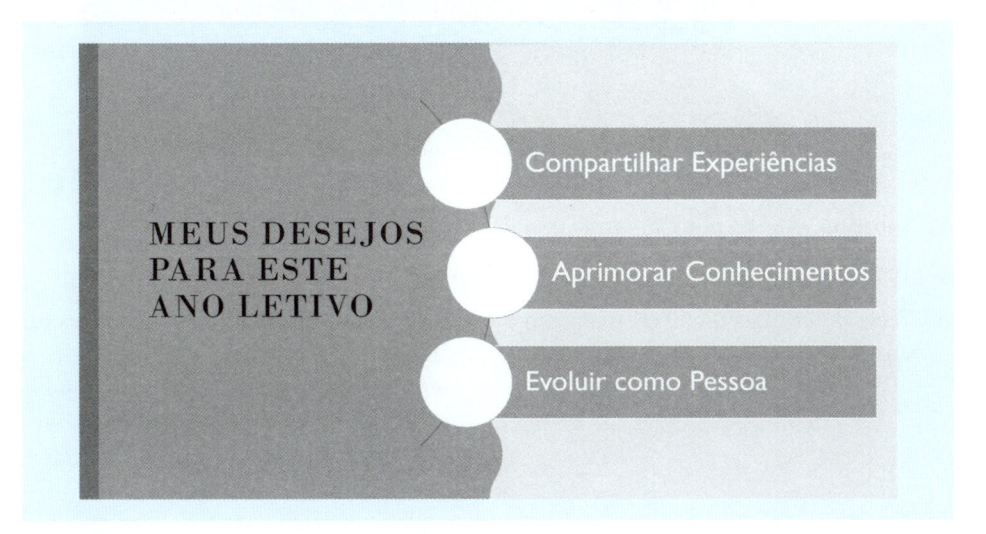

Note: o SmartArt é uma forma inteligente de mostrar textos em um formato mais visual.

Inserção de WordArt

Além dos elementos gráficos que vimos até agora, podemos também inserir um texto estilizado, que conhecemos como WordArt. Esse tipo de texto nos ajuda a transmitir uma mensagem rápida ou uma pequena frase com uma fonte mais trabalhada.

Para inserir o WordArt:

1. Selecione o slide 7.
2. Selecione o texto *Teremos um ótimo ano aprendendo juntos* e exclua-o clicando em *Delete*.
3. Na guia *Inserir*, no grupo *Texto*, clique em *WordArt* e escolha o tipo de letra desejado.

4. Substitua o texto por *Um ótimo ano de estudos para todos!*
5. Tecle *Enter* com o cursor logo após a palavra *ano*.
6. Tecle *Enter* mais uma vez, mas com o cursor logo após a palavra *estudos*, para ter um slide semelhante ao que é mostrado a seguir.

7. Selecione o texto.
8. Na guia *Forma de Formato*, no grupo *Estilos de WordArt*, clique em *Efeitos de Texto* e, em seguida, em *Transformação*.

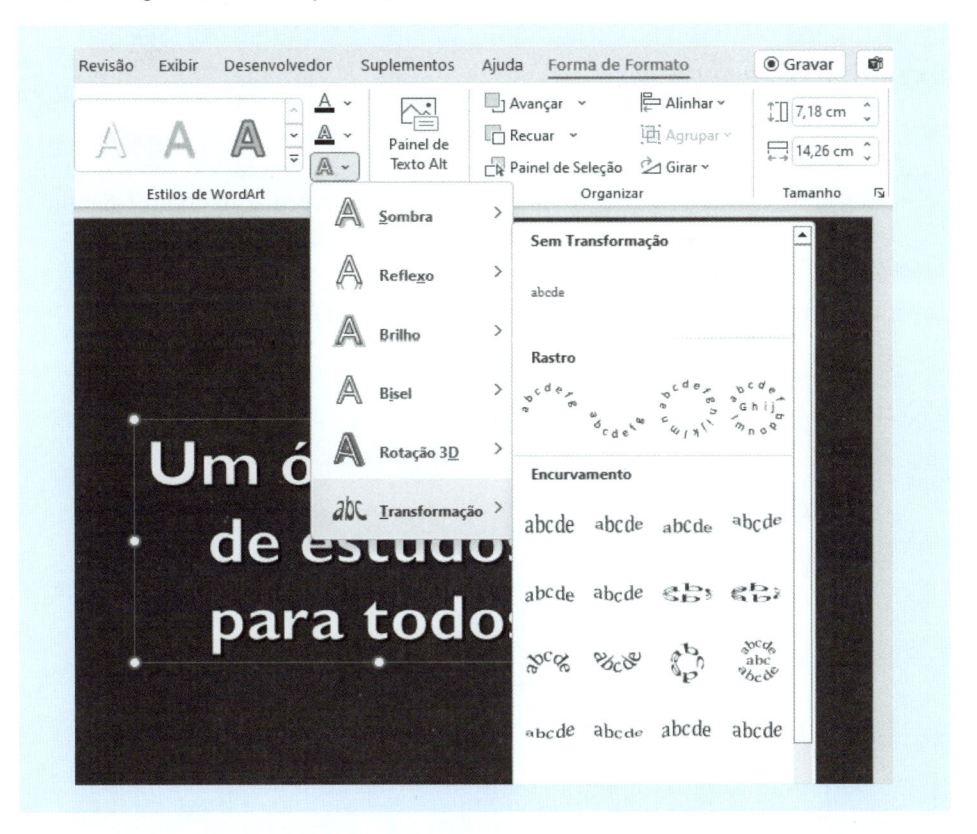

9. Escolha o tipo de transformação *Botão*.
10. Aumente o tamanho da fonte para 66.

11. Salve a apresentação.

Exercícios propostos

(Resolução no final do livro)

Para resolver os exercícios propostos, utilize a mesma apresentação com a qual trabalhamos neste capítulo, "PowerPoint – Capítulo 2 – Apresentação do Prof. Sabino".

Exercício 1 – Inserção de um SmartArt

Substitua os textos do slide 2 por um SmartArt com os mesmos textos.

Exercício 2 – Inserção de um WordArt

Substitua o título do slide 5 por um WordArt com o mesmo texto.

3
Efeitos e transições

OBJETIVOS

» Aprender a aplicar efeitos nos slides
» Conhecer a diferença entre transição e animação
» Visualizar a diferença de uma apresentação com efeitos para outra sem
» Trabalhar com o *Painel de Animação*

Para acompanhar os exemplos didáticos do capítulo, use o documento: "PowerPoint – Capítulo 3 – Transição e animação".

Mais uma vez, é importante dizer que devemos saber qual é o nível de destaque que queremos dar a nossas apresentações, dependendo do ambiente em que estamos inseridos. Nesse sentido, as animações e transições fazem parte dos recursos que precisam ser medidos nessa análise.

Apresentação de slides

Se colocarmos nossos slides no modo apresentação agora, veremos que as mudanças de slides são apenas uma troca brusca, ou um corte, de um slide para outro.

Para ver em modo apresentação:

1. Abra a apresentação "PowerPoint – Capítulo 3 – Transição e animação" (o conteúdo é o mesmo do capítulo anterior).
2. Na guia *Apresentação de Slides*, no grupo *Iniciar Apresentação de Slides*, clique em *Do começo* (ou em *Do Slide Atual*, se você quiser começar do slide atualmente selecionado).
3. A qualquer momento, é possível teclar *F5* para voltar ao começo (ou *Shift + F5* para começar do slide atual).
4. Tecle *Enter* para passar ao próximo slide e observe como é a transição de slides.

Aplicação de transições

As transições de slides sinalizam o momento da troca de um slide por outro, e é possível aplicar um efeitos nelas.

Para aplicar um efeito de transição nos slides:

1. Selecione o slide 2.
2. Na guia *Transições*, no grupo *Transição para este Slide*, aplique a transição *Empurrão*.
3. Note que, ao aplicar a nova transição, já é dada uma mostra de como essa transição funcionará.
4. Tecle *F5* para testar a transição inserida no modo apresentação.
5. Observe atentamente o momento de mudança do slide 1 para o slide 2.

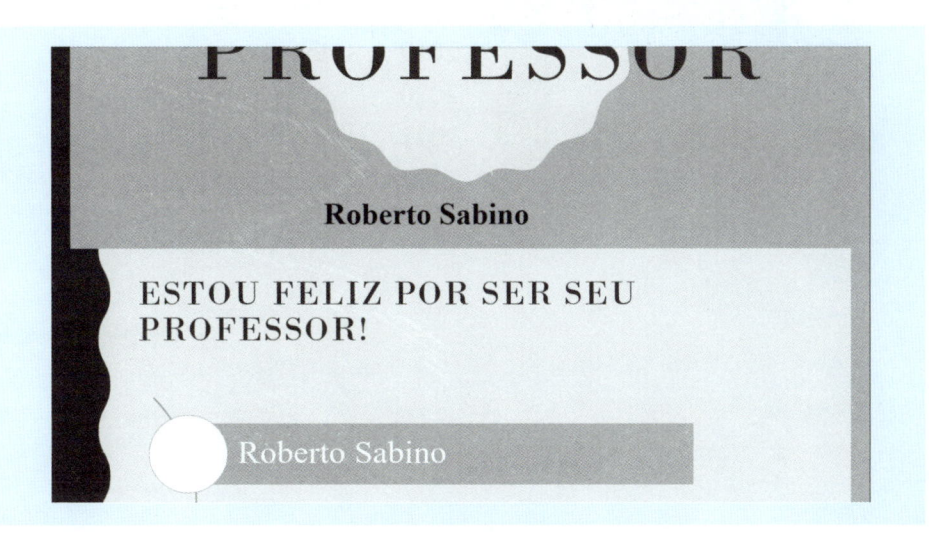

6. Na guia *Transições*, no comando *Opções de Efeito*, escolha *Da Esquerda*.

7. Na guia *Transições*, no grupo *Intervalo*, clique em *Aplicar a Todos*.
8. Em seguida, teste o modo apresentação teclando *F5*.

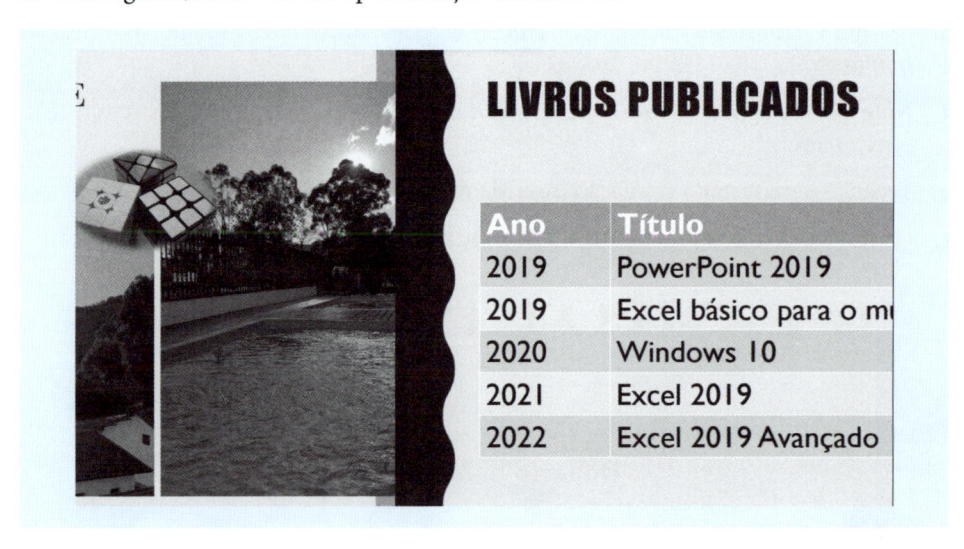

Aplicação de animação

Enquanto a transição é aplicada na troca entre slides, a animação é um recurso que aparece no próprio slide. Há uma quantidade enorme de possibilidades de animação, mas sua maior utilidade é apresentar pouco a pouco as informações de um slide.

Para aplicar uma animação em um slide:

1. Selecione o slide 2.
2. Clique sobre o SmartArt com os textos do slide.
3. Na guia *Animações*, no grupo *Animação*, escolha *Surgir*.
4. Para testar, tecle *Shift + F5*.

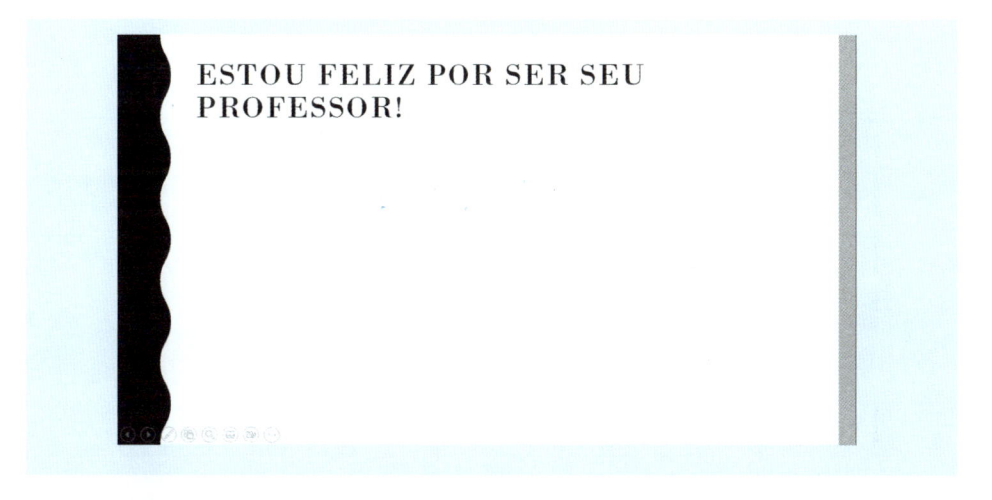

5. Note que primeiro o slide aparece sem as informações; somente ao clicar para ir ao próximo slide é que elas aparecem.

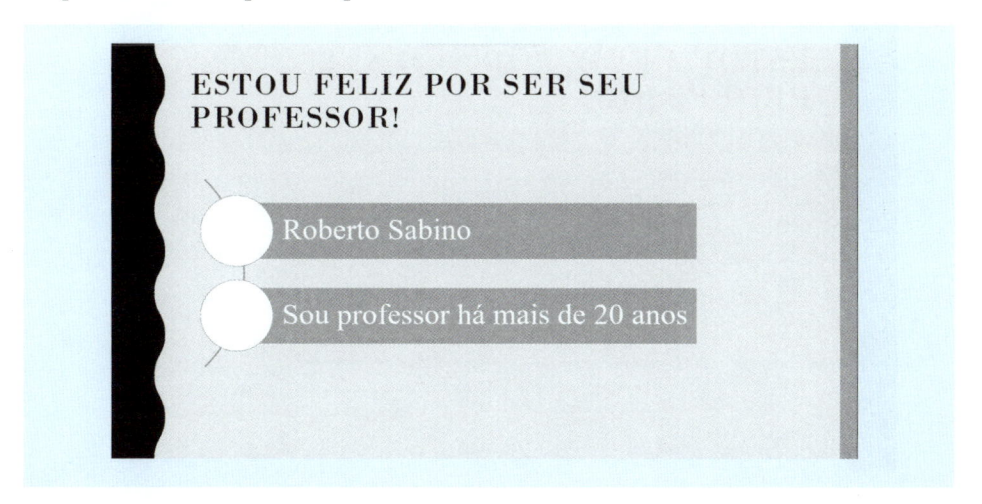

Formatação de animação

Nas animações de slides, é comum apresentar um tópico ou item do SmartArt por vez, para que a pessoa que está apresentando tenha tempo de falar sobre cada um deles. Para isso, vamos formatar a animação a fim de que os itens apareçam um a um.

1. Ainda no slide 2, na guia *Animações*, no grupo *Animação*, clique em *Opções de Efeito*.
2. Note que, ao final da lista que se abre, há a opção *Um por Um*. Cada tipo de animação oferecerá opções específicas. Para esse tipo, é possível escolher de qual direção o elemento surgirá.

3. Depois de escolher a opção *Um por Um*, teste-a com *Shift + F5*.

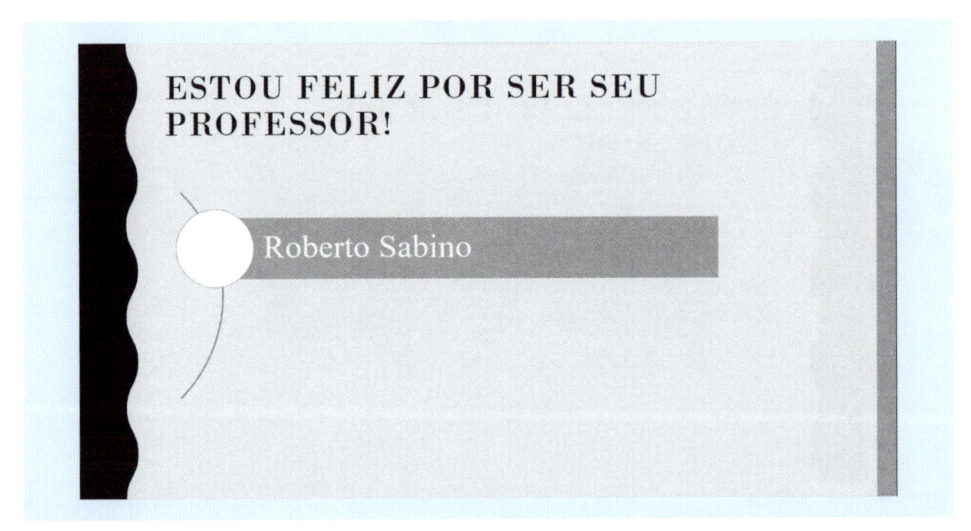

Painel de Animação

Quando o slide apresentar uma maior complexidade de animações, pode ser bastante útil utilizar o *Painel de Animação*. Esse painel mostra a sequência de animações e permite editar alguns detalhes das animações de maneira mais fácil.

Vamos criar uma animação no slide 4, em que as imagens surgirão como se viessem de fora do slide.

Para adicionar a animação:

1. Selecione o slide 4.
2. Para a imagem do pôr do sol nas montanhas, aplique uma animação do tipo *Surgir/Da Esquerda*.
3. Para a imagem da piscina com o pôr de sol, aplique uma animação do tipo *Surgir/Da Direita*.
4. Para a imagem dos cubos mágicos, aplique uma animação do tipo *Surgir/De Cima*.
5. Em seguida, na guia *Animações*, no grupo *Animação Avançada*, clique em *Painel de Animação*.

6. Observe que, ao clicar sobre cada uma das linhas que existem no *Painel de Animação*, os detalhes daquela animação aparecem nos campos acima (na *Faixa de Opções*).
7. Clique na segunda linha do painel.
8. Na guia *Animações*, no grupo *Intervalo*, altere de *Ao clicar* para *Com o anterior*.
9. Repita o procedimento para a terceira linha do painel.

10. Observe que, agora, as imagens se juntam ao mesmo tempo para formar o slide.

Exercícios propostos

(Resolução no final do livro)

Para resolver os exercícios propostos, abra a mesma apresentação com a qual trabalhamos neste capítulo, "PowerPoint – Capítulo 3 – Transição e animação".

Exercício 1 – Alteração das transições

Altere a transição de todos os slides de *Empurrão* para *Barras*.

Exercício 2 – Animações do slide 5

Aplique uma animação para o título e outra para o SmartArt do slide 5.

4
Modos de visualização e impressão

OBJETIVOS

» Entender como funcionam os modos de visualização

» Aprender a configurar a impressão de uma apresentação

Para acompanhar os exemplos didáticos do capítulo, use o documento: "PowerPoint – Capítulo 4 – Impressão e visualização".

Assim como no caso dos aplicativos anteriores, existem diferentes modos de visualização e recursos específicos para configurar a impressão no PowerPoint.

Alternância entre modos de visualização

No caso do PowerPoint, os modos de visualização podem ser usados em atividades diferentes no processo de montagem de apresentações.

Para alterar os modos, na guia *Exibir*, no grupo *Modos de Exibição de Apresentação*, clique no modo desejado.

Modo Normal

O modo *Normal* é este que usamos até o momento para criar os slides. Esse modo é ideal para elaborar os slides da apresentação e editar seus detalhes.

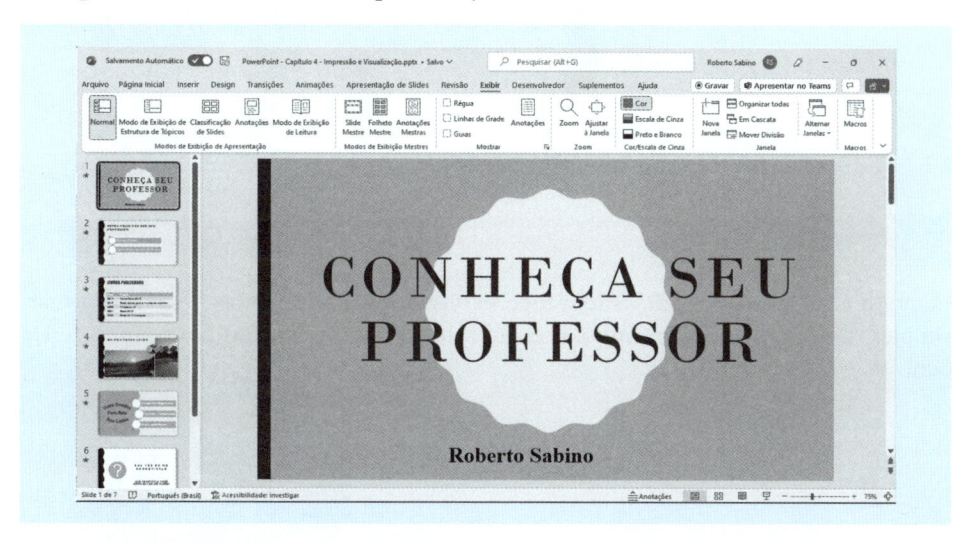

Modo de Exibição de Estrutura de Tópicos

O *Modo de Exibição de Estrutura de Tópicos* nos ajuda a estruturar as apresentações mais complexas. Mostrando de maneira mais resumida e possibilitando a visualização de cada slide com um clique no tópico relacionado, pode ser usado para organizar a sequência de slides no caso de uma apresentação mais longa, por exemplo.

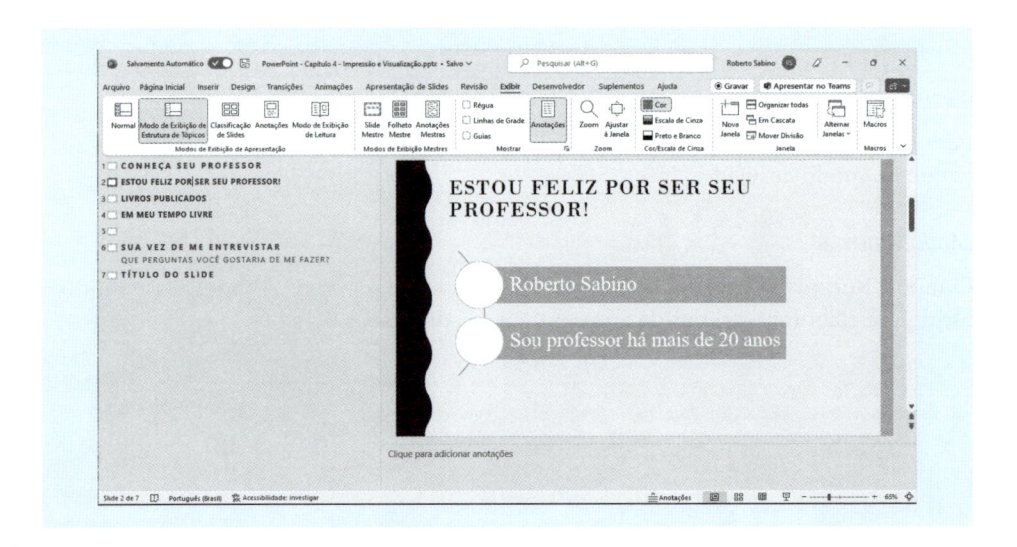

Modo Classificação de Slides

O modo *Classificação de Slides* tem foco na visualização dos slides de maneira mais simples, facilitando, por exemplo, o estudo de uma apresentação nova antes de ela ocorrer.

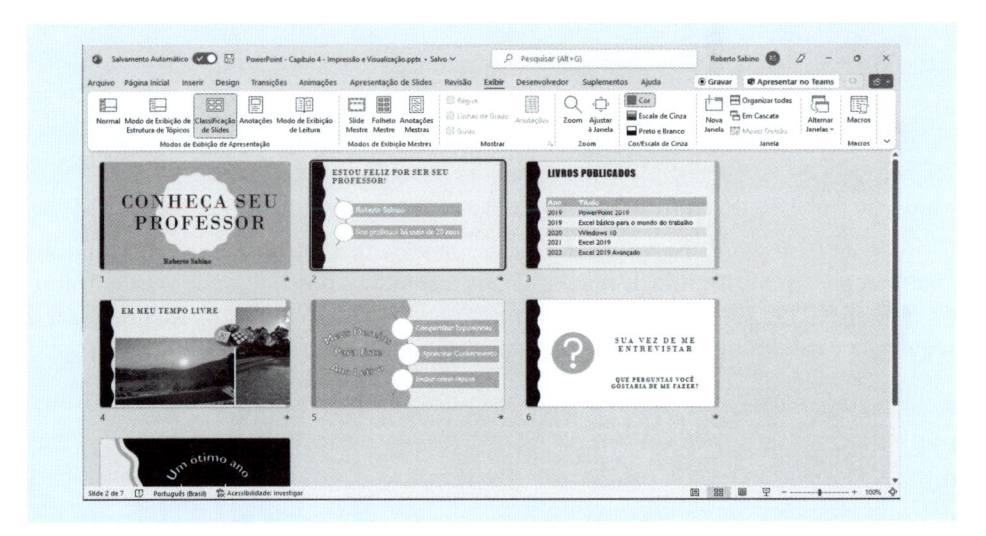

Modo Anotações

O modo *Anotações* permite visualizar, criar e editar anotações de apresentador para cada slide de uma apresentação.

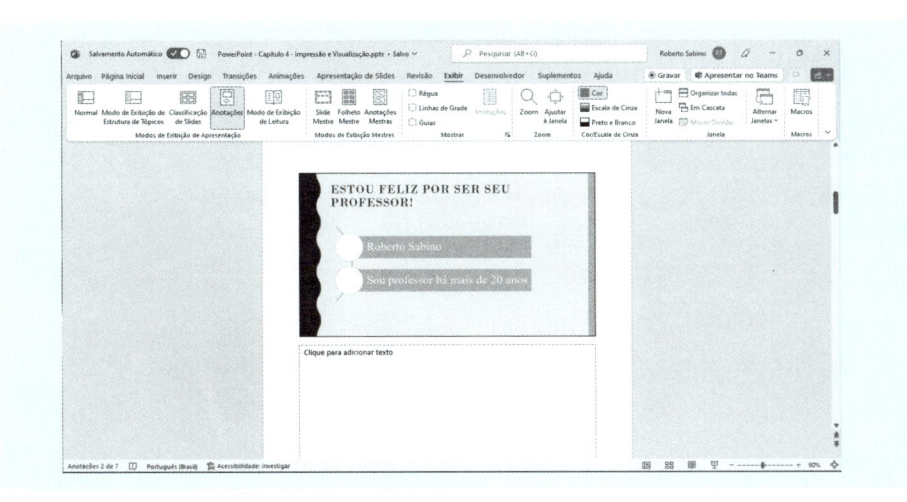

Configuração da impressão

Configurar a impressão de uma apresentação pode ajudar a criar, por exemplo, uma apostila de um curso que será ministrado pelo PowerPoint, ou estruturar um material de acompanhamento para uma palestra importante.

> **Importante:** imprimir uma ou mais apresentações em grande volume pode ser uma atividade nociva ao meio ambiente. Faça a impressão apenas se for realmente necessário.

Para configurar a impressão:

1. Na guia *Arquivo*, no menu lateral, clique em *Imprimir*.

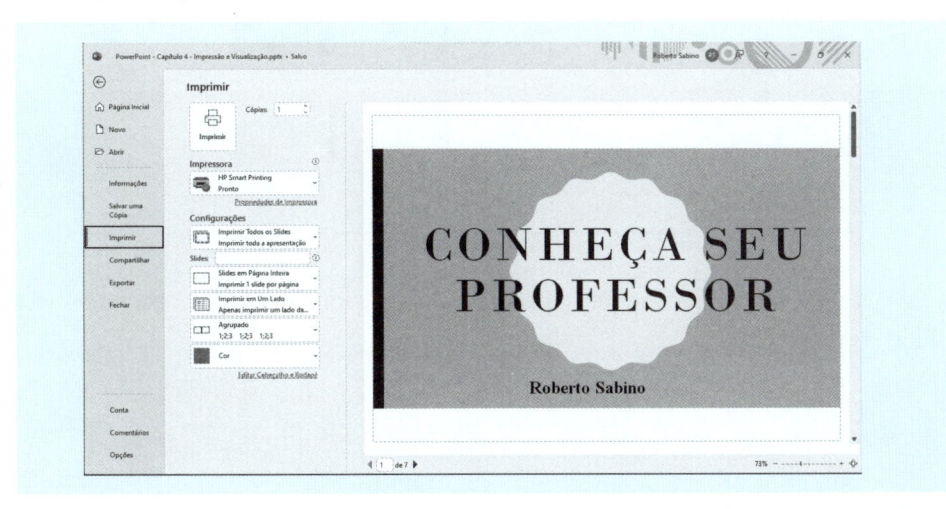

2. Para imprimir mais de um slide por página, clique na opção *Folhetos* ("X" slides por página).

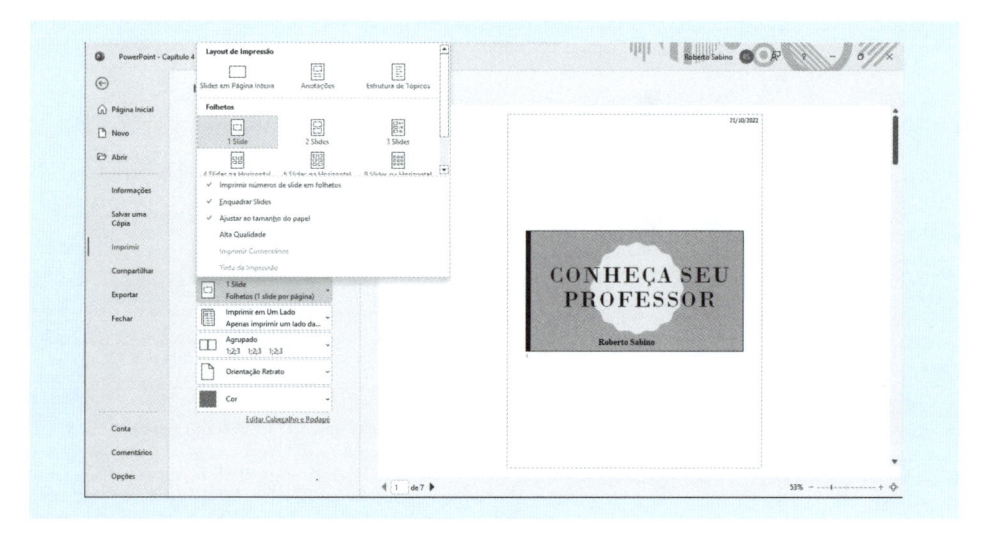

3. Escolha 6 slides por página.
4. Para concluir, selecione a impressora e clique em *Imprimir*.

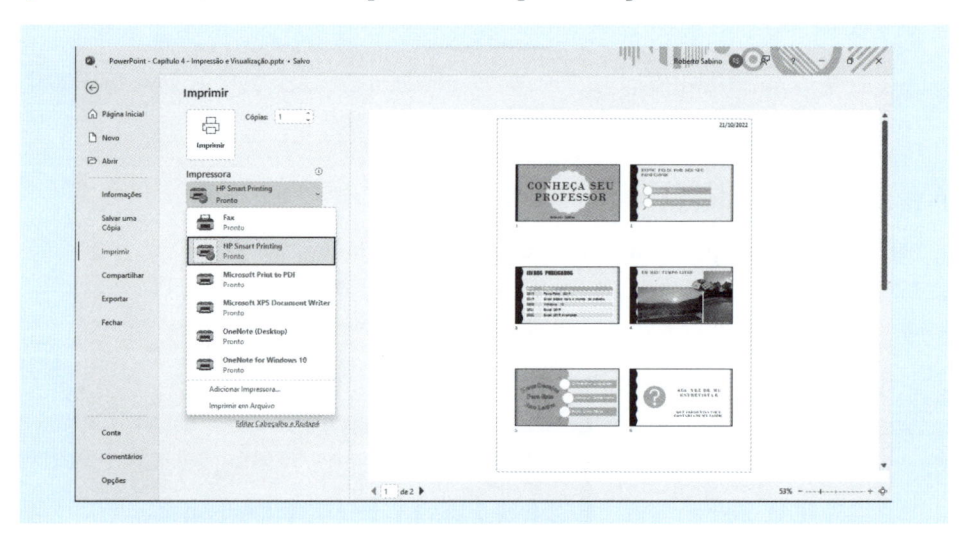

5. Mais uma vez, lembre-se de imprimir em papel somente se for absolutamente necessário.

Exercício proposto

(Resolução no final do livro)

Para resolver o exercício proposto, utilize a mesma apresentação com a qual trabalhamos neste capítulo, "PowerPoint – Capítulo 4 – Impressão e visualização".

Exercício 1 – Impressão em PDF

Imprima um PDF com um folheto de nossa apresentação com 4 slides por página.

Anotações

ID
5
PowerPoint on-line (nuvem)

OBJETIVOS

» Reforçar o conceito de aplicativos em nuvem

» Visualizar as diferenças entre o PowerPoint desktop e o PowerPoint on-line

» Aprender a editar uma apresentação on-line

» Reforçar as vantagens do trabalho em nuvem

Para acompanhar os exemplos didáticos do capítulo, use o arquivo: "PowerPoint – Capítulo 5 – Apresentação em nuvem".

Neste capítulo, reforçaremos um dos conceitos mais importantes do Microsoft 365, que é a possibilidade de usar aplicativos e arquivos em nuvem.

Utilização de aplicativos e arquivos em nuvem

Os conceitos gerais que vimos no Capítulo 5 da Seção 2 se aplicam também ao PowerPoint, de maneira que, neste capítulo, daremos enfoque a aspectos específicos desse aplicativo.

OneDrive com Microsoft 365

Para aplicar o que será apresentado aqui, vale lembrar que é necessário subir a planilha de exemplo no OneDrive. Embora outros serviços de arquivos em nuvem possam ser utilizados, pode acontecer de algum dos recursos que vamos empregar não estar disponível.

PowerPoint on-line versus apresentação on-line

O uso de apresentações on-line pode ser feito tanto por meio do PowerPoint desktop (instalado em sua máquina) quanto por meio do PowerPoint on-line (utilizado pelo navegador web). A diferença é que o PowerPoint on-line trabalhará exclusivamente com apresentações on-line. Para acessar o PowerPoint on-line, use o link: https://microsoft365.com/.

Lembre-se de que, para acessar o PowerPoint on-line, é preciso utilizar um endereço de e-mail que esteja vinculado a uma conta Microsoft. Caso você não disponha dessa conta, basta clicar na opção *Inscreva-se para obter a versão gratuita do Microsoft 365*.

Salvamento automático e compartilhamento

Assim como no caso das planilhas do Excel e dos arquivos do Word, é possível realizar o trabalho colaborativo (quando duas ou mais pessoas editam um único arquivo ao mesmo tempo) com as apresentações. Essa, aliás, também é a grande vantagem de hospedar apresentações em nuvem. Mas é preciso lembrar que, para que essa forma de trabalho seja possível, a opção *Salvamento Automático* deve estar acionada. Isso significa que, a cada alteração, a apresentação será atualizada on-line e, dessa forma, todos os envolvidos terão acesso à versão mais atual.

Diferenças entre o on-line e o aplicativo desktop

À primeira vista, o PowerPoint on-line parece muito similar ao PowerPoint desktop:

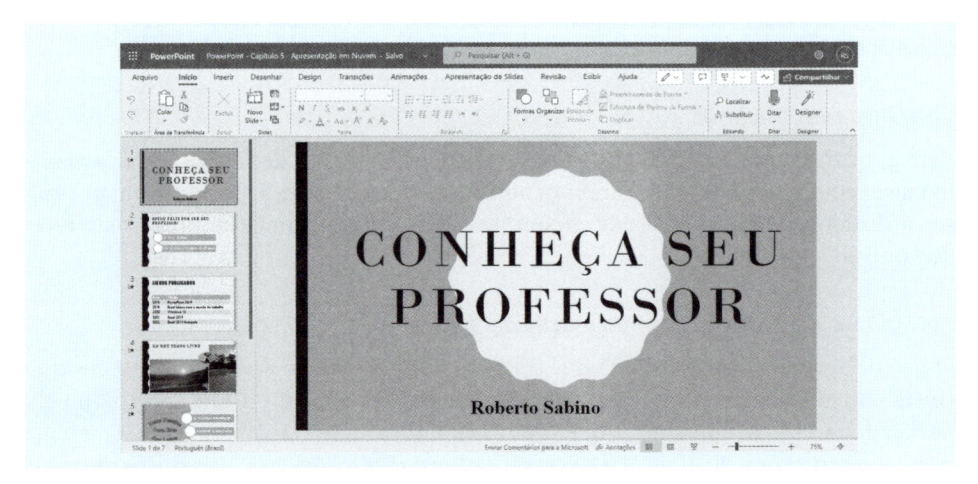

Analisando os recursos que já estudamos, perceberemos que há algumas poucas diferenças, mas a maioria desses recursos está presente, como:

- Transições de slides:

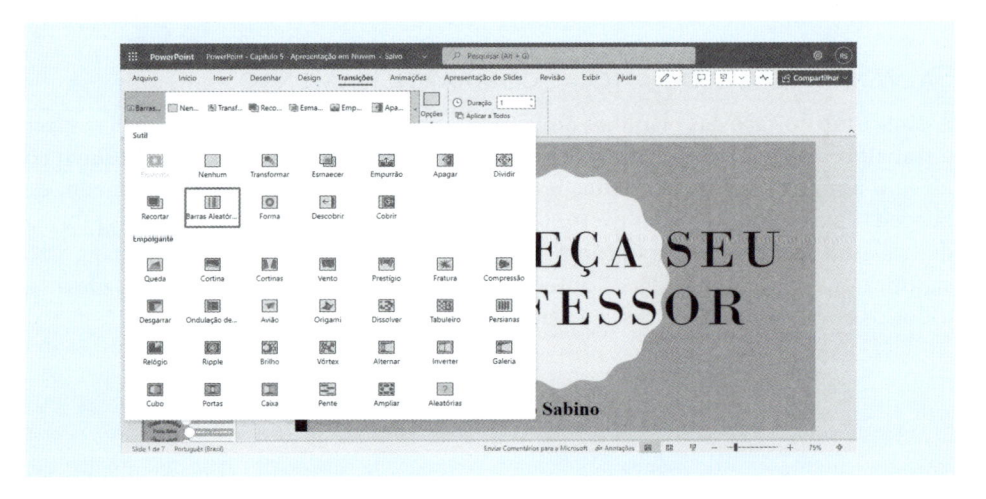

- Animações de slides:

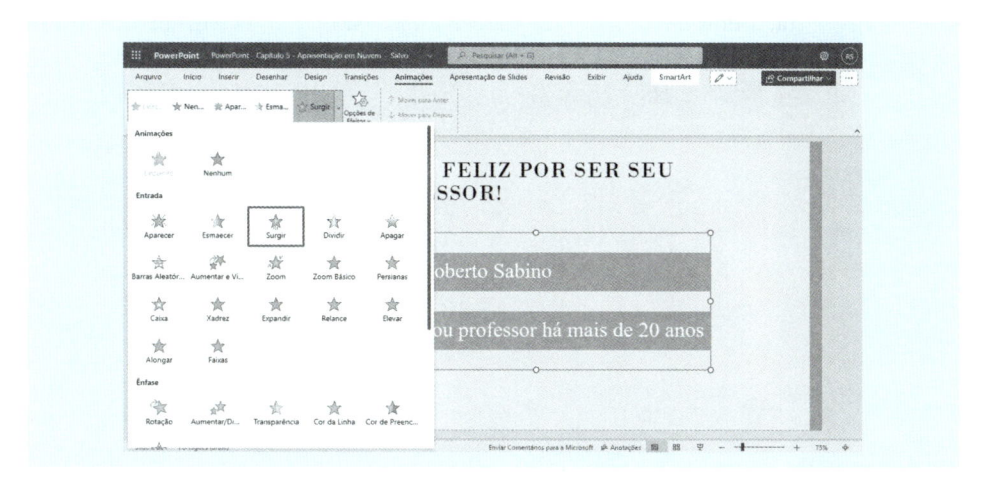

- Apresentação de slides:

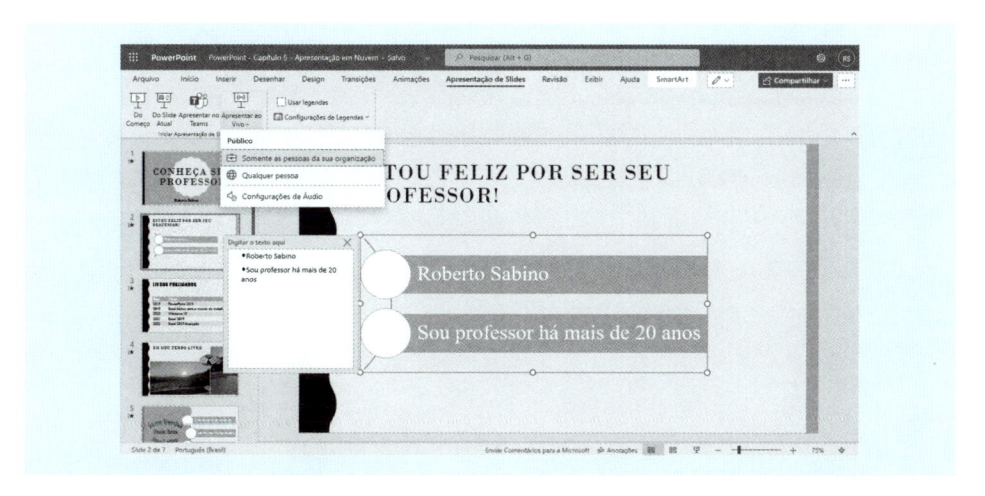

Versões do documento

Como todos os avanços são gravados automaticamente, é possível que em alguns momentos seja necessário buscar versões anteriores de determinada apresentação.

Para buscar versões de uma apresentação:

1. No PowerPoint on-line, clique na guia *Arquivo*.
2. No menu lateral esquerdo, clique em *Informações*.

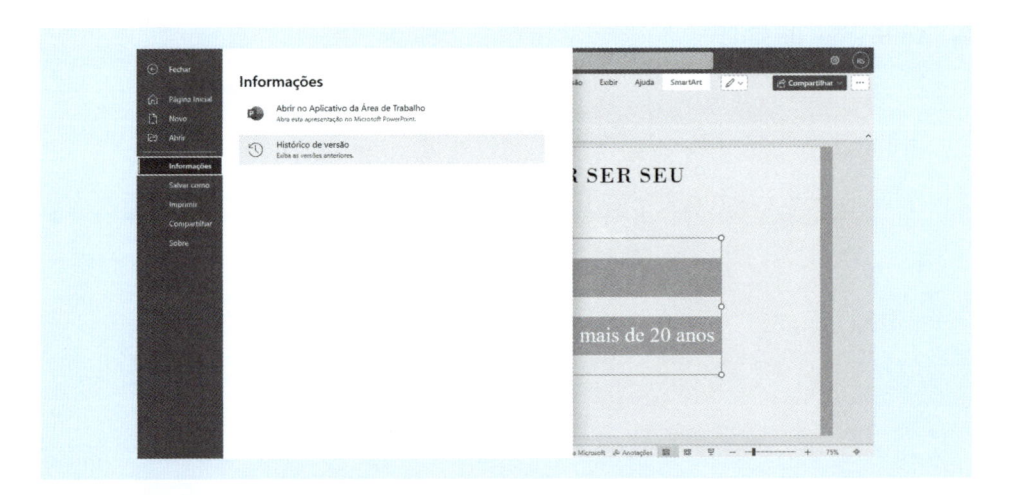

3. Em seguida, clique em *Histórico de versão*.
4. A tela deve mostrar, do lado direito, uma lista de versões do documento.

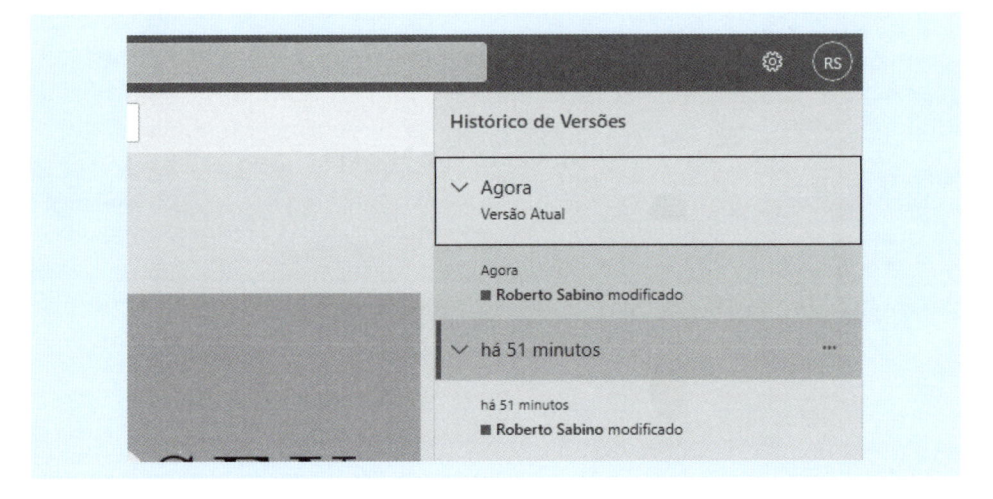

5. Ao clicar em cada uma das linhas, é possível ver como estava o arquivo até a respectiva versão.
6. Também é possível *Restaurar* ou *Salvar uma cópia*; porém, você pode simplesmente *Voltar para documento*.
7. No canto superior esquerdo, clique em *Voltar para documento*.

Assim como nos outros aplicativos estudados, muitas das funcionalidades são exatamente iguais nas duas versões do PowerPoint. Lembramos novamente que é possível usar uma versão gratuita do PowerPoint on-line apenas acessando-o com uma conta Microsoft qualquer.

Anotações

Exercícios propostos: resolução

Seção 1 ("Windows 10") – Capítulo 2

Exercício 1 – Configuração do menu Iniciar

Para configurar o menu *Iniciar*, arraste os ícones dos aplicativos escolhidos para o canto superior direito.

Já para renomear o grupo de aplicativos, clique na área vazia que há logo acima do grupo no qual os aplicativos foram colocados e, em seguida, escreva o nome do grupo: *Meus Aplicativos*.

Exercício 2 – Criação de uma área de trabalho

Para criar uma área de trabalho, clique no botão *Visão de Tarefas*. Em seguida, crie uma área de trabalho. Depois, alterne entre as áreas e abra os aplicativos solicitados.

Seção 1 ("Windows 10") – Capítulo 3

Exercício 1 – Localização de arquivos

A pasta *Documentos* pode conter arquivos, mesmo que você não a utilize diretamente. Isso acontece porque alguns aplicativos fazem gravações automáticas nessa pasta, já que ela é um padrão do sistema. Olhe na figura a seguir um exemplo de como localizar essa pasta (logo abaixo de *Este Computador*). Neste exemplo, há dois arquivos do tipo *.png* nessa pasta.

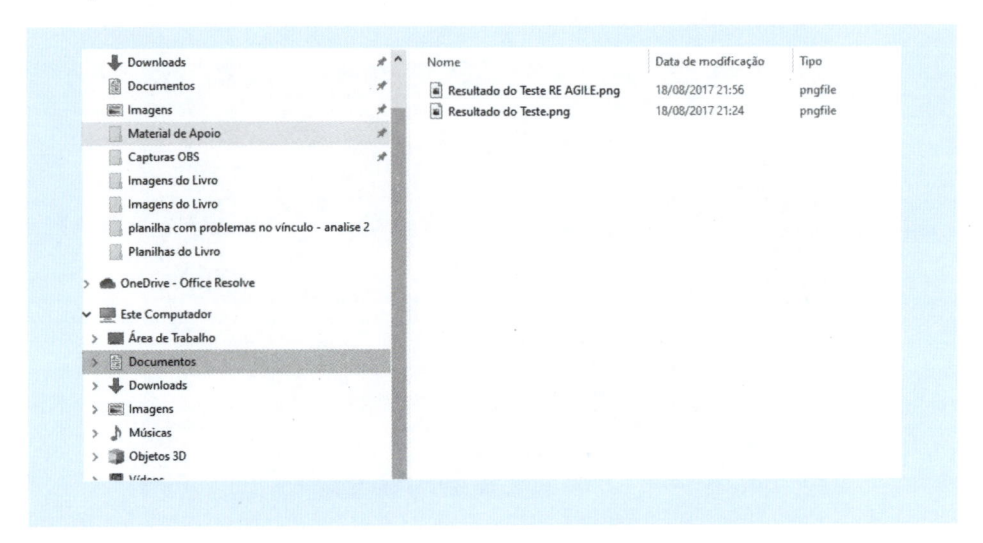

Exercício 2 – Espaço utilizado em disco

Embora cada computador tenha um espaço livre diferente, observe na figura a seguir como visualizar o espaço livre em seu computador. Do lado esquerdo da tela, escolha a pasta *Este Computador*. Em seguida, do lado direito, veja o disco principal do computador, *Disco Local (C:)*, e, embaixo, o espaço livre. No caso do computador da figura, o espaço livre é de *341 GB* (gigabytes).

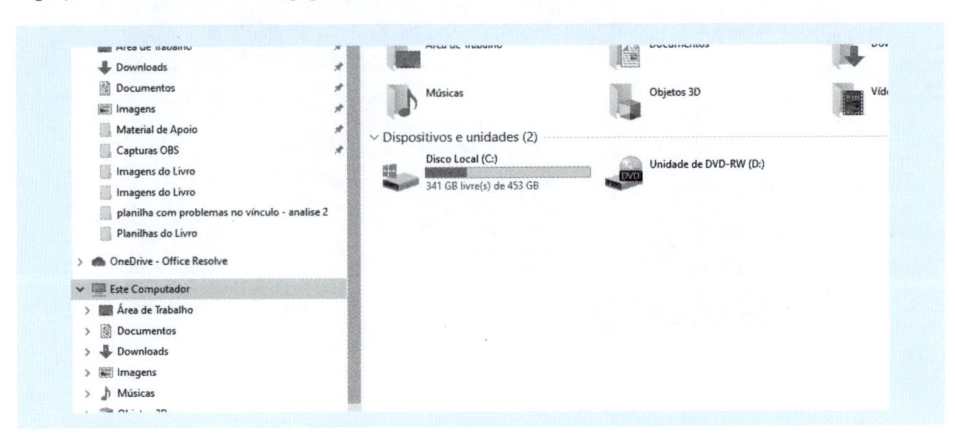

Seção 2 ("Word 365") – Capítulo 2

Exercício 1 – Formatação do texto com numeração

Para esse exercício, é necessário seguir os mesmos passos do capítulo, até que seu documento tenha o seguinte aspecto:

Editando planilhas no Excel

Formatando uma planilha

Podemos aplicar vários tipos de formatos no editor de planilhas Excel. Conhecendo cada um dos elementos que compõem uma planilha, podemos aplicar os formatos com mais precisão.

1. Célula: espaço delimitado pelo encontro de uma linha com uma coluna.
2. Intervalo: conjunto de células que estão em um espaço delimitado.
3. Pasta de Trabalho: um arquivo do tipo Excel que contém uma ou mais planilhas.

Estilos de Célula

Podemos utilizar um conjunto de formatações predefinidas para facilitar o trabalho de ajuste inicial e de possíveis alterações nas células de uma planilha.

Conclusão

Formatar uma planilha pode facilitar muito a sua compreensão!

Exercício 2 – Utilização de tabela

Para o segundo exercício, assim como fizemos no capítulo, substitua a numeração por uma tabela.

Editando planilhas no Excel

Formatando uma planilha

Podemos aplicar vários tipos de formatos no editor de planilhas Excel. Conhecendo cada um dos elementos que compõem uma planilha, podemos aplicar os formatos com mais precisão.

Tipo de Formato	O que é?
Célula	Espaço delimitado pelo encontro de uma linha com uma coluna
Intervalo	Conjunto de células que estão em um espaço delimitado
Pasta de Trabalho	Um arquivo do tipo Excel que contém uma ou mais planilhas

Estilos de Célula

Podemos utilizar um conjunto de formatações predefinidas para facilitar o trabalho de ajuste inicial e de possíveis alterações nas células de uma planilha.

Conclusão

Formatar uma planilha pode facilitar muito a sua compreensão!

Seção 2 ("Word 365") – Capítulo 3

Exercício 1 – Troca de cor

Para trocar a cor dos ícones:

1. Clique sobre um dos ícones.
2. Na guia *Gráfico de Formato*, escolha *Preenchimento de Gráficos* (clique preferencialmente na seta para baixo, a fim de abrir as opções).
3. Em seguida, escolha a cor azul (em qualquer tonalidade).
4. Para os demais ícones: clique sobre cada ícone e, em seguida, no símbolo de balde do lado esquerdo do botão *Preenchimento de Gráficos*, a fim de trocar para a mesma cor anterior sem precisar selecioná-la novamente.

Exercício 2 – Criação de item

Para criar um tópico no SmartArt:

1. Clique sobre o SmartArt.
2. Na caixa *Digite seu texto aqui*, do lado esquerdo, posicione o cursor no último item (terceiro).
3. Em seguida, tecle *Enter*.
4. Digite o texto *Usar elementos gráficos*.
5. Para finalizar, clique em qualquer parte do documento fora do SmartArt.

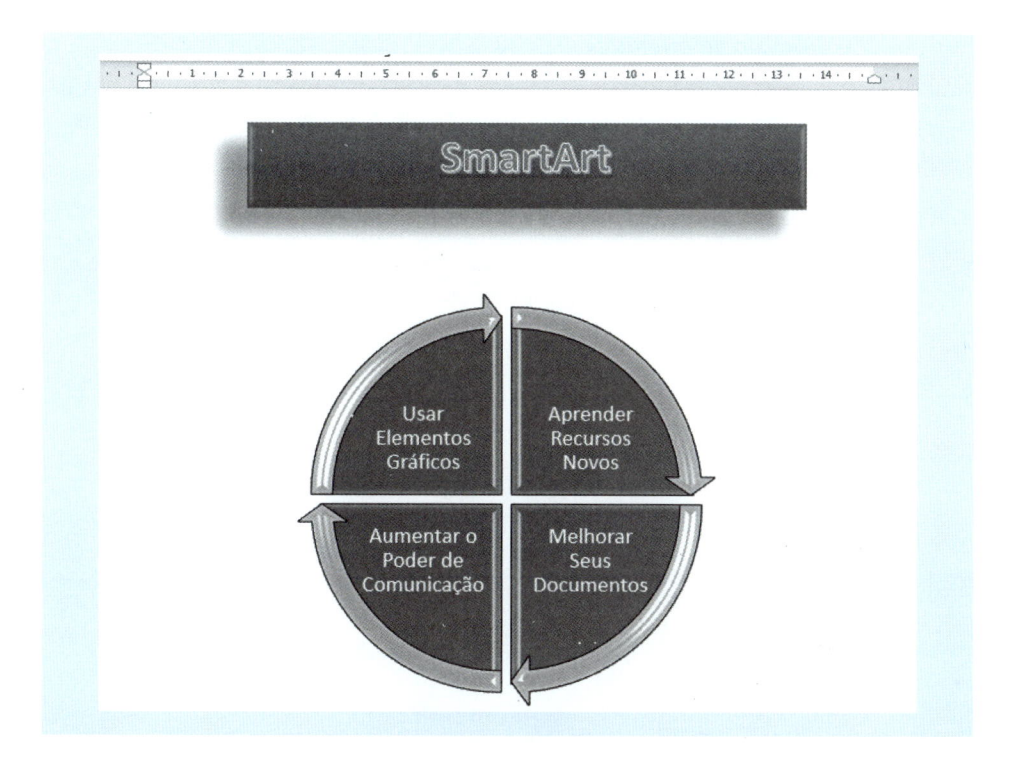

Seção 2 ("Word 365") – Capítulo 4

Exercício 1 – Escrita formal versus escrita casual

Ao alterar o tipo de revisão de *Escrita formal* para *Escrita casual*, ou vice-versa, é possível verificar que a pontuação do texto é alterada. Isso ocorre porque alguns itens que descontam pontos para uma escrita mais formal não são considerados em uma escrita mais casual.

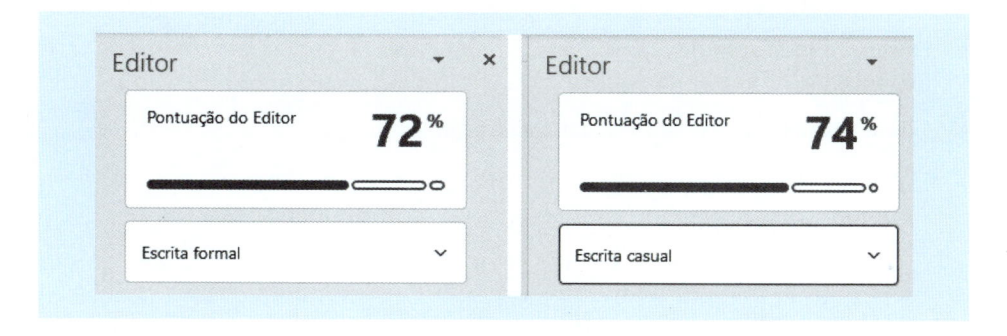

Exercício 2 – Correção da ortografia

Para corrigir os aspectos apontados em *Ortografia*, observe o painel *Editor* no item *Correções*. Para o documento em questão, são apresentados três itens a serem corrigidos.

1. Clique sobre o item *Ortografia 3* para visualizar as correções a serem feitas.
2. O painel se altera e apresenta os itens a serem corrigidos.
3. Clique sobre a palavra *excessão* no painel do editor (não clique sobre o texto do documento) e observe que a correção é automática.
4. Faça o mesmo para *digitaç~ao* (que aparece como erro de digitação).
5. Para a palavra *SmartArt* (que está certa), escolha *Ignorar Tudo*.

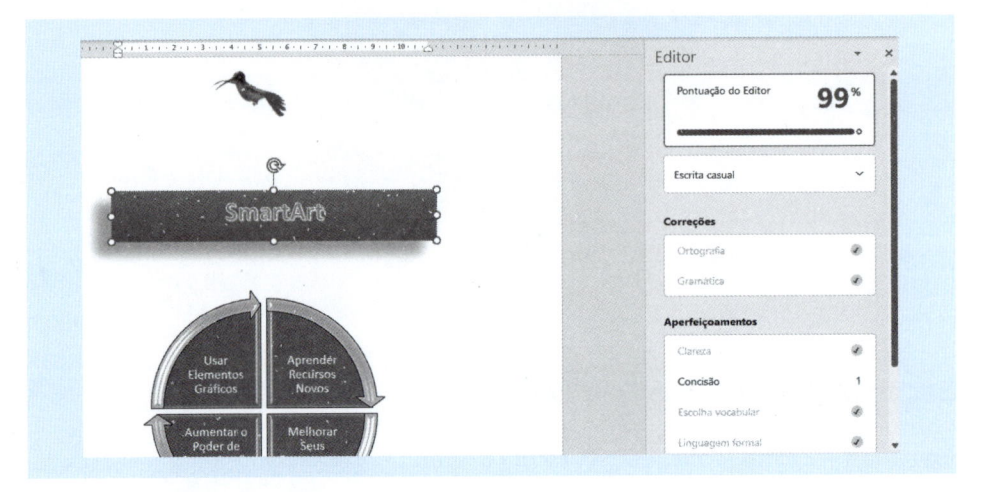

Exercício 3 – Aperfeiçoamento do texto

Para verificar os aperfeiçoamentos apontados:

1. No painel de revisão, clique em *Concisão*.
2. Observe a indicação de uma expressão redundante ou prolixa para o caso de criar um novo.
3. Clique sobre *Criar um* para efetuar a alteração.

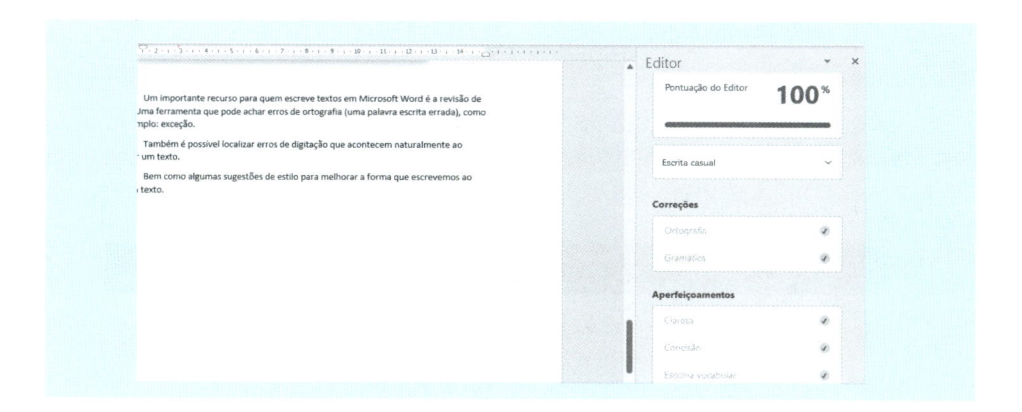

Seção 3 ("Excel 365") – Capítulo 2

Exercício 1 – Troca do nome da tabela

Para trocar o nome da tabela:

1. Selecione alguma célula dentro da área formatada como tabela.
2. Na guia *Design da Tabela*, no grupo *Propriedades*, na caixa de texto *Nome da Tabela*, escreva *tbNotasAlunos* (sem espaços em branco).
3. Em seguida, tecle *Enter*.

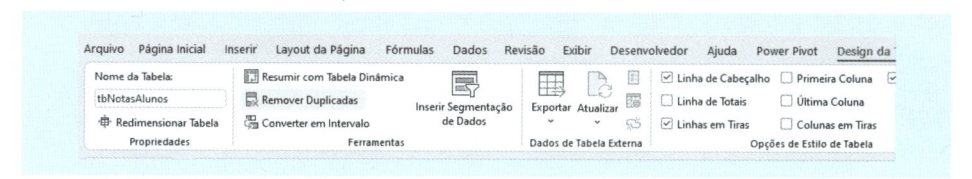

Exercício 2 – Remoção dos filtros

Para remover os botões de filtro:

1. Na guia *Design da Tabela*, no grupo *Opções de Estilo de Tabela*, desmarque a opção *Botão Filtrar*.

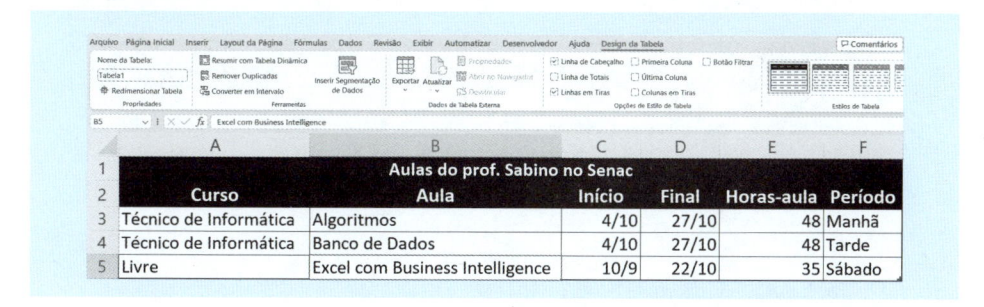

Exercício 3 – Inclusão de linha de totais

Para incluir a linha de totais:

1. Na guia *Design da Tabela*, no grupo *Opções de Estilo de Tabela*, marque a opção *Linha de Totais*.

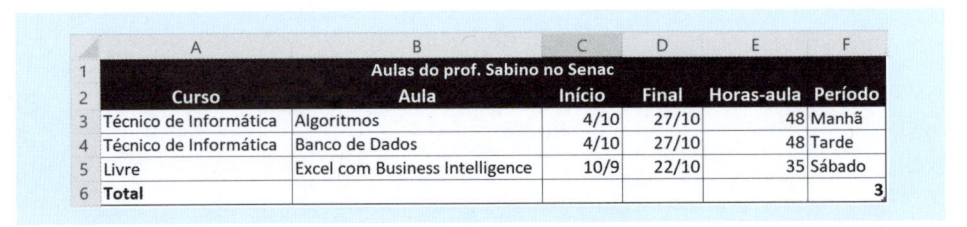

	A	B	C	D	E	F
1		Aulas do prof. Sabino no Senac				
2	Curso	Aula	Início	Final	Horas-aula	Período
3	Técnico de Informática	Algoritmos	4/10	27/10	48	Manhã
4	Técnico de Informática	Banco de Dados	4/10	27/10	48	Tarde
5	Livre	Excel com Business Intelligence	10/9	22/10	35	Sábado
6	Total					3

2. Observe que a configuração não está como a desejada.
3. Clique sobre a célula *F6*.
4. Agora, clique na seta que aparece do lado direito da célula e escolha *Nenhum*.

B	C	D	E	F
s do prof. Sabino no Senac				
Aula	Início	Final	Horas-aula	Período
	4/10	27/10	48	Manhã
os	4/10	27/10	48	Tarde
ness Intelligence	10/9	22/10	35	Sábado
				3

Nenhum
Média
Contagem
Contar Números
Máx.
Mín.
Soma
DesvPad
Var.
Mais Funções...

5. Em seguida, repita o procedimento para a célula *E6*.
6. Escolha *SOMA*.

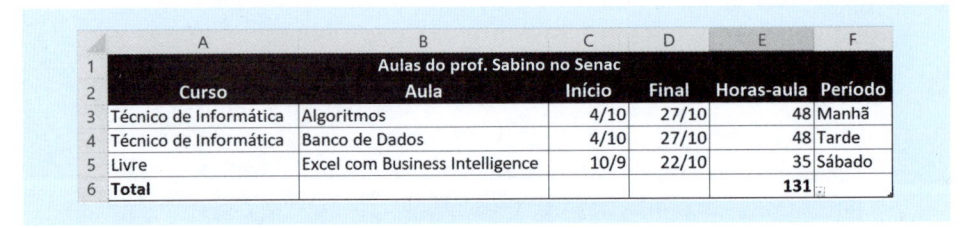

	A	B	C	D	E	F
1		Aulas do prof. Sabino no Senac				
2	Curso	Aula	Início	Final	Horas-aula	Período
3	Técnico de Informática	Algoritmos	4/10	27/10	48	Manhã
4	Técnico de Informática	Banco de Dados	4/10	27/10	48	Tarde
5	Livre	Excel com Business Intelligence	10/9	22/10	35	Sábado
6	Total				131	

Seção 3 ("Excel 365") – Capítulo 3

Exercício 1 – Criação da soma de votos

Para criar uma soma de todos os votos na célula *B12* utilizando o cálculo que lhe parecer mais adequado:

1. Selecione a célula *B12*.
2. Digite *=SOMA(B4:B11)*; ou, na guia *Página Inicial*, no grupo *Edição*, clique em *AutoSoma*; ou, na guia *Fórmulas*, no grupo *Biblioteca de Funções*, clique em *AutoSoma*.

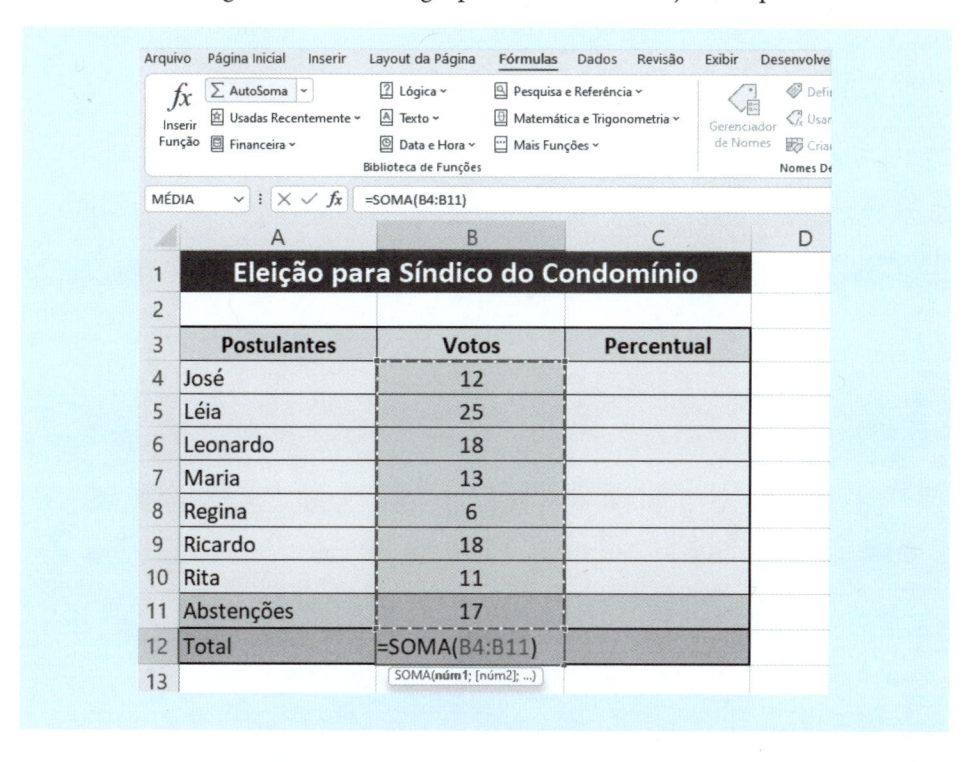

	A	B	C
1	Eleição para Síndico do Condomínio		
2			
3	Postulantes	Votos	Percentual
4	José	12	
5	Léia	25	
6	Leonardo	18	
7	Maria	13	
8	Regina	6	
9	Ricardo	18	
10	Rita	11	
11	Abstenções	17	
12	Total	=SOMA(B4:B11)	
13			

Exercício 2 – Percentual dos votos

Para calcular o percentual dos votos em relação ao total na coluna C:

1. Na célula *C4*, digite *=B4/$B$12*.

	A	B	C
1	Eleição para Síndico do Condomínio		
2			
3	Postulantes	Votos	Percentual
4	José	12	=B4/$B$12
5	Léia	25	
6	Leonardo	18	
7	Maria	13	
8	Regina	6	
9	Ricardo	18	
10	Rita	11	
11	Abstenções	17	
12	Total	120	

2. Tecle *Enter*.
3. Utilizando a alça de preenchimento, arraste a fórmula até a célula *C12*.
4. Ao finalizar o arraste, escolha *Preencher sem formatação*.

9	Ricardo	18	0,15
10	Rita	11	0,091666667
11	Abstenções	17	0,141666667
12	Total	120	1

5. Aproveite a seleção que já está feita e aplique o formato *Porcentagem*.
6. Centralize os dados na célula.
7. Ajuste para duas casas depois da vírgula.

	A	B	C
1	Eleição para Síndico do Condomínio		
2			
3	Postulantes	Votos	Percentual
4	José	12	10,00%
5	Léia	25	20,83%
6	Leonardo	18	15,00%
7	Maria	13	10,83%
8	Regina	6	5,00%
9	Ricardo	18	15,00%
10	Rita	11	9,17%
11	Abstenções	17	14,17%
12	Total	120	100,00%

Seção 3 ("Excel 365") – Capítulo 4

Exercício 1 – Ajuste da planilha para o modo paisagem

Para ajustar a orientação da impressão da planilha:

1. Na guia *Arquivo*, escolha *Imprimir*.
2. Na opção *Orientação Retrato*, troque para *Orientação Paisagem*.

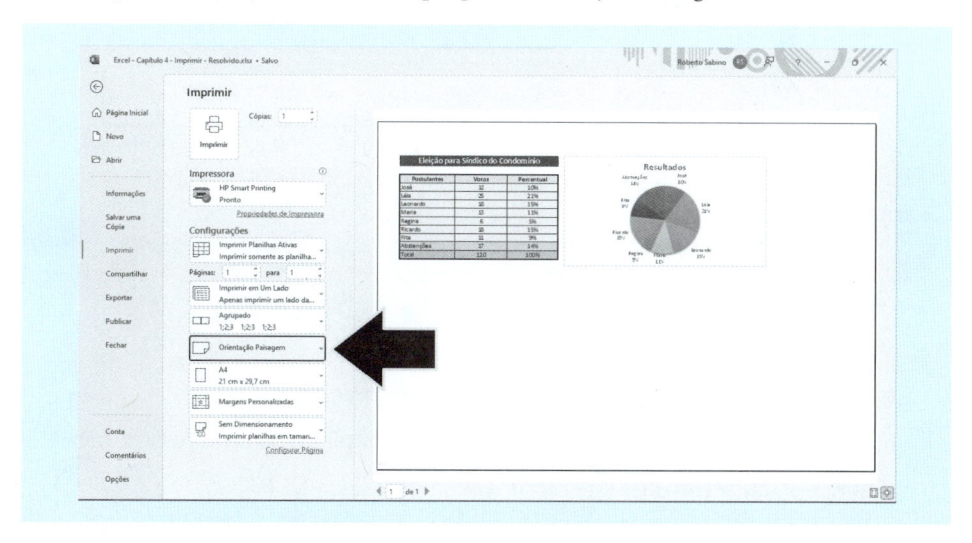

Exercício 2 – Redução da planilha a uma página

Ao fazer a configuração anterior, a planilha já está em uma única página. Não é necessário realizar qualquer outra configuração!

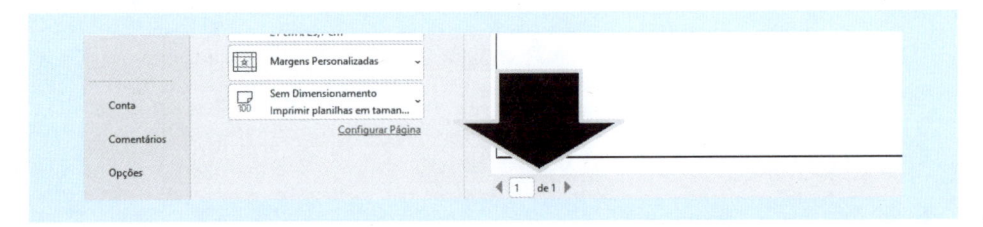

Exercício 3 – Inclusão de cabeçalho e rodapé

Para incluir cabeçalho e rodapé:

1. Na guia *Arquivo*, escolha *Imprimir*.
2. Em seguida, escolha *Configurar Página*.

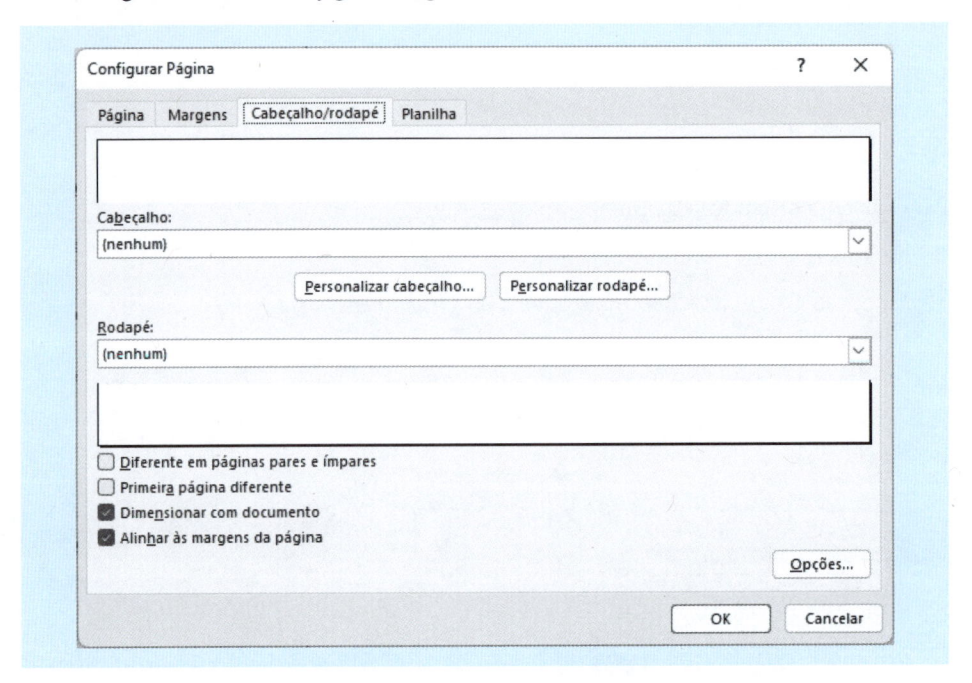

3. Na caixa de diálogo *Configurar Página*, escolha *Cabeçalho/rodapé*.
4. No campo *Cabeçalho* (no qual está escrito *(nenhum)*), escolha o nome da pasta de trabalho.
5. No campo *Rodapé* (no qual está escrito *(nenhum)*), escolha *Página 1 de ?*.

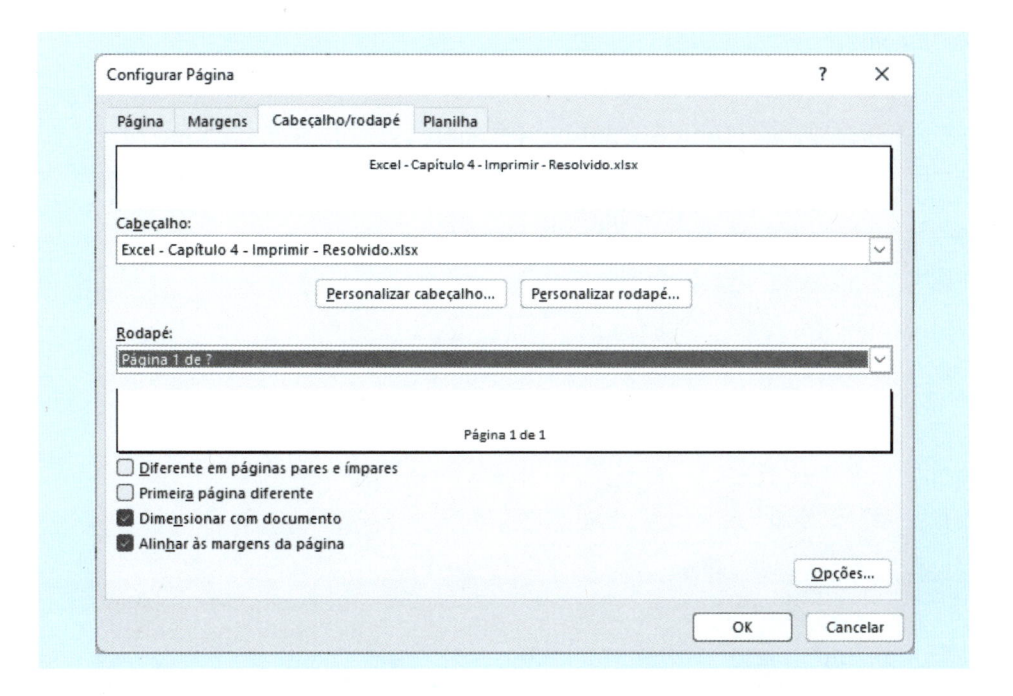

Seção 3 ("Excel 365") – Capítulo 5

Exercício 1 – Criação de um gráfico de barras agrupadas

Para criar um gráfico de barras agrupadas:

1. Selecione o intervalo *A3:D7* (não inclua a linha de totais).
2. Na guia *Inserir*, clique em *Gráficos Recomendados*.
3. Escolha a opção *Barras Agrupadas* e clique em *OK*.
4. Na guia *Design do Gráfico*, clique em *Mover Gráfico*.

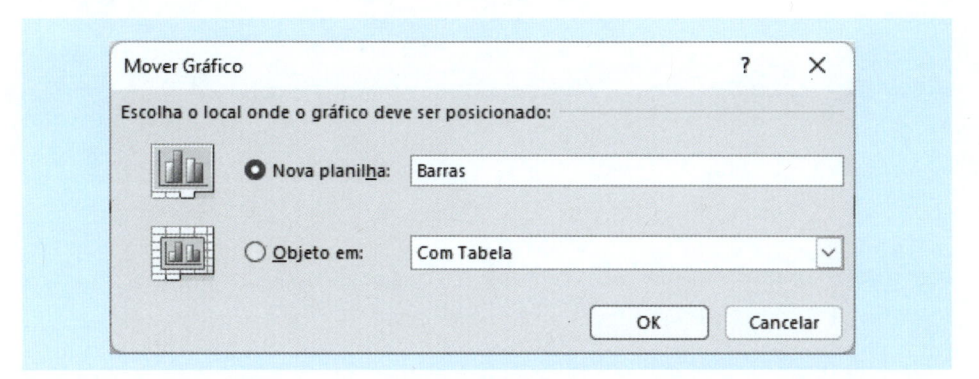

5. Escolha *Nova Planilha*.
6. Digite o nome *Barras* e clique em *OK*.
7. Na guia *Design do Gráfico*, escolha, em *Estilos*, o estilo desejado.
8. Em seguida, selecione, em *Layout Rápido*, o layout que pareça mais adequado.
9. Se necessário, ajuste o título do gráfico para *Horas-aula*.

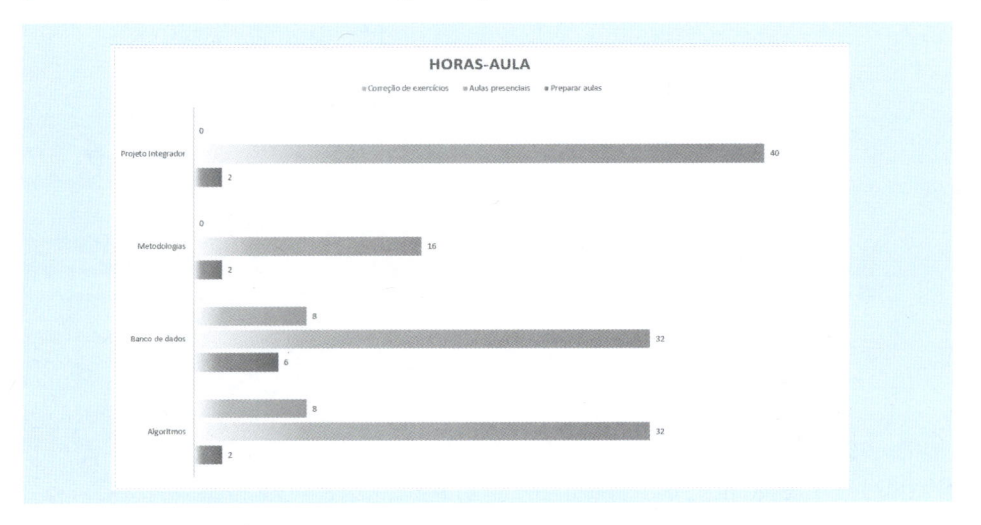

Exercício 2 – Criação de um gráfico de pizza

Para criar um gráfico de pizza:

1. Clique na planilha com os dados, chamada *Com Tabela*.
2. Selecione o intervalo *A3:D7*.
3. Na guia *Inserir*, clique na opção para escolher um gráfico de pizza ou de rosca.
4. Selecione *Pizza 2D*.

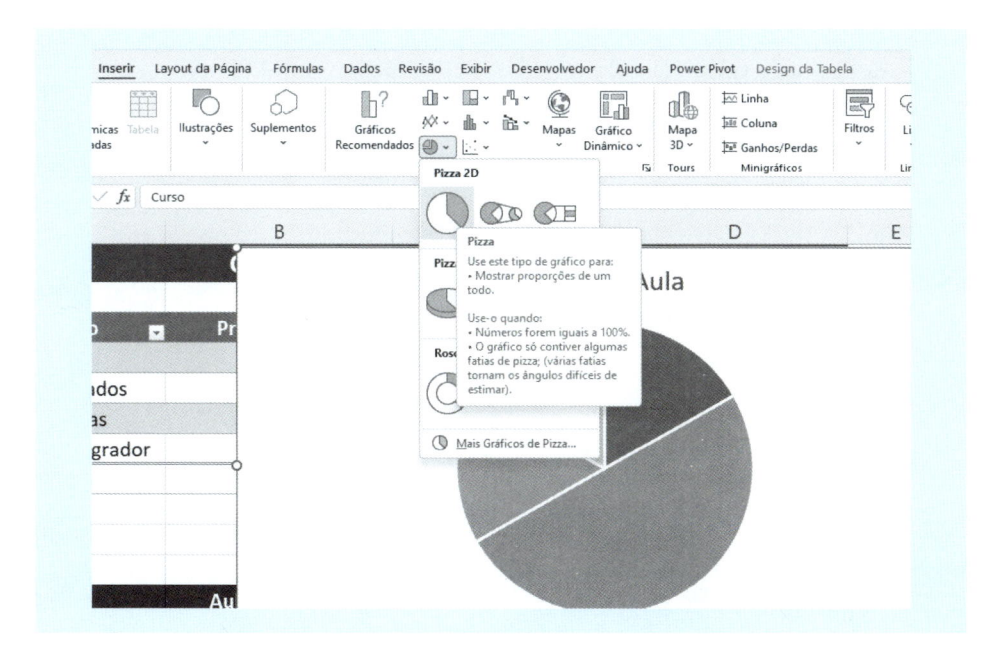

5. O gráfico é inserido automaticamente, sem passar pela caixa de *Gráficos Recomendados*.
6. Na guia *Design do Gráfico*, escolha o *Estilo 3* no grupo *Estilos de Gráfico*.
7. Ajuste o zoom da planilha e o tamanho do gráfico.

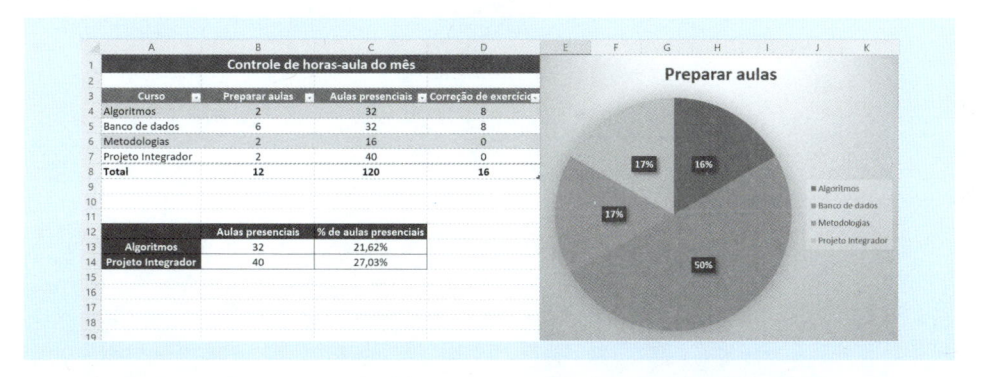

8. Observe que os dados apresentados no gráfico estão relacionados apenas à coluna *Preparar aulas*.
9. Na guia *Design do Gráfico*, clique em *Selecionar Fonte de Dados*.

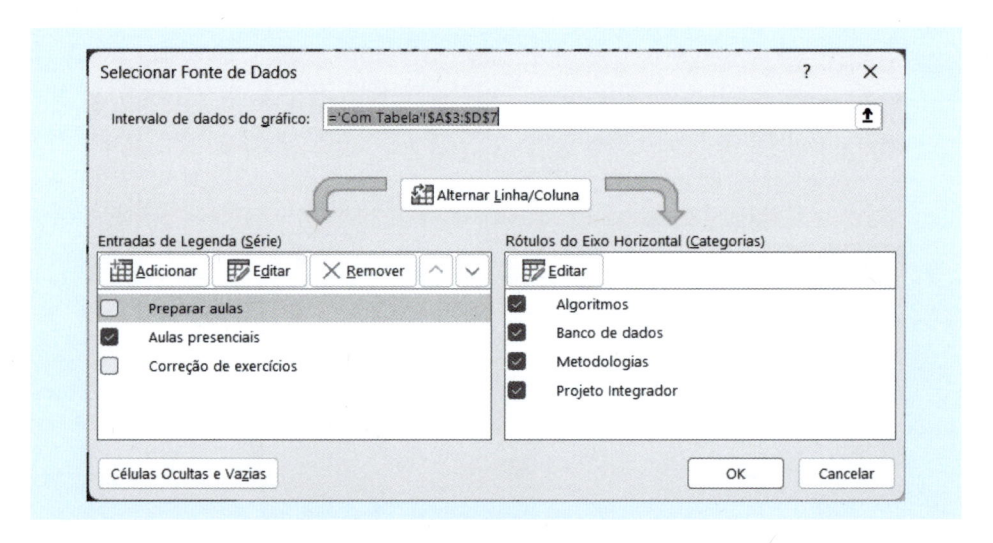

10. Na seção da esquerda, desmarque as opções *Preparar aulas* e *Correção Exercícios*.

11. Clique em *OK*.

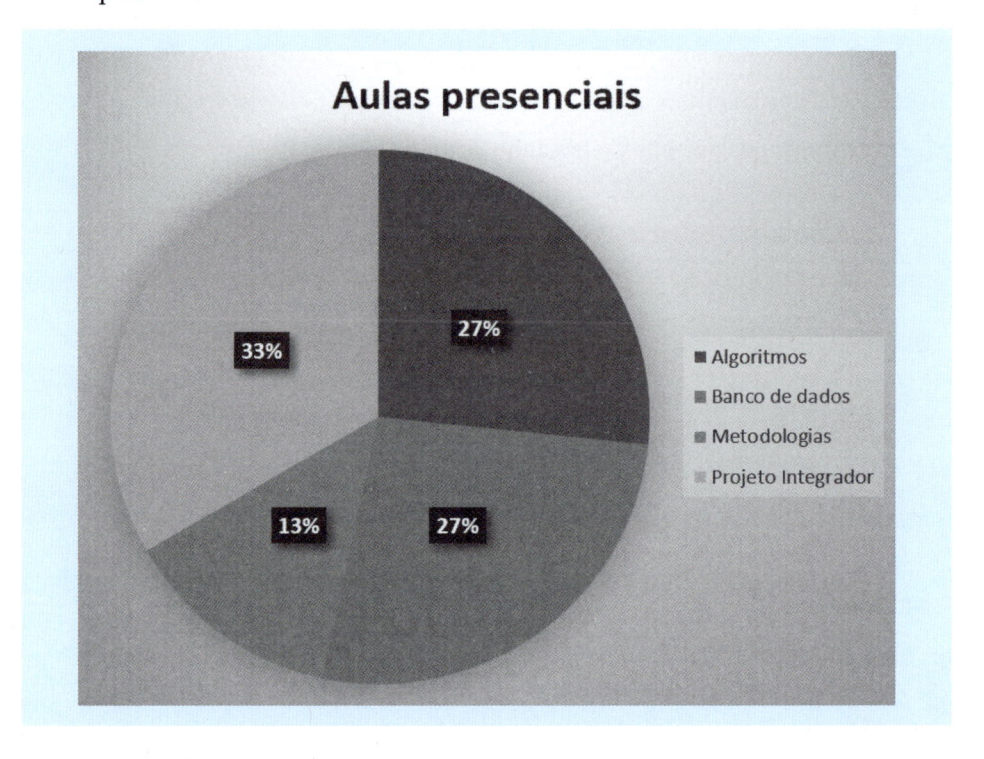

Seção 4 ("PowerPoint 365") – Capítulo 2

Exercício 1 – Inserção de um SmartArt

Para inserir o SmartArt:

1. Selecione o slide 2.
2. Na guia *Inserir*, escolha *SmartArt*.
3. Escolha um elemento do tipo *Lista*.

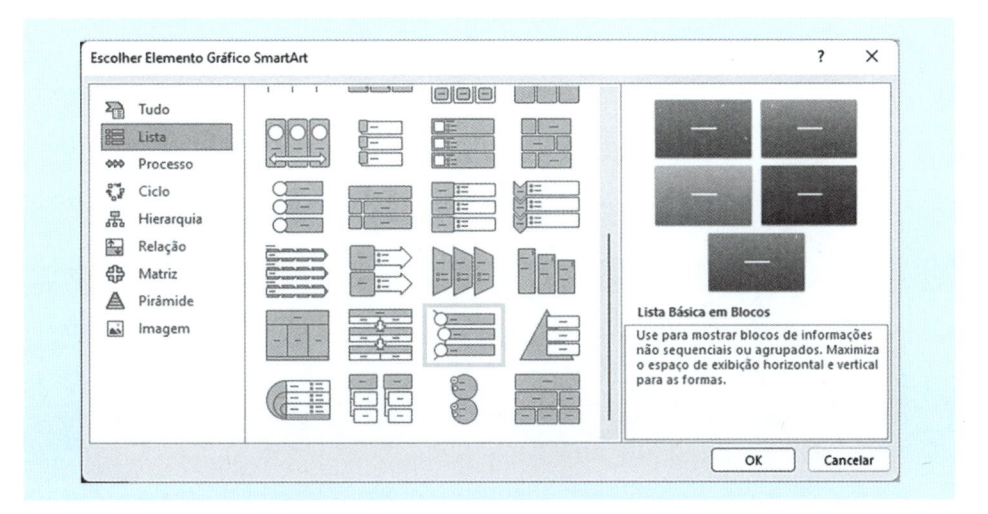

4. Copie e cole os textos das duas linhas no SmartArt, ou digite os textos nele.
5. Exclua o texto anterior.
6. Se necessário, diminua o SmartArt para manter a harmonia visual do slide.

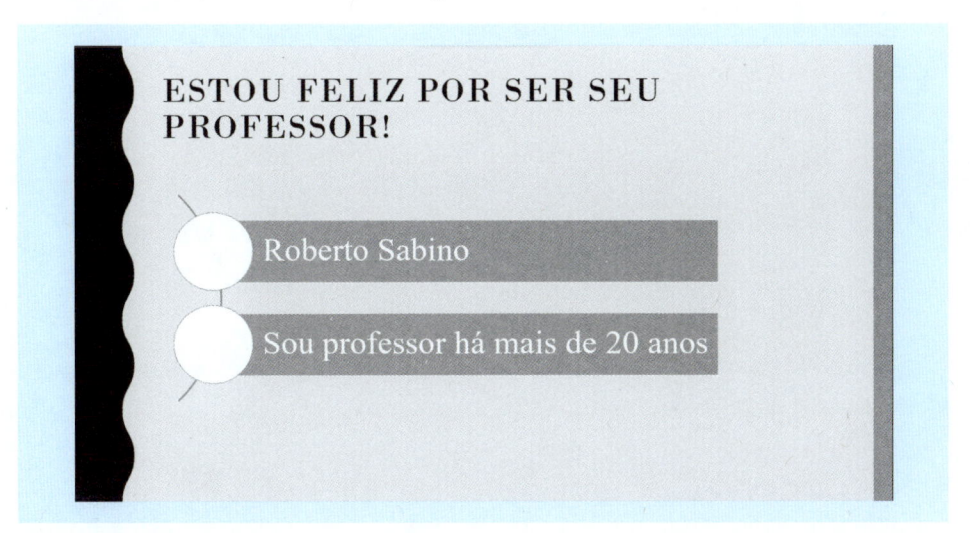

Exercício 2 – Inserção de um WordArt

Para inserir o WordArt:

1. Selecione o slide 5.
2. Na guia *Inserir*, no grupo *Texto*, escolha um WordArt.
3. Copie o texto *Meus Desejos Para Este Ano Letivo* para o WordArt (lembre-se de manter o texto dividido em linhas).
4. Apague o texto do título anterior.
5. Arraste o WordArt para o local do título.

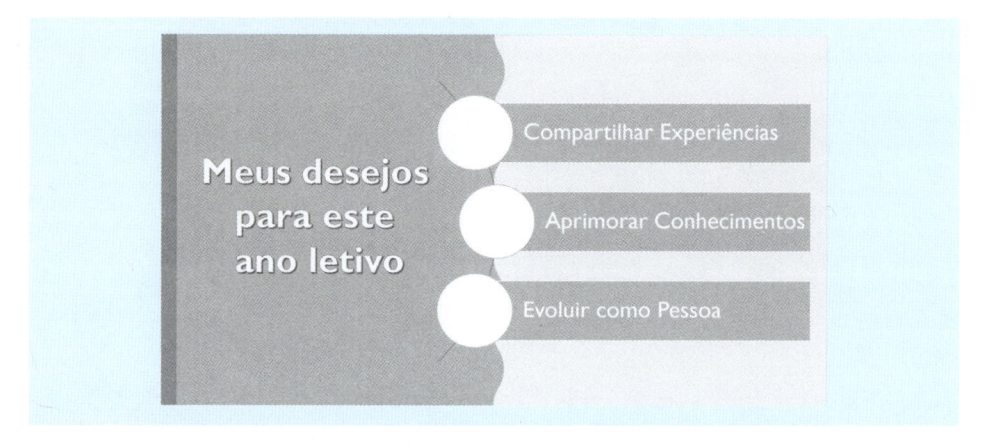

6. Clique sobre o WordArt.
7. Na guia *Forma de Formato*, no grupo de *Estilos de WordArt*, clique em *Efeitos de Texto* e, em seguida, em *Transformação*.
8. Escolha o tipo *Botão*.

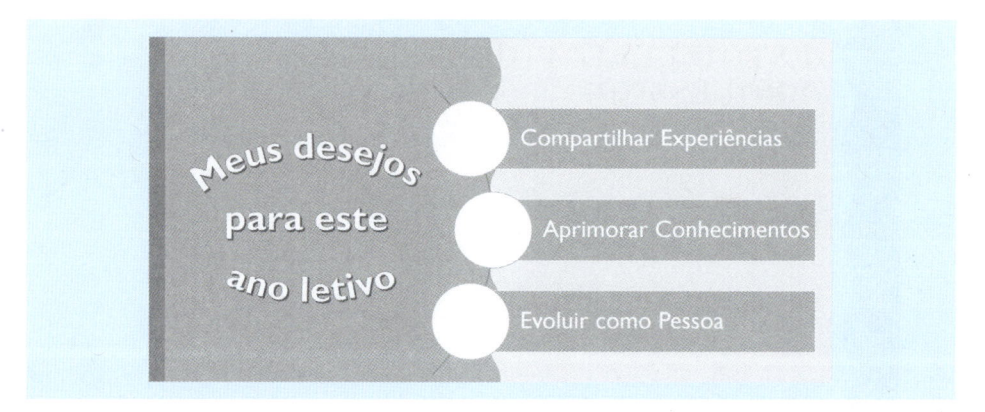

9. Salve a apresentação.

Seção 4 ("PowerPoint 365") – Capítulo 3

Exercício 1 – Alteração das transições

Para alterar as transições:

1. Selecione um slide.
2. Na guia *Transições*, no grupo *Transição para este Slide*, clique em *Barras*.
3. Em seguida, no grupo *Intervalo*, clique em *Aplicar a Todos*.

4. Pronto! Agora teste com *F5*.

Exercício 2 – Animações do slide 5

Para aplicar animações:

1. Selecione o slide 5.
2. Clique sobre o texto do título do slide.
3. Na guia *Animações*, escolha *Aparecer*.
4. Em seguida, selecione o SmartArt do slide.
5. Escolha a animação *Surgir*.
6. Defina a opção *Um por Um*.

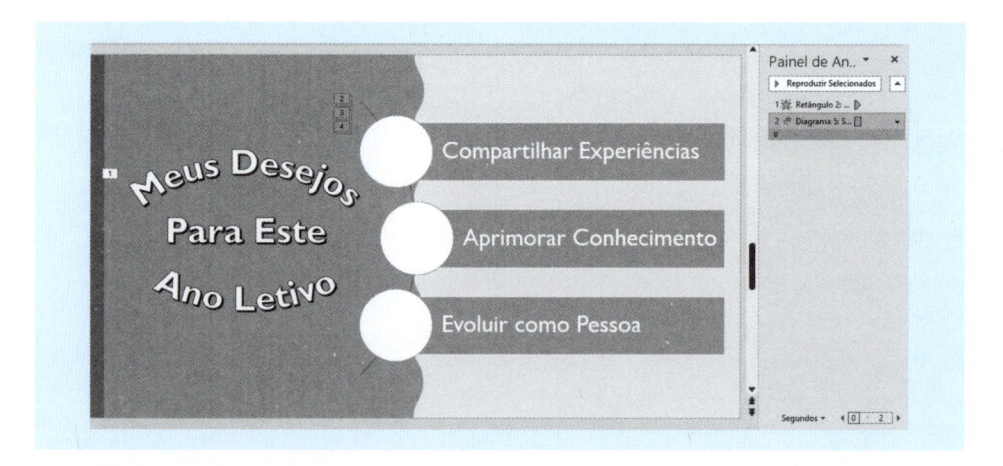

7. Pronto! Agora teste com *F5*.

Seção 4 ("PowerPoint 365") – Capítulo 4

Exercício 1 – Impressão em PDF

Para imprimir em PDF:

1. Na guia *Arquivo*, clique em *Imprimir*.
2. Escolha a opção de 4 slides por página.
3. Altere a impressora para *Microsoft Print to PDF*.

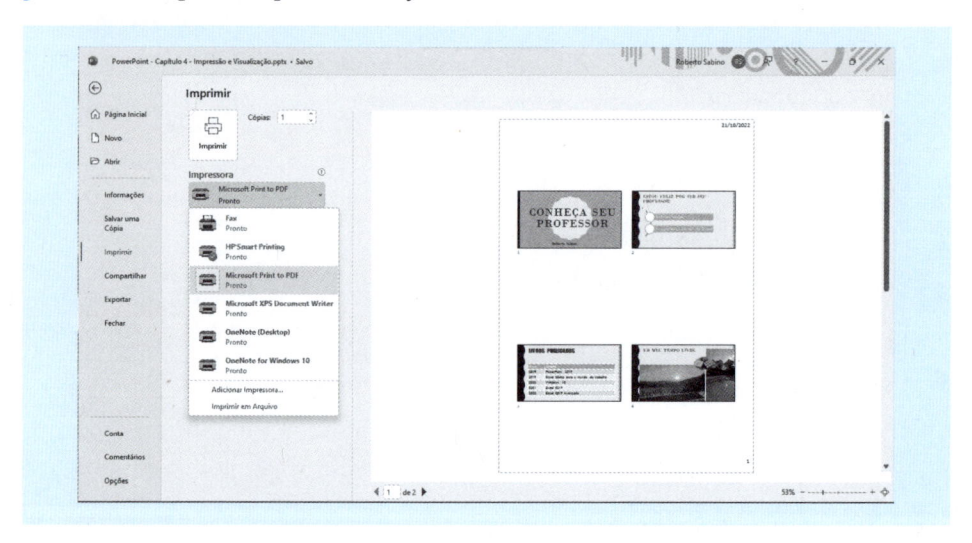

4. Escolha o local de gravação do PDF.

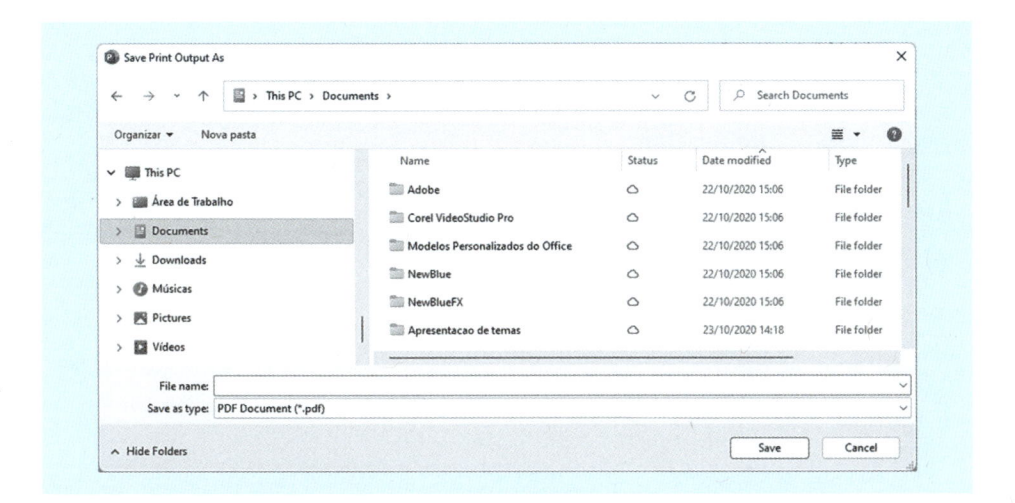

5. Pronto! Um PDF foi gravado no local escolhido.

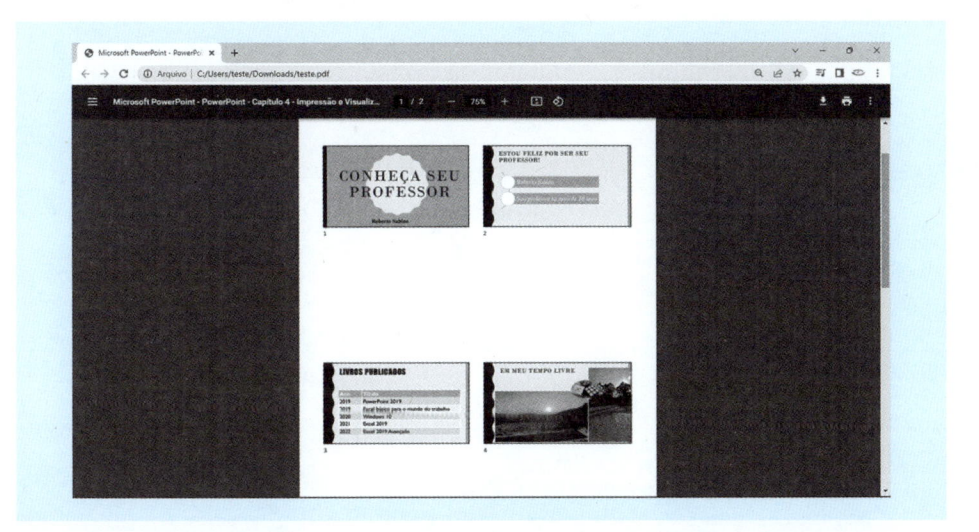

Anotações

Sobre o autor

Roberto Sabino é pós-graduado em mercados financeiros, pela Universidade Presbiteriana Mackenzie de São Paulo, e bacharel em tecnologia em processamento de dados, pela Faculdade de Tecnologia de São Paulo (Fatec). É consultor, professor e conteudista especializado em Office e VBA no portal Office Resolve (https://officeresolve.com.br). Tem ampla vivência em projetos de desenvolvimento de sistemas com diversas linguagens, incluindo automações com VBA. Atuou como gestor de projetos, analista de negócios e engenheiro de software em instituições financeiras de grande porte. É entusiasta do uso dos recursos do Microsoft 365 como aceleradores de produtividade. Sempre teve na docência uma paixão, atuando como professor em diversas instituições de ensino. Tem como hobby inventar novas ferramentas automatizadas com VBA.

Índice geral

Acessibilidade
    Inclusão de texto para, 215
Ajustar em percentual, 168
Ajustar para uma página, 167
Alça de preenchimento, 147
Alinhamento, 68
Alteração de um documento, 75
Android, 19
Animação
    Aplicação, 225
    Formatação, 226
    Painel de, 227
Aplicação de formatos, 65
Aplicativos
    Execução, 27
Aplicativos-padrão, 41
Apresentação
    de slides, 197, 203, 223
    em branco, 197
    on-line, 239
Apresentações
    Abrir, 203
    Modelos, 200
    Novo, 203
    Salvar, 203
Área de notificação, 30
Área de trabalho, 23
    Ícones da, 24
Área de Transferência, 43
Banco de dados, 156
Barra de Fórmulas, 148
Barra de Tarefas
    Local na tela, 30
    Ocultar automaticamente, 30
    Usar botões pequenos, 30
Bordas, 138
Cabeçalho
    Configuração, 110
    Inclusão, 169
Captura de tela, 45
Células
    Como referenciar, 145

Formatação, 133
Central de ações, 31
Coluna
    Largura, 133
    Seleção, 134
Compartilhamento, 118, 187, 239
Copiar e colar, 57, 129, 200
CPU, 40
Dados
    Seleção, 173
Disco, 19, 40
Documento
    em branco, 55
    on-line, 117
    Versões, 118, 190
Elementos, 209
Espaçamentos, 70
Estilos de Imagem, 87
Excel
    desktop, 187
    on-line, 187, 188
Explorador de Arquivos, 46
Faixa de Opções, 46, 56
Ferramentas de exibição, 104
Formas geométricas, 92
Formatação
    Animação, 226
    Células, 133
    Elementos, 209
    Fonte, 66
    Gráficos, 179
    Números, 136
    Parágrafos, 68
    Régua, 72
    Tabela, 139
Fórmula com função, 149
Fórmulas, 146
Função SOMA, 147
Gerenciador de Tarefas, 40
Gráfico(s)
    Alteração do tipo, 178
    Como nova planilha, 177
    Estilos de, 179
    Formatação, 179
    Inserção, 173

    Layout rápido, 180
    recomendados, 174
    Redimensionando, 176
Hardwares, 19
Idioma, 112
Imagens
    de Estoque, 211
    em tabelas, 88
    Formatação, 86
    Inserção, 209
    Inserção, 83
    Online, 211
Impressão
    Configuração, 108, 166, 233
    Mais de uma página, 167
Inserção de imagens, 209
iOS, 20
Janelas diferentes
    documentos diferentes, 106
    mesmo documento, 107
Janelas
    Organização, 106
Layout da Web, 104
Layout da Página, 166
Linhas, 134
Linux, 20
Localizar e substituir, 75
Logon, 23
Loja de aplicativos, 39
macOS, 20
Marcadores, 74
Margens, 168
Memória, 19, 40
Menu Iniciar, 25
Microsoft Store, 39
Modelos 3D, 95
    Online, 96
Modelos de documentos, 60
Modo
    Anotações, 232
    Classificação de Slides, 232
    de leitura, 103
    Exibição de Estrutura de Tópicos, 231
    Normal, 231
Modos de exibição

Outros, 104
Modos de visualização, 103, 165
    Alternância entre, 231
Múltiplas áreas de trabalho, 34
Novo, 58, 127
Numeração, 74
    Formatação, 136
Nuvem
    Aplicativos e arquivos em, 117, 187, 239
OneDrive, 117, 187, 239
Opções de Layout, 86
Orientação da página, 167
Página Inicial, 182
Painel de Animação, 227
Painel de Controle, 43
Pasta de trabalho, 126
    Organização, 133
Pesquisar, 27
Pincel de Formatação, 72, 149
Planilha, 126
    Estrutura básica, 127
    Modelos, 127
    Renomeando, 133
Planilhas on-line, 187
    Edição, 188
Porcentagem, 149
Porcentagens com tabela, 155
PowerPoint
    desktop, 240
    on-line, 239, 240
Processador, 19
Quebra de Página, 165
Recuos, 69
Referência absoluta, 150, 151
Referências
    de tabelas, 152
    estruturadas, 157
    relativas, 150
Régua, 72, 104
Revisão
    do documento, 112
    do editor, 113
Rodapé
    Configuração, 110
    Inclusão, 169

Rótulo de dados, 135
Salvamento automático, 118, 187, 239
Salvar como, 59
Seleção de texto, 65
Sistema operacional, 19
Slide, 198, 199
SmartArt, 97, 216
Softwares, 19
Soma com tabela, 154
SOMA, 147
Sombreamento, 138
Tabelas, 76
    Formatando, 78
    Imagens, 88
    Inserção, 207
Texto Alt, 215
Título
    Ajuste, 135
Transições
    Aplicação de, 223
Várias janelas, 33
Word
    365, 120
    desktop, 120
    on-line, 117, 120
WordArt, 218
WordPad, 39
Zoom, 104